KB036368

장지동, 교육에서
청나라의 미래를 찾다

중국근현대사학회 연구총서 08

장지동, 교육에서 청나라의 미래를 찾다

『권학편』의 구상과 「학무강요」의 실천

張之洞, 以教育謨求淸朝的未來:
『勸學篇』的構想與「學務綱要」的實踐

장지동 張之洞 **외 지음**
이병인 편역

勸學篇
學務綱要

한울
아카데미

일러두기 ··

1. 張之洞 著, 『勸學篇』, 沈雲龍 主編, 『近代中國史料叢刊 第九輯, 勸學篇』(重印本)(文海出版社, 1967)을 저본으로 삼았다.

2. 장지동이 주의 형식으로 부연 설명한 부분은 고딕체로 글자 크기를 줄여 표기했다. 독자가 본문 내용을 쉽게 이해할 수 있도록 옮긴이가 삽입한 내용은 서체는 그대로 두고 글자 크기를 줄여 표기했다. 본문에 나온 관직, 사건, 용어 등에 관한 설명이 필요하다고 보이는 곳에는 옮긴이가 각주를 달았다.

3. 중국 인명과 지명은 한국어 한자 발음으로 표기했다. 단, 일부 중요 역사 인물은 한국어 한자 발음과 중국어 발음을 병기했다. 장지동이 사람을 언급하면서 시호, 호나 자를 사용하여 언급한 경우가 많아 본명을 병기하고, 부록으로 간략히 소개했다.

4. 시호나 이름을 언급하지 않고 성만을 나열한 경우, 문맥을 고려하여 추론했으며, 羅炳良 主編, 『張之洞 勸學篇』(華夏出版社, 2002)와 張之洞 著, 李忠興 評譯, 『勸學篇』(中州古籍出版社, 1998)을 참조하여 보완했다.

5. 장 제목은 장의 내용에 맞추어 일부 수정 번역했다.

차례

중국근현대사학회 연구총서 간행사

　전통 시대부터 중국은 한국에 영향력이 가장 큰 나라이다. 중국은 19세기 중엽 이후 서구 열강의 침략을 받아 한때 '약소국'의 지위로 전락한 적이 있지만, 21세기에 들어 세계 최강국 미국과 함께 G2의 반열에 오르면서 그 영향력은 전통 시대 이상으로 커졌다. 2017년 사드 사태 이후 현재까지 계속되고 있는 한국에 대한 일련의 제재 조치[한한령(限韓令)]는 무지막지한 경우지만, 중국의 영향력이 얼마나 큰지를 실감 나게 보여주는 대목이다.

　한국에 대한 중국의 영향력이 크면 클수록 우리가 중국을 정확하게 알아야 할 이유는 많아진다. 중국에 대한 학문적 접근에는 여러 가지가 있겠으나, 시간적 안목을 가지고 전체적 모습을 그려보는 역사학적 접근은 더장기적이고 체계적으로 중국을 이해하려고 할 때 가장 적절한 방법 중 하나라고 하겠다. 그 가운데서도 오늘날의 중국과 직결되는 시대인 근현대 시기의 중국에 대한 연구, 곧 중국근현대사 연구는 현재의 중국과 함께 장래의 중국을 가늠하게 해주는 길잡이가 될 것이다.

한국에서의 중국 연구는 전통 시대부터 이어져 왔지만, 과학적 방법으로서의 중국근현대사 연구가 본격적으로 등장한 것은 그리 오래된 일이 아니다. 1979년 이후 중국의 개혁·개방 정책이 본격화되면서 동아시아 지역의 경제적 협력에 대한 요구가 냉전체제의 변화를 가져오기 시작한 가운데, 1990년부터 시작된 한국과 소련, 한국과 중국 간의 협력 체제 모색은 급기야 한-소와 한-중 국교 수립으로 이어졌다. 1980년대부터 우리 학계에 중국근현대사 연구가 하나의 학문 분야를 형성하기에 이르렀으며 이를 바탕으로 하여 1992년 1월 중국현대사학회가 만들어졌던 사실을 생각하면, 한국에서의 중국근현대사 연구의 본격 등장은 말 그대로 냉전체제 와해의 선물이었다고 말할 수 있다.

1992년 학회 성립 당시와 비교할 때, 오늘날 중국 자체의 변화나 한중 관계의 변화는 말 그대로 격세지감을 느낄 만하다. 많은 연구자들은 경제 총량(국민총생산)을 기준으로 할 때 2030년 이전에 중국이 미국을 추월하고 세계 최강국이 될 것으로 예상하고 있다. 이런 와중에서 한미동맹을 생존의 기반으로 삼고 있는 한국의 대중국 관계에는 험난한 앞날이 예견된다. 냉전체제 와해가 중국 근현대사 연구를 가능하게 했지만 최근에는 다시 냉전체제(신냉전)로의 복귀가 논의의 초점이 되고 있으며, 중국의 제국 회복 움직임(중국몽)도 등장하고 있다. 변화하고 있는 중국에 대한 정확한 이해가 어느 때보다 절실히 요구된다.

중국근현대사학회의 성립 시기와 비교해 보면 우리 학계의 모습 또한 많은 변화를 보여준다. 전통적 연구 분야라고 할 정치사나 경제사·사상사에 대한 연구가 쇠퇴한 반면, 개념사·생활사·도시사 등 새로운 연구 분야가 속속 등장하고 있는 것으로도 그 변화의 크기를 짐작할 수 있다. 그럼에도 우리 학계가 우리 사회의 중국에 대한 지식 수요를 충분히 채우고 있다고 말하기는 어렵다. 또 사료를 기반으로 하는 논증을 기본적 방법으로 삼아야 한다는 학문적 특성상 구체적인 연구에 매몰되어 시대상이라는 전체 그림을 그리지 못하는 '연구의 파편화' 또한 경계해야 할 문제로 지적되고 있다.

우리 학회에서 2013년부터 연구총서를 기획·출판하고 있는 것은, 바로 이러한 필요와 요구에 대한 대응이기도 하다. 단독 저서든 학술대회 개최 등 기획에 의한 연구서든, 포괄적 주제에 대한 체계적인 저술을 만들고 출판함으로써 연구의 파편화를 극복하고 근현대 중국에 대한 우리 사회의 지적 수요를 충족시키는 데 연구총서 출판의 기본 의도가 있는 것이다. 어려운 여건에도 학회의 기획 의도에 공감해 출간을 선뜻 맡아준 한울엠플러스(주)에 감사의 말씀을 드리며, 더 많은 연구자들이 연구총서 출판에 참여해 주기를 희망한다.

중국근현대사학회 총서간행위원회

청 말 중국 국가와 사회는 큰 변화에 직면했다. 아편전쟁을 필두로 각종 전쟁과 분쟁에서 패배, 양보하며 중국은 내재된 각종 문제를 노출했다. 이런 문제를 해결하기 위해 중국은 전통 국가 체제를 근대 국민국가 시스템으로 전환하여 근대화(혹은 현대화)라는 과제를 달성해야 했다. 전통 국가에서 근대 국가로의 전환을 서구와 같이 내부적 동인에 의해 순조롭게 달성한 것이 아니었기 때문에, 중국은 전통과의 관계를 어떻게 설정하고 이행할 것인가라는 문제에 직면했다. 기존의 정치·경제·사회·문화 제도를 어떻게 활용, 단절, 혹은 초월할 것인가?

전통 국가에서 근대 국가로의 전환은 정치·경제·사회를 포괄하는 '제도와 문화'의 변화를 수반한다. 정치적인 측면에서 군주정에서 국민국가로 전환하는 참정과 민주의 제도화, 경제 영역에서 전통 경제의 근대화와 제도화, 그리고 이와 짝을 이루는 문화 전환이 필요하다. 이 삼자는 상호작용하며 변화를 추동하기도 하고 억제하는 역할을 하기도 한다. 이 과정에서 전통과 근대의 접합, 충돌과 폐기, 초월의 과정이 발생한다. 국가제도적 측면에서 전통 시스템을 어떻게 순조롭게 근대 국가제도로 전환할 것인가? 근대 경제의 전환에 전통 경제를 어떻게 활용할 것인가? 전통문화 (특히 유가)와 지식은 근대 개혁을 추동하는가 아니면 방해하는가? 청 말 중국의 관리와 지식인들은 이런 과제에 답을 해야 했다.

재야에서는 다양한 답변이 나타났다. 중화의 우월성을 고집하는 이들은 변화를 거부했고, 때로는 극단으로 치달아 외국인과 충돌을 낳았다. 어떤 이는 '오랑캐'의 장점을 배워 오랑캐를 제압하기를 원했다. 시간이 지날수록 배워야 할 오랑캐의 장점은 늘어났다. 정치제도도 배워야 하고, 의회를 통해 민중의 정치 참여도 허용해야 할 듯했다. 어디까지 배워야 중국을 보존하고 세계의 중심으로 다시 설 수 있을까. 청 조정이 미적거리며 나라가 흔들리자 몇몇 부류는 청조의 대체를 모색했다. 미래의 변화에 적응하지 못하는 청조는 없어지는 것이 당연한 듯했다. 서양에서 들어온 사상과 교육은 청나라 개혁과 보존의 동력이 되기도 했지만, 청조 타도라는 생각과 사상의 원천, 동력을 같이 풀어놓았다. 청 정부의 보존, 개혁을 통한 청조의 부흥, 청조의 타도, 이 모든 개혁과 혁명의 밑에는 인재와 교육의 혁신이라는 물결이 흐르고 있었다.

청 말 중국의 4대 명신(名臣)은 증국번(曾国藩, 쩡궈판), 좌종당(左宗棠, 쥐쭝탕), 이홍장(李鴻章, 리훙장), 장지동(張之洞, 장즈둥)이 일컬어진다. 앞의 3인은 모두 태평천국, 염군(捻軍) 등의 농민 반란을 진압하고 양무운동을 추진하여 청을 안정시키는 데 기여했다. 장지동이 쓴 『권학편(勸學篇)』에서도 청조 부흥의 인재로서 혹은 군사 인재로서 언급되는 사람들 가운데 태평천국운동 진압과 관련된 인물이 적지 않다. 태평천국이 얼마나 청조에 큰 위협이었는지를 가늠할 수 있다. 또한 태평천국운동 당시에 10대의 소년이었던 장지동이 그 선배들과 함께 4대 명신으로 평가되는 것은 장지동에게 다른 업적이 있었던 것이란 추측을 가능케 한다. 다른 3인보다 나이가

14세에서 26세까지 적었던 장지동은, 1863년 26세의 나이에 관직 생활을 시작했다. 그리고 청류파(淸流派)로서 활동하며 두각을 나타내고, 지방 고위 관료로서 양무운동을 추진했다. 장지동은 변법운동을 처음에는 지원했지만, 민권론 등에서 변법파와 의견이 맞지 않아 거리를 두었다. 의화단 운동에 부정적이어서, 열강과 타협하여 동남호보(東南互保)를 체결하고 의화단 운동을 진압했다.

그런데 장지동의 업적 가운데 첫째로 꼽을 수 있는 것이 아마 학제의 제정이 아닐까 싶다. 호북(湖北)의 한양제철소와 같은 양무 기업, 신군의 창설도 청조의 개혁 추동에 중요한 역할을 한 것은 분명하지만, 교육개혁은 전국적 규모에서 보통 교육의 기반을 놓았기 때문이다. 이런 교육개혁과 관련된 구상이 1898년 그의 『권학편』이었다. 그리고 『권학편』의 구상은 계묘학제(癸卯學制)로 실현되었기 때문에 더욱 의미가 있다. 장지동은 단순 구상이나 주장만을 언급한 것이 아니라 실현의 기회를 잡았으며 청, 그리고 나아가 중국 교육제도의 기초를 놓았다. 즉, 『권학편』은 장지동의 생각이나 실천, 그리고 중국의 근대 교육제도의 확대, 인재 양성 방향 등을 이해하는 중요 사료이다.

이 책은 세 부로 나누어 구성했다. 제1부는 장지동과 『권학편』, 계묘학제의 「학무강요(學務綱要)」 등에 관한 해설 성격을 띠는 글로 엮었다. 장지동의 생각을 분석하고 그 후의 역사 전개와 현재 문제에 연결시켜 생각해 볼 수 있는 안내 성격의 글로 엮었다. 제2부는 『권학편』을 번역하고 역주를 달아 구성했다. 장지동 교육개혁의 핵심 내용을 직접 원문을 통해 파악하는 것이다. 제3부는 『주정학당장정(奏定學堂章程)』(1904년의 계묘학제) 가운데 교육개혁의 핵심을 담은 「학무강요」의 번역과 역주이다. 이 세 부분을 통해 장지동의 구상, 실천, 그 후의 역사적 전개와 현재적 의미를 파악할 수 있도록 구성했다. 그리고 마지막에 참고자료로서 『권학편』에서 언급한 인명과 책에 대한 간략 소개를 덧붙였다. 장지동은 자신의 주장을 펼치고 논증하기 위해 역대 인물과 책을 종횡무진으로 인용했다. 인명은 시호나 호로 언급하거나 때로는 이름 없이 성만 나열하는 경우도 있었다. 이것을 역주로 처리하려고 하니, 분량이 엄청 늘어나 책을 읽는 데 방해가 되는 듯하고 역주가 필요 없는 유명 인물도 적지 않았다. 이에 인물과 책을 간략히 소개하여 책 말미에 참고자료로 덧붙였다.

편역자 이 병 인

제1부

장지동과 교육개혁

이 병 인

장지동(張之洞, 1837~1909)

제1장

장지동의 구상과 그 유산

1. 장지동의 생애

장지동(1837~1909), 자는 효달(孝達), 호는 향도(香濤)로서 원적은 직예성(直隸省) 남피(南皮)이다. 당시 총독을 맡은 사람을 '수(帥)'라고 불렀기 때문에 당시 사람들은 장향수(張香帥)라고 불렀다. 어려서부터 엄격한 유가 교육을 받아 13세 이전에 이미 사서오경 등의 유가 경전 학습을 대략 끝냈다. 역사학·문자학·문학을 같이 공부하고, 『손자병법』 등의 병법 명저도 자습했다. 1852년 15세에 순천부(順天府) 향시에 수석으로 합격하여 천재 소년이라는 소리를 들었다. 그러나 부친을 도와 군사 일을 처리하고, 결혼하여 아이를 낳고 부친상으로 몇 년을 더 보냈다. 다시 시험을 보려 했을 때에는 사촌형이 고시관이 되는 바람에 다시 시험을 연기하는 수밖에 없었다. 1863년 26세에 전시에 3등으로 합격하여 한림원 편수(編修)에 임용되었다. 관직에 임용된 후 오랫동안 한직을 전전하며 중용되지 못했다.

양무운동이 흥기한 후 양무운동에 비판적인 청류파(淸流派)와 뜻을 같이

하며 장지동은 두각을 나타내기 시작했다. 1875년에 발생한 지현 손정양(孫定揚)의 과중하고 잡다한 세금 문제를 해결하여 사천성(泗川省) 동향(東鄉, 현재의 선한(宣漢)현)의 민심을 얻었다. 장지동은 중국의 영토 문제에서도 목소리를 높였다. 1860년대 신강성(新疆省)의 혼란을 수습한 청조는 러시아가 점령한 이리(伊犁)를 돌려받기 위해, 외교적 수완이 있다고 생각한 숭후(崇厚)를 러시아로 파견했다. 그런데 1879년 숭후가 러시아와 '리바디아 조약'을 맺어 이리 이남의 영토를 할양하고 거액의 배상금을 지불하기로 했다. 이에 분개한 장지동은 상소를 20여 차례 올려 숭후의 중징계를 요구하며 이홍장(李鴻章), 증국전(曾國筌), 유곤일(劉坤一) 등 양무파의 실세를 공격했다. 이런 장지동의 활동은 서태후의 마음에 부합했으며, 당시 조정에서 대외 강경론을 주장하는 청류파로서 두각을 나타내게 했다. 장지동은 대외타협적인 이홍장에 대립하여 중국의 국권을 지키고 청조의 대일통(大一統)을 지키려는 입장에 한 발을 디디고 있었다.

장지동은 이상적인 목소리만 높인 것이 아니라 실제 사무에도 뛰어났다. 1882년 산서(山西) 순무에 임명된 후, 관리 기구를 정비하고 아편을 금지하며 각종 낙후한 풍습과 규정을 고치는 등 실무관료로서의 모습을 드러냈다. 아울러 몇몇 성에서 양무를 추진하여 큰 실적을 내는 것을 보고 모방을 시작했다. 그는 영국인 선교사 티모시 리처드의 자문을 받으며 양무 활동의 길로 들어섰다.

청조는 청불전쟁 당시에 항전을 주장하는 장지동을 광동(廣東)과 광서(廣西) 두 성을 관장하는 양광(兩廣) 총독에 임명하여 청불전쟁 관련 사항을 처리하도록 했다. 장지동은 군비와 무기를 준비하고 방어 진지를 구축했다. 그리고 이미 나이가 70세 가까이 되었지만 광서, 귀주(貴州), 베트남 등의 군사 업무에 밝았던 노장 풍자재(馮子材)를 다시 기용했다. 풍자재는 중국과 베트남의 국경지대에서 가장 중요한 요충지인 진남관(鎭南關) 전투에서 프랑스를 물리쳐서 이홍장의 뜻에 따라 타협 양보하던 전황(戰況)을 바꿔 조정의 칭찬과 민간의 칭송을 모두 받았다. 아울러 청불전쟁의 과정에서 청나라가 무기 공급 부족과 해군이 없어 적에게 밀리는 상황을 파악했다. 이에 광동에 광동수사학당(廣東水師學堂)과 무기공장의 설립을 준비하며 양무 활동에 더욱 박차를 가했다.

1889년 장지동은 무한(武漢)에서 이후 10여 년간 호북(湖北)과 호남(湖南)을 통괄하는 호광(湖廣) 총독 임무를 수행하며 양무 추진의 대표적인 인물 가운데 하나가 되었다. 호북은 장지동의 실업 제창, 신군 훈련, 교육 육성을 통해 전국에서 주목받는 양무운동의 중심지가 되었다. 그러나 장지동은 공장 설립 등과 관련한 이해가 부족하여 효율성을 고려하지 않고 일을 추진한 적도 있었다. 제철공장을 건설할 때 기계 설비를 제대로 이해하지 못했으며, 공장의 위치를 선정하면서 경제 효율성을 고려하지 않고 오로지 자기 통제하의 공장 설립만을 추구하여 생산 원가가 높거나 생산 제품의 질이 떨어지는 문제를 야기하기도 했다. 이런 시행착오를 거치면서 장지동은 이홍장과 필적할 만한 실력자로 성장했다. 장지동은 서양 학문을 수용하며 전통 산업구조를 바꿔나갔다.

장지동이 답을 해야 할 또 다른 문제는 국가체제 개혁, 국민의식의 형성과 참정(민주화)의 문제였다. 누가 개혁을 주도하며, 어떤 정치 시스템을 만들 것인가? 청일전쟁의 패배 이후 중국의 정치는 장지동을 선택의 길에 서게 했다. 일본에 대만(타이완)을 할양하고, 열강의 세력권으로 분할되는 상황에서 강유위(康有爲, 캉유웨이)는 변법을 주장했다. 장지동은 변법을 지지하며 강유위 등이 만들었던 강학회(強學會)에 은 5000냥을 지원하고, 양계초(梁啓超, 량치차오)를 호북에 불러 선전을 하게 했다. 장지동은 처음에 변법운동에 동정적이었다. 변법파들은 상해(上海)에서 변법파의 기관지라 할 수 있는 《시무보(時務報)》를 창간하고, 호남(湖南)에서는 순무 진보잠(陳

寶箴) 등의 지지를 얻으며《상학보(湘學報)》등을 통해 변법을 선전했다. 《시무보》,《상학보(湘學報)》등의 논설은 더욱 급진적이 되어, 삼강(三綱)으로 대표되는 유학의 예의에 관한 가르침을 공격하며 민권설을 주장했다. 장지동이 민권에 대한 입장을 내놓아야 할 시점이 되었다. 민권과 민주화에 대한 장지동의 답은 무엇이었을까?

　장지동은 민권에 반대했다.《시무보》와《상학보》의 언론이 황당무계하다고 질책하며 신문을 단속하고 변법파와 갈라서기 시작했다. 그리고 1898년 장지동의『권학편』이 나왔다. 장지동이 보기에, 중국이 역사상 전례 없는 격변에 처한 것은 민권론을 포함한 신 - 구 학문의 갈등을 제대로 처리하지 못했기 때문이었다. 시대를 구하고자 하는 자는 신학(新學, 새로운 학문)을 말하고 도가 손상될 것을 염려하는 자는 구학(舊學, 옛 학문)을 말하면서 일치되지 않았다. 새로운 학문과 옛 학문이 적대시하며 서로 갈등하고 군중의 마음을 어지럽히니, 중국 내부에서 위기가 커지는 것이라 판단했다. 변법파의 민권론 등은 전통문화를 파괴하고, 옛 학문에의 집착은 서양 학문을 배워 국가를 안정시킬 기회를 놓치는 것이었다. 문화 전환의 과정에서 민권론과 의회로 대표되는 서양 학문에 오로지 의존하는 것은 중국문화의 주체성과 주도적인 지위를 상실하게 할 것이다. 따라서 중국문화를 근본 삼아, 중국문화가 문화 전변의 주체성을 지니고 서양 학문을 받아들이자는 중체서용(中體西用)적 입장을 제시했다. 이러한 주장으로 장지동은 민주적 제도 변혁에 반대하고 중체서용을 대표하는 보수적인 인물로 표상되기에 이르렀다.

　『권학편』은 당시 상당히 많이 유포된 편이었다. 장지동의『권학편』을 본 광서제는 이 책이 학술에 도움이 될 것이라 칭찬하며, 군기처(軍機處)에 책을 간행하여 총독, 순무, 학정(學政)에게 한 부씩 발급할 것을 명령했다. 『권학편』은 조정의 힘을 빌려 200만 부 이상이 간행되었을 것으로 추정된다. 그리고 서양 선교사도 『권학편』을 번역·출간했다. 1898년 예수회 선교사 제롬 토바르(Jérôme Tobar, 중국 이름 관의목(管宜穆, 관이무))가 프랑스어로 번역했다.[1] 미국 남장로회 선교사 새무얼 아이셋 우드브리지(Samuel Isett Woodbridge, 중국 이름 오판교(吳板橋, 우반차오))는 미국 교회가 중국에서 발간한 영문 잡지 《더 차이니스 레코더(The Chinese Recorder)》에 번역본을 연재하고, 1900년 뉴욕에서 『차이나스 온리 호프(China's Only Hope)』란 이름으로 출간했다.[2] 1898년 프랑스 번역본은 장지동을 전통과 애국을 동일시하는 부류의 인물이라고 소개하고, 당시의 정치 개혁파를 두 부류로 나누어 철저한 개혁파로서 강유위와 신중하고 점진적 개혁의 장지동으로 분류, 대비시켰다. 장지동이 새로운 학문으로 칭하며 변법파를 공격했기에 마찬가지로 변법파의 비판을 받았다. 양계초는 『권학편』은 10년이 못되어 재와 먼지로 변해버릴 것이라고 강하게 비판했다.

『권학편』저술 후 장지동의 만년 10년의 활동에서 두드러지는 점은 교육활동이었다. 장지동은 청조의 신정(新政)에 호응하며 변법을 주장하고 교육개혁을 주도했다. 1904년 '계묘학제(癸卯學制)' 제정을 주도하여 전국적인 학제를 만들고, 1907년 오늘날 교육부에 해당하는 학부(學部)를 관리했다. 그는 『권학편』에서 주장한 국권주의적 개혁, 실용 인재의 양성, 그리고 중국문화의 주체성을 지키는 개혁 방안을 계묘학제에서 구체화했다. 신-구 학문의 갈등으로 흔들리는 중국의 민심을 국가, 교리, 종족의 보존이 일맥상통함을 밝혀 단합된 마음을 만들고, 서양의 실용 지식을 익혀 실업을 진흥하고 부강한 국가를 만드는 핵심은 교육에 있다고 생각한 것이다.

---

1   *K'iuen-Hio P'ien: exhortations à l'étude par Tchang Tche-Tong*, Traduit par Jérôme Tobar(Chang-Hai: Imprimerie de la Mission Catholique, 1909).
2   Chang Chih-tung, *China's Only Hope: an Appeal by her greatest viceroy*, tr. ed. Samuel I. Woodbridge(New York : Fleming, 1900).

1908년 광서제와 서태후가 죽었다. 만주족 황족과 귀족은 한족 관료에게 넘어갔던 권력을 만회하려고 하며 원세개(袁世凱, 위안스카이)를 배척했다. 만(滿) - 한(漢) 갈등을 조정하려는 장지동의 노력은 성과를 내지 못했다. 1909년 장지동이 사망하고 2년 후에 청조는 몰락했다. 자신이 힘써 육성했던 신군이 혁명의 중심에 설 것이라고는 그는 전혀 예상치 못했다.

청나라는 근대 국가의 전환에 실패했다. 근대 공업이 점차 늘어나며 산업구조, 사회구조가 점점 변했지만, '황제에 대한 충성(忠君)'을 강조하며 국가의 권위를 높이려는 시도는 공화와 민주의 열망을 수용하지 못했다. 국권주의적 입장일지라도 민권을 반영할 최소한의 구조 전환은 필요했으나 장지동은 무시했다. 청조는 중화민국으로 대체되었다. 중국의 문화로 정체성을 형성하려고 황제에 대한 충성, 공자 숭배를 내세웠던 청 말 교육은 '황제에 충성하는 노예'를 양성하는 것에 지나지 않았다고 비판받았다. 황제에 대한 충성은 공화국 정체와 맞지 않아 신해혁명 후 혁명정부의 교육 이념에서 제외되었다. 유가를 활용한 국민 정체성과 도덕심 양성은 시대에 맞지 않는 것으로 폐기되었다. 성과를 인정받는 것은 각종 공장을 설립했던 양무와 학교 설립이었다. 전체적으로 볼 때 장지동의 해결책은 실패했다.

2. 장지동 구상의 변형과 공자, 그리고 혁명

지금 이 시점에서 장지동의 『권학편』이 의미하는 바는 무엇인가? 왜 다시 장지동인가? 장지동이 고민했던 문제는 그 후 민국 시기에도 지속되었고 현재진행형인 측면이 있기 때문이다. 중국에서는 국체 혹은 정체를 바꾸는 신해혁명, 국민혁명, 공산혁명이란 세 차례의 큰 혁명이 있었다. 혁명은 이전의 구세력이나 사상을 파괴하고 혁명 정권이 구상했던 근대화를 실천할 길을 열었다. 혁명은 반혁명세력을, 더 폭을 넓히자면 전통을 파괴하고 새로운 시대로 진입했다. 그런데 세 차례의 혁명을 거치고도 과거 전통문화의 상징과도 같은 공자는 반복적으로 부활하고 있다. 공자는, 유가 사상은, 전통은 왜 혁명정권에서 계속 부활했는가? 유가 사상의 역사적·사회적 뿌리가 깊은 것인가? 우리가 알고 있는 혁명으로 집권한 정권은 구시대의 부활을 왜 방치하는가? 혹시 혁명 정권이 유가 사상을 가르치고 전통을 부활시키고 있었던 것은 아닐까.

신해혁명은 군주제를 무너뜨리고 중화민국을 성립시켰다. 이제 황제에 충성하는 '노예'가 아니라 공화국의 정신에 맞는 인재의 양성이 민국 초 교육계의 과제가 되었다. 남경임시정부의 교육총장이었던 채원배(蔡元培, 차이위안페이)는 유가 윤리는 공화제와 맞지 않는다고 생각하고, 1912년 전국임시교육회의를 열어 공화국에 맞는 교육방침의 제정을 요청했다. 공화국 국체를 뒷받침하고 사회를 유지할 수 있는 인간상을 정립하는 것이 목표였다. 임시교육회의에서 채택한 교육 취지(教育宗旨)는 생계유지와 경제발전, 국방 강화에 도움이 될 개인의 능력을 양성하고, 도덕 교육과 미감(美感) 교육으로 공화국 정신을 함양하는 것이었다.

그런데 혁명세력은 구세력의 반격으로 권력을 상실하여 유가 윤리의 청산을 실행할 수 없었다. 채원배 총장은 교육 취지에서 공자 숭배를 없앴지만 권력을 유지하지 못했다. 사회에서는 공교회(孔敎會)나 공도회(孔道會) 등이 유가를 국교로 만들 것을 주장했고, 공화 정신과 유가 정신이 일맥상통한다고 주장했다. 정권을 장악한 원세개는 공자 숭배를 주장했고, 학교에 경전 교육을 도입했다. 1915년 원세개는 '교육강요(教育綱要)'와 '교육요지'를 발표하여 유가 윤리를 공화국의 도덕으로 강조했다. 혁명이 전통을 청산하고 새로운 국가 건설로 전환하기도 전에 구사회 세력과 전통 문화는 부활했고 학교 교육의 중심을 차지했다. 유가 사상의 폐기를 모색했던 세력은 공화 국체에 맞는 교육 이념을 모색하고 실현하기 위해 다시 투쟁하고 혁명을 일으켜야 했다. 1919년 교육조사회는 국민이 국가의 주인이라는 공화정신의 양성을 주장했으며, 1922년 학제는 국가의 특정 목적에 종속된 인간의 양성이 아니라 개성의 발달에 중점을 둔 교육표준을 제정했다. 민국 초반의 교육계는 '유가 윤리'와 '개성을 중시하는 민주정신'이 국민 의식과 도덕을 둘러싸고 경쟁했다. 혁명은 과거와 단절을 경험하지 못했다.

국민당은 국 - 공 분열과 내부 분열 등 곡절을 겪긴 했지만, 구세력을 파괴하는 혁명 과정을 거쳐 정권을 장악했다. 국민당은 1925년 '교육방침초안'에서 혁명과 교육의 동시 추진을 주장하며, 평민화와 혁명화의 교육으로 국민혁명을 완수할 것을 주장했다. 국민당은 낡고 낙후한 봉건제도, 종법제도를 없애고 혁명을 수행할 수 있는 '주의'로 무장한 국민을 양성하려고 했다. 국민당은 당의 이념으로 국민정신을 무장시키는 당화교육(黨化教育)을 실시하여 낡은 세력을 없애는 '파괴의 혁명'을 교육했다. 그리고 1927년 채원배가 교육행정을 책임지는 대학원 원장이 되었다. 공자가 부활하기는 힘들었다.

국민당은 1927년 4·12 정변 이후 파괴의 혁명당에서 건설의 혁명당으로 서서히 변화하기 시작했다. 대자본가의 단체라고 여겼던 총상회를 상민협회로 대체하려던 계획은 변경되고, 교육계에선 '대파벌'을 형성한 교육회를 교육협회로 대체하려던 시도가 무산되었다. 국민당은 기존 사회세력에 대한 공격을 중단하고 건설에 유용한 집단을 동반자 혹은 동원의 대상으로 선택했다. 국민당의 지도자들은 학생이 정치 활동 참여를 중단하고 학업에 매진할 것을 요구했다.

국민당은 1929년 제3차 전국대표대회에서 삼민주의 교육방침을 결정했다. 교육 이념은 삼민주의를 근거로 인민생활을 충실하게 하여 사회생존을 돕고, 국민생계를 발전시켜 민족생명을 지속시키는 것이었다. 혁명 정권의 정체를 뒷받침하고 지지할 수 있는 인간의 양성과 더불어 국가적 과제를 실천할 인재의 양성이 목표였다. 구사회 세력에 대한 공격을 일단락 지은 상태에서 혁명의 목표는 국민당적 근대의 실행이었다. 국민당은 손문의 이론에 따라 헌법에 의한 통치〔憲政〕의 전 단계인 훈정(訓政)을 실시하며 국민을 훈련하고 개발하는 책임을 맡았다. 장개석(蔣介石, 장제스)을 비롯한 당·정 요인들은, 훈정 시기에 교육의 중심기조는 경제를 발전시키는 것이라고 강조했다. 소학에서 대학까지 직업화해 국민생산을 증가시키고, 소학에서 대학까지 국가가 요구하는 능력을 갖춘 인재를 양성하는 것이 국민당과 정부의 교육 방침이었다.

개인은 국가가 필요로 하는 능력을 갖추는 것이 곧 혁명을 실천하는 것이었다. 국가는 반혁명세력과의 정치 투쟁 필요성이 줄어든 상태에서 개인을 독려하고, 정신을 무장시키기 위한 혁명교육과 도덕 교육, 애국 교육을 강조했다. 국민당과 정부의 요인들은 공자와 맹자의 가르침을 이용하여 삼민주의를 해설했으며, 삼민주의 실천을 위한 구체적 덕목을 유가 윤리로써 설명했다. 국민당은 학생에게 중국인으로서 애국심과 사명감을 불어넣기 위해 유가 이념을 소환했다. 그리고 일본의 침략이란 대외 위기는 국민당과 정부가 중국의 고유문화를 이용하여 민족의 자존감을 고양하도록 더욱 부추겼다. 전통 문화와 유가 이념은 혁명당과 국가에 의해 다시 정당성을 부여받고 부활했다.

1949년 공산당은 국민당을 쫓아내고 정치협상회의를 통해 중간파 등과 연합하여 정권을 잡았다. 공동강령의 문화교육정책은 봉건적·매판적 사상의 제거와 함께 국가건설인재의 배양에 집중했다. 그런데 중국공산당이 생각한 혁명의 최종 종착지는 신민주주의가 아닌 사회주의였다. 신민주주의는 사회주의로 바뀌고 사회주의 현대화로 전환해야 했다. 1956년 중국 공산당 제8차대회에서는, 당과 국가의 주요 임무는 생산력 발전과 중국 국정에 부합하는 사회주의 건설을 진행하는 것이라고 결정했다. 중국 공산당은 계급투쟁보다는 생산력 발전을 위주로 한 사회주의 현대화 이행을 결정했다.

그런데 흐루쇼프의 스탈린 비판과 동유럽권 문제가 부상하고 중국 국내의 농업합작사에서 탈퇴가 증가하면서 계급투쟁 문제가 부각되었다. 1957년 모택동(毛澤東, 마오쩌둥)은 인민 내부의 모순을 정확하게 처리하는 문제를 설명하면서 정확한 정치 관점을 지니고, 사회주의적 각오를 지닐 것을 요구했다. 생산력 발전을 통한 사회주의 현대화보다 계급투쟁이 더 중시되기 시작했다. 1958년 중공 중앙과 국무원은 교육공작에 관한 지시를 내려 대약진운동에 호응하여 교육계의 대약진운동, 교육대혁명을 추진했다. 즉 학제운영, 교육관리, 수업 방식 등에서 계급적 관점, 군중 노선에 따라 자본주의적 요소를 제거하고 배제하는 계급 투쟁적 교육혁명의 추진이었다.

문화대혁명은 계급투쟁을 더욱 격화시켰다. 1971년 강청(江靑, 장칭), 왕홍문(王洪文, 왕홍원), 장춘교(張春橋, 장춘차오), 요문원(姚文元, 야오원위안)의 사인방이 작성하고 중국공산당 중앙의 비준을 받은 '전국교육공작회의기요(全國敎育工作會議紀要)'는, 중화인민공화국 수립 이후의 교육성과를 모두 자산계급이 주도한 것으로 부정하며, 교육 영역에서 노동자 계급의 지도권을 공고히 하고 학생이 사상 각오를 높이는 것을 교육혁명의 최우선 순위에 두었다. 낡고 낙후한 봉건 잔재, 자본주의 잔재와 혹시라도 계급투쟁에 엮여 배척 대상이 될 수 있는 요인은 살아남기 어려웠다. 파괴적 혁명이 지속되는 한 전문성을 중시하는 교육이나 전통 문화와 공자는 부활하기 힘들었다.

1978년 개혁개방 이후 교육방침에 변화가 생겼다. 등소평(鄧小平, 덩샤오핑)은 1978년 전국교육공작회의에서, 모택동의 교육방침은 정확한 정치 방향을 견지하는 것이 우선이지만 이것은 과학문화학습을 배제하는 것이 아니라 정치 각오가 높을수록 혁명을 위해 과학문화를 학습해야 하는 자각이 더욱 높아지고 노력하게 된다는 것을 의미한다고 설명했다. 등소평은 혁명적 각오와 각성을 계급투쟁에 종사하는 것에서 과학학습에 대한 자각과 노력으로 전환시켰다. 혁명은 계급투쟁에서 사회주의 현대화, 그리고 그것을 담당할 인재의 양성으로 방향을 바꾸었다. 1983년 등소평은 '나아가야 할 세 개의 방향[三個面向]'을 제시하여 교육이 사회주의 현대화 건설에 종사해야 한다는 것을 분명히 했다. 이후 1985년과 1993년의 당의 교육개혁 방안 모두 이 방침을 계승했다. 교육은 사회주의 현대화에 기여해야 하며, 사회주의 건설자와 계승자를 양성하는 것이었다. 계급투쟁이 약화되는 상황에서 사회주의에 대한 충성, 조국에 대한 충성이 강조되고, 중국의 전통 문화는 조국에 대한 사랑과 결합하며 사회주의 현대화 건설자와 계승자를 독려하는 데 사용되었다.

혁명으로 공자가 폐기되기도 하고 다시 부활하기도 했다는 것은 무엇을 의미하는 것일까. 중국의 세 차례 혁명에는 두 가지 대립 구도가 작동했다. 하나는 낙후한 내부의 적을 부수는 전통의 파괴 이후 근대 국가의 건설로 이행하는 전통과 근대의 대립이었다. 그런데 혁명으로 전통의 파괴를 마무리한 후 근대 이행 과정에서 상황은 변했다. 혁명당은 국가 건설에 매진할 개인의 열정과 사명감을 북돋기 위해 혁명이념과 더불어 중국인임을 느낄 수 있는 문화를 강조했다. 유가와 전통의 부활은 중국인으로서 자각을 통해 '근대화'라는 혁명의 과제를 달성하는 매개였다. 혁명당의 근대화 과정은 두 번째 대립 구도인 중국과 서양의 대결로 전환되어 중국식 발전의 길을 모색했다. 중국이 급격히 부상한 오늘, 중국인임을 자각하게 하고 혁명의 완수를 뒷받침했던 전통 문화는 더욱 강조될 것이며 더 나아가 중국이 문화적 자부심을 외부로 확장하는 문화 애국주의, 문화 팽창주의로 확장하지 않을 것이라고 어찌 장담할 수 있겠는가.

장지동은 실패했지만, 유가 사상을 근간으로 서양사상을 접합하여 중국의 전통 문화를 근대 문화로 전환하려는 시도는 지속되었다. 전통의 정수를 잡아내어 중국 발전의 심리적 기초로 삼으려는 것은 장지동이 주장하고 실천하려고 했던 것이 아니었던가. 『권학편』은 청 말의 상황에서 출현하고 중국근대사에 영향을 끼친 저작이지만, 장지동이 직면했던 중국 전통 문화의 보존과 전환, 혹은 폐기란 고민은 현재의 중국에서도 여전히 지속되었다. 장지동이 공자의 가르침이 사라질까 고민했다면, 이제 자신감과 경제적 부흥을 달성한 중국은 역으로 중국 문화를 보편적 문화로서 확장시켜 현대 국가의 문화로서 자리 잡게 하려고 노력하는 것처럼 보인다.

제2장

『권학편』의 국가 중건 구상과 문화 전환

1. 『권학편』 해체적 읽기

1898년 정치적 분화와 갈등, 경합의 중심에 있던 인물 가운데 하나가 장지
동이었다. 장지동이 쓴 『권학편』의 주장은 보수, 양무, 혹은 변법파 가운데
그 누구를 비판하고 옹호하는 것인지 판단하기 어려운 점이 있었다. 장지
동은 옛 학문을 고집하는 이들을 비판하고, 새로운 학문만을 중시하는 이
들도 비판했다. 그가 대안으로 내놓은 주장을 요약하면 중체서용이었기
때문에, 당시 정책으로 실천되고 있던 양무운동을 지지하고 민권론으로
대표되는 변법운동을 반대하는 듯했다. 장지동은 수구파는 아니더라도 중
국의 문화를 지키며 서양문화의 일부를 수용하는 양무파처럼 보였다. 한
편으론 장지동이 주장하는 체(體)와 용(用)이 포괄하는 범주는 이전의 범위
와 달랐다. 장지동은 서양 제도의 수용을 주장하여 변법파와 일맥상통하
는 듯했다. 장지동이 주장한 중체서용론에 내포되어 있는 개혁 구상은 무
엇이었을까?[3]

청 말 민국 시기에 '중체서용론'이 담고 있는 의미는 시대 상황에 따라
계속 변화했다. 중체서용이란 주장은 중국과 서양을 둘로 나누고 상호 관
계를 규정하여 이질적인 문화 수용을 용이하게 했지만, 시대 상황이 변하
면서 중국 문화와 서양 문화의 상호 관계도 조정되었다.[4] 중국과 서양의

---

3   장지동 연구는 크게 중체서용론과 교육개혁론으로 나누어 볼 수 있다. 장지동이 옛 학
    문과 새로운 학문을 모두 비판했기 때문에,『권학편』저술 의도를 비롯하여 장지동 민권
    론의 성격, 서용(西用) 개념의 확대 등을 분석하며 장지동의 주장에 담긴 의미를 다각도
    로 분석했다. 그리고 장지동을 양무파 혹은 양무와 변법의 중간파, 때로는 장지동과 변
    법파의 개혁 구상에 큰 차이가 없다는 견해도 나왔다. 장지동 연구에서 또 하나의 큰 축
    을 차지하는 것은 교육개혁이다. 장지동이 교육개혁을 중시하고 1904년 계묘학제를 만
    들어 교육의 체계를 잡았기 때문이다. 교육사상, 초등교육, 실업교육, 계묘학제 등 장지
    동이 교육개혁에서 이룬 업적을 연구했다. 교육개혁 연구에서도 중체서용론은 큰 관심
    사였는데, 서양 학문이 정식 교육과정 체계로 들어왔기 때문이었다. 그리고 장지동이
    학당의 설립이나 보급, 학제의 수립 과정에서 한 역할이 주목되었다.
    장지동 관련 연구 성과가 상당히 많아 일일이 열거하기 힘들어, 연구 동향을 정리한 논
    문을 소개하는 것으로 대체하고자 한다. 梁大偉·李祺,「近二十年國內張之洞硏究綜述」,
    《浙江理工大學學報(社會科學版)》, 2021年 第46券 第2期; 祝婷婷,「百年張之洞『勸學篇』研
    究述評」,《社會科學戰線》, 2012年 第12期 등. 국내 연구로는 장의식,「淸末 張之洞
    (1837~1909)의 中體西用論과 敎育思想:『勸學篇』을 중심으로」,《역사학보》제147집
    (1995); 임춘성·馬小朝,「양무파(洋務派)와 유신파(維新派)의 중체서용(中體西用)」,《중
    국학보》제46집(2002); 송인재,「근대 중국에서 중학·서학의 위상변화와 중체서용」,
    《개념과 소통》제6권(2010.12); 양일모,「근대 중국의 민주 개념: 민본과 민주의 간극」,
    《중국지식네트워크》제9권 9호(2017.5); 강중기,「근대 이행기 중국의 유교 연구: 장즈
    둥과 량수밍을 중심으로」,《한국학연구》제49권(2018.5) 등이 있다. 이들 논문 제목에
    서 나타나듯이 장지동 연구는 주로 중체서용론 및 유교 연구와 관련되어 있다.
4   閔斗基,「中體西用論考」,《동방학지》제18권(1978), 159~217쪽; 조병한,「19세기 중국
    개혁운동에서 '中體西用'」,《동아시아역사연구》제2집(1997), 145~175쪽; 金衡鍾,「近
    代中國에서의 傳統과 近代: 淸末民初 西學受容 試論」,《인문논총》제50집(2003), 3~38
    쪽은 중체서용론의 시대적 변화를 살펴보는 데 유용하다. 李欣然,「"政"在體·用之間:
    "西政"對晩淸"中體西用"典範的衝擊」,《淸華大學學報(哲學社會科學版)》2022年 第5期(第
    37券) 등.

문화는 본말(本末)의 관계에서 점차 등가(等價)의 문화로 변했다. 서용(西用)의 용(用)이 포괄하는 범위도 점차 넓어지며 중국의 개혁 방향과 범위도 달라졌다.[5] 중체서용은 고정된 생각이 아니라 역사적 상황에 따라 변동하며 서양 학문 수용의 범위를 확대하고 개혁을 추동하는 역할을 했다.

장지동의 『권학편』은 변화하는 중체서용론의 한가운데에 있었다. 장지동은 중국 학문과 서양 학문의 관계를 재정립하고, 수용해야 할 학문의 범위를 서양의 정치제도로 확장했다. 장지동의 중체서용론은 중국 학문을 개인의 내적인 문제로 한정하여 서양 학문의 수용 가능성을 무한정 확장할 수 있는 길을 열었다고 해석되기도 한다.[6] 이러한 주장은 장지동이 중국의 문화 보존에 집착하는 양무파적 성격보다 개혁에 기여할 수 있는

---

5 1895년 이후의 중체서용은 중국의 문화를 서양보다 우월한 상위의 것으로 파악하던 이전의 논리와 달랐다. 중체서용론이 본격적으로 확산된 것은 1895년 이후였다. 1895년 이전의 논의가 중국의 문화를 근본으로 간주하고, 서양의 문화를 말단 지엽적인 것으로 생각하던 중본서말(中本西末)에 가까웠다면, 청일전쟁 이후는 중국과 서양의 학문과 문화를 관통하는 회통(會統)의 관점에서 중체서용론을 논했다. 이는 우월하며 '불변'의 것이었던 중국 학문이 점차 동요되기 시작했음을 보여주는 것이라고 한다(金衡鍾, 「近代 中國에서의 傳統과 近代: 淸末民初 西學受容 試論」, 10~12쪽 참조). 그런데 장지동의 견해를 여전히 양무파적 중본서말론으로 낮게 파악하고 있다.
진관타오·류칭펑은 흔히 기물 - 제도 - 가치로 언급되는 서양 문물의 수용 과정으로 분석하는 것에 이의를 제기하고, 서양 정치 관념의 수용이란 점에서 선택적 수용 - 학습 - 재구성의 단계로 구성해야 한다고 주장한다. 이 분류에 따르면 『권학편』이 나온 1898년은 서양 문물의 개방적 학습이 이루어지던 시대에 해당했다. 진관타오·류칭펑은 중체서용이라는 중 - 서 이분이원론을 전통문화의 현대적 전환을 이루기 위한 과정의 한 단계로 파악하고 있다(진관타오·류칭펑, 『관념사란 무엇인가 1: 이론과 방법』(푸른역사, 2010), 62~63, 68쪽).
6 송인재, 「근대 중국에서 중학·서학의 위상변화와 중체서용」; 장의식, 「淸末 張之洞(1837-1909)의 中體西用論과 敎育思想: 『勸學篇』을 중심으로」; 임춘성·馬小朝, 『양무파(洋務派)와 유신파(維新派)의 중체서용(中體西用)」, 178~180쪽 등.

길을 열었다는 점을 부각시킨다. 이처럼 중체서용론의 단계적 구분과 특징 파악은 중국의 지식인들이 개혁을 어떤 방향으로 확대시켜 왔는가를 파악하고, 중체서용적 개혁 구상의 차이를 명확히 이해하는 데 도움을 주었다.

그런데 중체서용이라는 입장에서 장지동의 개혁론을 분석하는 것은 상당한 한계가 있어 보인다. 중체서용의 이원론은 장지동의 개혁 구상을 중-서로 분리시켜, 중국의 문화에서 어떤 것을 어떻게 지킬 것인가의 문제에 선입견적으로 집중하게 할 가능성이 다분하다. 여기에 민권론을 반대했다는 사실이 덧붙여져, 장지동은 정체(政體)를 변경하지 않고 중국의 현상을 지키려는 양무파 인사로 평가될[7] 가능성이 높았다. 달리 말하면 장지동이 『권학편』에서 '내편'과 '외편'으로 구분한 중체서용론에 눈이 팔려서 개혁 구상의 전체 면모를 이해하지 못해, 장지동이 생각하는 민주와 공화의 관계, 개혁 방법론, 개혁 주체 등에 관한 분석을 소홀히 할 수 있다는 것이다.

장지동은 『권학편』 총 24편의 내용을 개괄하며, 개혁을 못 해 뒤처진 것을 부끄러워하고 식민지가 될 것을 두려워하는 것 등이 내용의 핵심이라고 했다. 망할 수 있다는 것을 알고 경계하며 강해져야 한다는 말로 장지동은 서문을 마무리했다. 『권학편』의 핵심은 국가의 위기를 알고 개혁을 통해 국가를 다시 조직하는 중건(重建) 구상이었고, 중체서용론은 중건 구상의 바깥을 구성하는 논리 외피인 것이다. 따라서 국가 중건 방안의 파악이라는 시각에서[8] 『권학편』을 다시 해체적으로 읽고 분석하는 것이 필요하

---

7 조병한, 「19세기 중국 개혁운동에서 '中體西用'」, 170~172쪽.

8 국가의 중건이라는 시각에서 장지동이 문명국가 혹은 문화를 중심으로 한 민족국가 수립을 지향했던 점에 주목한 연구로는 張廣生, 「"保國"以"保天下":《勸學篇》文明: 國家重建的籌劃」, 《學術月刊》 2021年 第9期(第53券); 陸胤, 「張之洞與近代國族"時空共同體": 從

다. 장지동이 중국의 위기를 어떻게 파악했으며, 이를 극복할 개혁의 주체, 국가 중건의 방향, 개혁 주체의 양성, 그리고 전통 문화를 어떻게 근대 사회에 적응시키려 했는가를 살펴볼 필요가 있다.

2. 위기: 국가와 문화 민족의 위기

장지동은 중국이 전례 없던 최악의 위기 상황에 직면했다고 생각했다. 장지동이 보기에 자신이 살던 당시의 세상 변화는 춘추전국시대뿐만 아니라 원과 명에 이를 때까지 없었던 일이었다. 그 재난으로 말하자면 신화와 전설에 나오는 공공(共工)이 전쟁에서 전욱(顓頊)에게 패해 부주산을 들이받아 천체 질서를 교란시킨 것보다 심각하며, 신유(辛有)가 주나라의 예법이 사라져 중국이 오랑캐의 땅으로 변할 것이라고 비통해했던 때와도 비유할 수 없을 정도라고 심각성을 지적했다.[9] 1874년 대만 사건, 유구(琉球, 류큐) 사건, 베트남과 조선에서 청의 영향력 상실은 국가에 위기가 닥

《勸學篇》到癸卯學制」, 《開放時代》 2017年 第5期; 姚傳德, 「張之洞의 『勸學篇』 분석」, 《중국사연구》 제64집(2010) 등이 있다. 이들은 장지동이 문화를 중심으로 국가 재건을 꾀하여 문명국가 혹은 문화적 정체성을 지닌 국가 수립 계획을 지니고 있었다고 주장했다. 필자 또한 이들의 의견에 동의한다. 그런데 이들 논문은 민주와 공화를 둘러싼 국가의 정체, 개혁의 주도권, 문명국가 건설을 위한 문화 핵심을 어떻게 추출, 전수하려 했는지에 대한 구체적인 분석이 부족하다. 요전덕(姚傳德)의 글은 내용 요약과 설명에 가까워 『권학편』의 해체적 분석과는 거리가 있다.

9 「序」, 張之洞 著, 『勸學篇』, p.3(沈雲龍 主編, 『近代中國史料叢刊 第九輯, 勸學篇』(文海出版社, 1967 重印本). 『권학편』의 원문은 서(序), 상(上), 하(下)로 나누어 상이 내편(內篇), 하가 외편(外篇)으로 「勸學篇上, 內篇, 同心第1」과 같이 표기했다. 그러나 인용상의 편의를 위해 『권학편』에서 인용한 것은 「序」, 「內篇: 1. 同心」과 같이 줄인다.

처오고 있음을 경고하는 것이라고 장지동은 받아들였다.[10] 국가의 안보가 흔들리고 있었다.

또 다른 위기는 성인의 가르침과 중국 학문의 위기였다. 장지동이 생각하기에 중국의 윤리는 중국의 특성을 보여주지만, 그렇다고 해서 중국만이 고집하는 특수한 윤리가 아니었다. 중국의 삼강오륜은 차이는 있지만, 서양에서도 중국과 동일한 윤리가 적용되고 있다고 주장했다. 중국이나 서양의 윤리는 근본이 상통하는 측면이 있는 보편성을 지닌 것이었다. "진실로 하늘의 질서와 백성의 일상 규칙은 중국이나 외국이 대체로 같으니 군주는 이것이 아니면 나라를 바로잡을 수 없고, 스승은 이 윤리가 없다면 가르침을 세울 수 없다."[11] 그런데 중국의 "연해 조계에서 공공연하게 삼강을 폐지하자고 주장하는 자가 있다. 이는 온 세상을 제멋대로 어지럽히고 난 이후에 즐거워하려는 것으로, 이목을 두렵게 하는 것이 이보다 더한 것이 없다. 중국에 이런 정치가 없으며 서양에 이런 가르침이 없으니, 이는 나귀도 아니고 말도 아닌 상황이 되는 것이다. 나는 지구상의 모든 나라 군중이 삼강을 싫어하고 버릴까 두렵다".[12] 삼강이 폐기될지도 모르는 현실 변화는 심히 우려되는 상황이었다. 또한 사회가 걷잡을 수 없을 정도로 불안한 상황에서 옛 학문〔舊學, 中學〕[13]은 세상 변화에 도움이 안 되어 더

---

10 「外篇: 1. 益智」, p. 83.
11 「內篇: 3. 明綱」, p. 36.
12 「內篇: 3. 明綱」, p. 36.
13 장지동은 구학(옛 학문)과 신학(새로운 학문), 중학(중국 학문)과 서학(서양 학문)이라는 용어를 병용하고 있다. 옛 학문이 시대의 문제를 해결하지 못하고 새로운 학문은 중국의 학문을 무시하니, 장지동의 생각으로는 두 학파 모두 문제가 있는 것이었다. 옛 학문은 시대에 뒤떨어진 측면을, 새로운 학문은 전통을 무시한다는 의미를 포함했다. 장지동이 쓴 문맥에 따라 의미에 약간 차이가 있고 중국 학문이 모두 폐기될 옛 학문인 것은 아니지만, 옛 학문은 중국 학문, 새로운 학문은 서양 학문이란 의미와 대체로 통할

욱 천시되고 있다고 장지동은 판단했다. 이처럼 성인의 가르침은 점차 약해지고 서적은 없어져 가니 진나라의 분서갱유만큼 큰 재앙은 아니지만 남조의 양 원제가 소장하고 있던 책 14만 권을 불태워 버릴 때(555년 江陵焚書)처럼 문무의 도가 사라질까 우려되는 상황이었다.[14] 중국의 학문은 시대의 위기를 극복하는 데에 도움이 되지 않으니 사라져야 하는 것인가. 이것이 장지동의 두 번째 위기의식이었다.

세 번째 위기는 종족(민족)의 정체성과 국가에 대한 자부심 부족이었다. 장지동은 아시아는 모두 삼황오제의 가르침이 미치는 곳으로 천지신명(天地神明)의 자손이 분화된 곳이라 설명했다. 그는 아시아는 같은 문화를 공유하는 황인종이 거주하는 지역이며, 그 속에서 분화된 것이 남으로 베트남, 태국, 미얀마 등이고, 동으로는 조선, 일본이라고 명시했다. 이 서술에 따른다면 당시 청나라의 영역에 포함된 봉천(奉天), 길림(吉林), 흑룡강, 내·외 몽골이 모두 문화를 공유하는 지역이었다. 장지동에게 천하와 민족의 구분에서 중요한 것은 인종과 문화였다.[15] 그러니 장지동의 논

수 있게 사용했으므로, 이 글에서는 서로 등치시켜 사용하려고 한다. 서학(서양 학문)이라는 용어의 사용과 의미 변화에 대해서는 차태근, 「19세기말 중국의 서학과 이데올로기」, 《중국현대문학》 제33호(2005), 2~4쪽 참조.

14 「內篇: 8. 守約」, p. 62.

15 장지동의 문화를 근간으로 한 만한불분(滿漢不分)의 민족 주장은 당시 흥기하던 한족 민족주의 사상과 대립하는 것이었다. 이 때문에 소공권(샤오궁취안)은 장지동이 흥기하던 민족사상을 쇠퇴시키고 애국의 심리를 어지럽혔다고 주장했다. 장지동의 국가 보존과 민족 보존은 청 왕실을 보존하기 위한 수식에 지나지 않는다고 주장했다(蕭公權, 崔明·孫文鎬 譯, 『中國政治思想史』(서울대학교 출판부, 1998), 1255~1257쪽). 소공권은 한족 민족주의 입장에서 장지동의 견해를 비판했다. 이 견해에 따르면 민족의 구분에 혈연과 종족이 민족의 구분에 많이 작용하게 된다. 혁명파와 변법파의 민족론에 관해서는 요코야마 히로아키, 이용빈 옮김, 『중화민족의 탄생』(한울, 2012), 49~101쪽 참조. 그런데 한족 민족주의가 만주족과 한족의 분리 등 소수민족의 분리 주장에 정당성을 부

리를 따른다면 만주족과 한족, 몽골족은 문화를 공유하는 같은 민족이며, 국가를 함께 구성한 운명공동체였다. 장지동에게 국가, 종족(민족)과 문화는 일체화된 것으로 문화는 정체성의 근원이기 때문에 포기할 수 없는 것이었다.

장지동이 보기에 국가의 소멸, 문화의 소멸, 민족(종족)의 소멸이 닥쳐오고 있었다. 이 삼자의 운명은 상호 연관된 것이었다. 삼강은 오륜의 핵심이며 모든 행동의 근원으로 수천 년간 전해오면서 별다른 이의가 없었으니, 성인이 성인인 이유와 중국이 중국인 이유는 실로 여기에 있다고[16] 장지동은 주장했다. 삼강오륜과 중국의 학문이 중국의 특성을 나타내고 '중국인임'을 나타내는 것인데, 어찌 성인의 가르침을 포함한 중국 학문을 버릴 수 있겠는가. 장지동에게 중국 학문의 보존은 지식의 종류, 범위의 문제를 넘어서 중국인의 근본인 정체성의 문제였다. 따라서 중국이란 이름이 남아 있으려면 정체성의 근원으로 작용하는 성인의 가르침과 중국 학문을 포함한 '문화'를 지켜야 했다. 국가가 있어도 문화가 소멸되면 중국 민족은 없어지며, 국가가 없다면 문화 민족을 지킬 방도는 없었다. 문화 민족으로서 생존하려면 국가를 지켜야 했다.

그런데 일반 군중은 국가의 일에 무관심하고, 어리석고 탐욕스러운 사람은 서양에 아부하며 자신의 이익만을 추구하니 심각한 문제라고 장지동은 생각했다.

어리석고 탐욕스러운 사람은 국가의 좋은 일이나 나쁜 일을 보고서도 무

여하며 중국의 분열로 이어질 수 있다는 것은 선행연구에서 지적한 바 있다. 장지동의 견해를 청조 보위의 수단으로만 축소해서 보기 어려운 이유이다.

16 「內篇: 3. 明綱」, p. 33.

관심하여 조금도 마음을 쓰지 않는다. 이것은 태평천국이나 염군의 반란에 빗대는 것은 아니다. 중화가 몰락하는데도 부유하고 지체가 높은 자들은 제 멋대로 살고 있으며 이 임박한 위험을 틈타서 멋대로 탐욕스러운 행위를 한다. 서양인 동료와 연합하여 서양 상인이 되고, 서양 땅으로 이주하여 서양 국적을 취득한다. 그리고 질 나쁜 사람은 안 좋은 말로 중국이 장래성이 없다고 심하게 헐뜯고 성인의 가르침은 소용이 없다고 비방한다.[17]

태평천국이나 염군(捻軍) 같은 농민 반란이 문제가 아니었다. 장지동은 국가 의식, 자부심이 없는 것이 더 큰 문제라고 생각했다. 이런 상황이 지속된다면 인도, 베트남, 쿠바가 식민지가 되어 그 나라 국민이 차별대우를 받았던 것같이 중국인 역시 유사한 운명에 처할 것이라고 진단했다.[18] 춘추전국시대 악대심(樂大心)과 한비(韓非)는 출신 국가를 무시하여 화를 당하지 않았는가?[19] 중국의 힘이 약해졌는데, 이를 두고서 무시하고 깔보면 결과적으로 자신도 목숨을 잃거나 좋지 않게 될 것이라고 장지동은 경고했다.

그런데 국가의 위기 상황에서 중국 국내의 선비들은 분열하여 서로 싸우고 있었다. 옛 학문을 고집하는 자들(구학파)은 중국을 구제할 새로운 학문을 이해하지 못하고, 새로운 학문을 추구하는 자들(신학파)은 중국인의 근본을 무시한다고 장지동은 생각했다. 그리고 구학파와 신학파가 상대편을 없애야 끝날 듯이 서로 싸우고 있으니, 적과 대적하기도 전에 중국 스스로 지쳐 나가떨어질 것 같다고 장지동은 지적했다.[20] 중국의 위기는 외부

---

17 「內篇 : 4. 知類」, p. 39.
18 「內篇 : 4. 知類」, p. 39.
19 「內篇 : 4. 知類」, pp. 40~41.
20 「序」, p. 4.

가 아닌 중국의 내부에 있다고 진단한 것이다.

중국이 왜 남보다 뒤처지고, 중국의 학문은 위기에 대응하지 못해 새로운 학문을 받아들여야 하는 상황에까지 이른 것일까. 장지동은 다음과 같이 생각했다. 중국이 여러 왕조를 거치며 하나로 통합된 이후 주변에 중국을 능가할 만한 경쟁 상대가 없으니, 문사 치장만을 중시하여 실력이 없어진 것이다.[21] 중국은 지식의 개발이나 개혁을 하지 않고 옛 법을 그대로 지키며 간혹 수정하고 정돈해도 위기 없이 안심하고 유지할 수 있었으니 학문이 점차 쇠퇴했다.[22] 그리고 아는 것이 없으니 할 일이 없으며, 하찮고 시시하게 일을 처리하여 졸렬하고 쓸모없는 것을 만들게 되었다.[23] 중국이 인재가 넘쳐나던 때는 춘추전국시대와 삼국시대같이 경쟁이 상존하던 때였다. 장지동은 경쟁이 인재를 키우고 지식을 개발하는 원천인데, 대일통(大一統)을 이룬 이후 주변에 경쟁할 만한 국가가 없던 중국은 안일하게 대처하며 지식을 개발하지 않았다고 주장했다.

장지동은 경쟁과 상호 교류가 사회 발전을 추동하는 힘이라는 생각을 서양의 발달을 분석하는 데 그대로 적용했다. 서양은 생존을 위해 기술을 개발하고 서로 모방하며 발전했고, 교통수단의 발달은 교류를 촉진하여 진보를 더욱 빠르게 만들었다.[24] 서양은 경쟁 속의 지식 개발, 중국은 자만 속에 안주하는 생활로 격차가 벌어지게 되었다. 그나마 이런 격차를 메울 수 있는 기회는 청 초에 예수회 선교사가 왔을 때였는데, 그 기회를 놓친 것이 장지동은 아쉬웠다. 이후 중국과 서양의 왕래가 많이 늘어난 시점에 서로를 비교하니 중국의 지식이 많이 뒤떨어져 있었다[25]는 장지

---

21 「內篇: 4. 知類」, p. 38.
22 「外篇: 1. 益智」, p. 82.
23 「內篇: 9. 去毒」, p. 78.
24 「外篇: 1. 益智」, p. 81.

동의 지적이 아니라도, 이런 상황은 당시 많은 지식인이 이미 공감하는
바였다.

그런데도 중국 사대부와 서민은 시대의 변화를 제대로 받아들이지 않는
것이 장지동은 안타까웠다. 장지동은 변화를 수용하지 않고 시세의 변화
를 따라가지 않는 사람을 세 종류로 분류했다. 하나는 고리타분하게 옛것
을 고집하는 사람이고, 둘째는 구차하게 편안함을 추구하며 사적인 이익
을 채우는 속된 관리였다. 이들은 개혁에 많은 노력이 필요하니 힘들어서
반대하고, 또한 그동안 불법적으로 이익을 얻어왔던 계획이 무너지니 개
혁을 반대한다는 것이다. 셋째는 개혁에 대해 성급하고도 높은 성과를 요
구하고 이를 달성하지 못하면 질책하여 개혁의 지속을 방해하는 사람들이
었다.[26] 이들 때문에 중국의 사대부와 서민은 지난 50여 년간 잘못을 시정
하지 않고 구차하게 연명하는 데 만족하면서 외국의 모욕을 겪게 된 것이
라고 생각했다.

중국이 지혜를 증진시키지 않는다면, 서양의 새로운 지식을 받아들이지
않는다면, 중국은 외국에 병탄당할 것이라는 것이 장지동이 이른 결론이
었다.

중국인들은 예전에 하던 방식을 주장하고 서양의 지식을 열심히 배우려
고 하지 않는다. 계속 이렇게 하면서 고치지 않는다면, 서양의 지식은 날로
발전하고, 중국은 더욱 어리석어져서 병탄의 우려가 항시 있게 된다. 계속
양보하거나 대립하면서 통상을 예전처럼 지속한다면 이익을 잃고 권리는 손
상되며 조잡한 것을 얻고 핵심은 놓쳐, 부지불식간에 모든 중국의 백성이 서

---

25 「外篇: 1. 益智」, p. 82.
26 「外篇: 7. 變法」, p. 118.

양인의 하인이 될 것이다. (서양인은 중국인을) 하인으로 부리는 것에 그치지 않고 끊임없이 빼앗고 착취하며, 필시 병탄한 이후에야 속이 후련하여 끝낼 것이다.[27]

이 위기를 어떻게 극복할 것인가?

3. 변법: 국가의 권력 강화와 공익

청일전쟁 이후, 중국이 국내외 위기를 극복하려면 개혁과 개량이 필요하다는 생각이 사대부 사이에 더욱 확산되었다. 중국의 문화 수용은 과학기술과 무기를 받아들이던 단계를 넘어 서양의 정치 관념과 지식을 학습하는 단계로 바뀌어 갔다. 장지동은 서양의 지식과 제도를 배울 것을 주장했다. "무릇 변할 수 없는 것은 윤리이지 법제가 아니며, 성인의 도리이지 기계가 아니며, 마음의 법이지 공예가 아니다". "변통하여 시세의 변화를 따라가고 시세에 따라 손익이 함께 변한다는 것이 『역』의 뜻이다. 기(氣)는 낡은 것을 찾지 않고 새로운 것을 추구한다는 것이 『상서』의 뜻이다". "시기에 맞춰 적절한 것을 찾아 바꾸고 변통하며 남들보다 뒤처진 것을 부끄러워해야 하니"[28] 시대의 변화에 맞춰 제도를 바꾸는 것이 생존의 길이었다. 시대의 변화에 맞추고 주변의 장점을 끊임없이 습득해야 하니, 중국의 위기를 구하는 방법은 제도 개혁밖에 없었다.

　장지동은 경전에서 근거를 찾고, 이어 역사적 사례를 들며 제도의 변천,

---

27 「外篇: 1. 益智」, p. 84.
28 「外篇: 7. 變法」, pp. 116~117.

역대 변법(變法)을 평가했다. 역대 변법 가운데 성공한 것으로 전국시대 조(趙)나라 무령왕이 말 타고 활쏘기와 그에 적합한 북방민족의 복장을 도입한 것, 그리고 북위 효문제의 변법을 들었다. 전국시대 진(秦)나라의 변법가 상앙(商鞅)의 개혁은 효제인의(孝悌仁義)에 어긋났고, 북송 왕안석(王安石)이 실시했던 신법은 백성을 착취하는 데 이용되었기 때문에 실패한 것으로 평가했다. 변법은 형벌을 경감하고 백성을 부양하는 방향에서 이뤄져야 했다.[29] 그러므로 장지동은, 개혁은 시대에 적절한 법을 실시하여 폐단이 없어야 하고, 선왕의 뜻이 없어지지 않도록 하여 삼강과 예의염치의 사유(四維)라는 도의 근본을 지키는 것이어야 한다[30]고 역설했다.

다음으로 제도 개혁은 조정이 앞장서서 실시하고 민간이 지지하며, 지속성이 있어야 성과를 낼 수 있다고 생각했다. 장지동은 양무운동이 성과를 낼 수 없었던 이유를 다음과 같이 평가했다. 조정에서 외국어 학교인 동문관(同文館)을 개설하고, 유학을 보내고, 복주(福州)에 선박 제조를 위한 선정국(船政局)을 만들고 해운 회사인 초상국(招商局)을 설립했지만, 당시의 여론이 꼬치꼬치 트집을 잡으며 기관을 폐쇄하고 예산을 삭감하니 효과를 보기 어려웠다. 또한 조정도 일관되게 정해진 방침이 없어 개혁을 추진하다 말다를 반복하니 성과를 낼 수 없었던 것이다.[31] "목이 멘다고 음식을 그만 먹어야 한다거나, 돼지 족발 하나의 적은 비용으로 제사를 지내며 아주 많은 것을 얻으려는 바람은, 사람과 국가를 망치는 잘못된 말이니 듣지 않아야 한다."[32] 조정이 개혁 추진에 일관성을 갖고 예산을 꾸준히 투입하고 또한 민간의 적극적인 지지가 있었다면 개혁은 더 큰 성과를 낼 수 있지

---

29 「外篇: 7. 變法」, p. 118.
30 「外篇: 7. 變法」, p. 120.
31 「外篇: 7. 變法」, p. 117.
32 「外篇: 2. 游學」, p. 91.

않았을까. 장지동은 확실한 신념을 갖고 개혁을 추진하길 원했다.

장지동의 주장에 따른다면, 중국이 서양의 침략을 받은 이후 50여 년이 지났지만 고리타분한 선비의 저항 등으로 양무운동은 시행과 중단을 반복하여 만족할 만한 성과를 내지 못했다. 이런 상황에서 새로운 개혁 주장이 나타났다.

> 오늘날 세상에 울분을 토하고 세태를 비판하는 선비는 "외국인들이 횡포를 부리고 군인 장령은 전투 능력이 부족하며 고위 대신은 기존 제도를 묵수하고 교육 관료가 교육을 진흥하지 않고, 행정관리들은 공·상업을 중시하지 않는다"라고 비판한다. 이에 민권의 논의를 제창하여 군중을 규합하고 스스로 떨쳐 일어나도록 하자고 말한다.[33]

현재 정부가 역할을 제대로 하지 못하니 이를 민권으로 대체하여 국가의 중흥을 꾀하자는 변법파의 주장이 나타난 것이다. 민권 주장은 정치제도, 정체에 영향을 줄 수 있는 중요한 사항이었다. 기계와 기술을 받아들여 보완하던 단계에서 벗어나 국가의 시스템을 바꿀 수 있는 주장이 등장했다. 국가의 정치제도를 포함한 전반적인 전환을 고려해야 할 시점이 되었다.

그런데 군중은 개혁의 주체가 될 수 있는가? 장지동은 군중의 힘을 신뢰하지 않았다. "중국의 선비와 백성들은 오늘날까지 안일하게 낡은 것에 안주하며", "세계의 대세를 알지 못하고 국가의 경영에 밝지 못했다"라고 파악했고, 군중은 원대한 꿈도 없어 "국가의 재정 조달을 의논하려고 하면 침묵할 것"이라고 생각했다. 상인들은 "투자자 모집을 빙자하여 사기를

---

33 「內篇: 6. 正權」, p. 49.

치고", 공장은 이익이 난 공장의 "상표를 사칭하고 기술자들은 시끄럽게 싸울 것"이었다.[34] 자주의 권한을 가진 사람들은 각기 자신의 이익만을 추구하고 규율이 없어질 것이다. 그 결과 회사 자본이 고갈되고 이익 다툼이 심해질 것이며, 약육강식이 되어 인류가 멸망하고 나서야 끝날 것이라고 장지동은 주장했다.

또 장지동의 다른 우려는 민중이 혼란을 일으켜 서양 교민과 충돌하여 열강의 간섭을 불러들이는 것이었다. 민권의 설이 퍼져 군중이 제멋대로 한다면 혼란이 일어나고, 결국에는 외국 열강의 간섭을 불러일으킬 것이다. 군중은 국가의 장래를 고려하지 않고 제멋대로 행동하고 도시를 약탈하고 외국인을 공격하면 외국이 교민 보호를 명목으로 간섭하니 국가의 큰일로 퍼질 수 있었다. 이것은 작은 일로 국가의 대계를 그르치는 것이니[35] 민권을 실시해서는 안 되는 일이라고 장지동은 주장했다.

장지동은 국가만이 이해 갈등을 통제하고 공적인 이익을 지킬 수 있다고 생각했다. 국가가 아니면 누가 상인의 사기를 규제하고, 이해 갈등을 통제할 수 있겠는가. 장지동은 외적의 통제를 막아낸 것도 결국 국가의 힘이었다고 역대의 사례를 들어가며 논증했다. 전주(田疇)는 자신의 힘으로는 북방민족 오환(烏桓)의 침략을 막을 수 없어 조조에게 의지했고, 동진(東晉)의 조적(祖逖)은 조정의 원조가 없어 중원(中原)에서 자립할 수 없었으며, 금나라의 침략에 대항한 민간 의용군인 팔자군(八字軍)도 조정의 힘과 결합하고서야 승리를 끌어낼 수 있었다. 증국번도 태평천국군과의 싸움에서 국가의 재정적 원조를 받았기 때문에 반란 진압의 공을 세울 수 있었던 것이다.[36] "중국을 강하게 만들어 외부의 침략을 막아내는 계책은

34 「內篇: 6. 正權」, pp. 49~50.
35 「內篇: 6. 正權」, p. 51; 「外篇: 15. 非攻敎」.

충성을 호소하여 천하의 마음을 합치고 조정의 위세로써 천하의 힘을 모으는 것인데, (이것이) 영원히 변치 않는 진리이다."[37] 결국 공익을 수호하고 국가의 안보를 책임질 수 있는 힘을 가진 것은 국가이므로, 국가를 먼저 안정시켜야 한다고 장지동은 주장했다. 장지동이 보기에 국가는 민간의 이익 다툼을 조정하며 국가의 안보를 책임지는 공익의 체현자이자 구현자였다.

장지동은 군중의 이익 다툼과 이기적 활동을 막을 대안을 국가에 대한 신뢰로 연결시켰다. 민간의 이익 갈등을 해결할 방법으로 민주적 타협, 법률, 제도의 정비를 통한 공익 추구 방안을 장지동은 거의 제시하지 않았다. 또한 국가가 특정 집단이나 계급의 이익을 대변할 수도 있다는 생각은 하지 않았다. 이것은 장지동의 민중관과 국가관에서 연유했지만, 서양 지식에 대한 이해 부족이나 민주와 민권 개념에 대한 이해[38]와 연관이 있었다. 장지동은 의회를 공론을 수렴하는 과정으로 파악했고, 자주는 자기 멋대로 하는 것이 아니라 공적인 규제를 받는 것이니 liberty는 자유가 아니라 공론으로 번역해야 옳다고 주장했다. 장지동은 군중의 권력 장악, 자주, 자유는 민권의 개념에서 배제하고, 민권은 의회 정치를 통한 공론 수렴이며 모든 사람은 법률적 통제를 받는 것이라 주장했다.[39] 서구의 의회가 여

---

36 「內篇: 6. 正權」, pp. 54~55.

37 「內篇: 6. 正權」, p. 53.

38 진관타오와 류칭펑은 서양 현대 관념의 학습기라 명명한 1895년에서 1915년 시기에 중국의 신사 계층은 민주와 공화의 개념을 분리하여 이해하고 민주를 받아들이지 않았다고 주장했다. 도덕 엘리트로서의 신사 계층은 전체 인민이 정치에 참여하는 민주를 받아들이지 않고, 국가의 정치를 황실의 사적 영역과 공적 영역으로 분리하여 공공화(公共化)하는 공화에 열중했다고 한다. 그리고 정치의 공공화를 실현하는 것은 도덕적 사대부라고 생각했다고 한다(진관타오·류칭펑, 『관념사란 무엇인가 1: 이론과 방법』, 62~63쪽).

론을 수렴하고, 공론을 실현하는 과정이라고 생각한다면 민중의 자질도 의심스러운 상태에서 장지동은 의회를 개설해야 할 이유를 찾을 수 없었다. 공론을 수렴하는 과정은 이미 청조에서 시행하고 있지 않은가. 그리고 인재를 양성하여 자질이 갖춰진 사람이 많이 나타난 다음에 의회를 개설하는 것이 더 낫지 않겠는가. 장지동은 민주보다 국가가 주도하는 공익의 정치, '공화'의 실현을 우선시하고 있었다. 그리고 국가가 여론을 수렴하여 공익을 체현한다는 점을 거의 의심하지 않았다.

여기에 덧붙여 청조는 백성을 위한 정치를 펼치고 있지 않은가. 장지동은 『권학편』 2장에서 역대 왕조의 세금제도, 요역, 구휼 사례, 관청의 물품 구매 시의 상인 보호, 전쟁 동원, 형벌제도 등 여러 역사적 사례를 들어가며 역대 그 어느 때보다 청조가 백성 보호를 실천했다고 주장했다.[40] 청조처럼 백성의 안위를 걱정하고 백성을 위한 정치를 펼친 경우가 역대에 없었으니 더더욱 청조를 보위하고 충성을 바쳐야 하지 않겠는가? 장지동은 청조에 유리한 방향으로 역사 사실을 해석하며 충성을 강조했다. 이것이 장지동의 생각이었다. 국가만이 개혁을 추진할 힘이 있으며 국가만이 공익을 구현할 수 있으니, 우선 청조를 안정시켜야 하는 것이다. 장지동은 국가를 중건하는 과정에서 민주보다 청조의 대일통과 통합을 더 중시했다.

국가가 국난을 극복하는 핵심은 인재의 유무라고 장지동은 파악했다. 중국 역대 왕조에서의 사례를 들어가며 학교가 융성하고 인재가 풍부할

---

39 「内篇: 5. 正權」, p. 53; 謝放, 「"張之洞反對民權"說剖析-兼析19世紀後期中文詞匯"民權"與 "民主"的含意」, 《社會科學研究》, 1998年 2期, pp. 99~105. 장지동은 「5. 정권」에서 '민주'의 개념을 반대하고, 법률상의 권리를 의미하는 민권은 반대한 것이 아니었다. 사방(謝放)은 민주와 민권에 대한 태도, 그리고 민권 실시의 조건과 절차상에서 장지동과 변법파는 거의 차이가 없어서 민권으로 장지동과 변법파를 나누는 것은 문제가 있다고 주장한다.

40 「内篇: 2. 教忠」, pp. 17~31.

때 국가가 안정되고 국난을 극복할 수 있었다고 논증했다.

대개 전성시대에는 상(庠: 지방학교)이 학문을 권장하고 관청이 능력 있는 자를 잘 등용하며, 조정이 위에서 현명하게 일을 하니 아래에서는 인재가 길러진다. 위기의 시대에는 선비들이 그 지조를 단단히 하고, 백성들은 그 기세를 드높여서 직언으로 그 군주를 깨우치고 학문을 넓혀서 시국을 구제하고 마음을 통합하여 폐해를 구제하고 힘을 모아 환란을 막아낸다. 인재가 아래에서 분투하니 위에서 조정이 안정된다.[41]

춘추시대부터 청나라에 이를 때까지 역대 왕조에서 재난과 위기를 극복할 수 있었던 것은 모두 인재의 힘이었다. "학술이 인재를 만들고, 인재가 국세를 유지하는 것은 모두 이전의 역대 왕조가 명확히 보여주었으며 우리 전대의 현인들이 멀리하지 않은 좋은 길이다."[42] 국가의 흥망은 독서인에게 달려 있었다. 장지동은 사대부가 국가 개혁의 중심에 설 것을 요구했다. 사대부가 사적 이익을 넘어 국가의 공익을 추구하는 개혁을 담당할 적임자였다.

4. 전환: 문화 전환과 중국적 인재

『권학편』이 나올 당시 중국의 인재 양성 상황은 어떠했는가. 장지동은 당시의 정치 사조를 평가하며 인재 상황을 언급했다. "유감스럽게도, 비루한

---

41 「內篇: 1. 同心」, p. 9.
42 「內篇: 1. 同心」, p. 12.

유학자와 저급한 관리들이 걸핏하면 새로운 학문을 책망하고 서로 배우지 말도록 훈계했다. 번역서는 많지 않고 학문 역시 정밀하지 못하며 외국으로 나간 자는 대부분 학문에 뜻을 두지 않았다. 따라서 인재가 되는 자 역시 많지 않아 배우지 않은 자가 조정을 책임질 뿐이었다."[43] "서양 학문을 찬미하는 자가 중국의 조정과 백성의 풍속이 하나도 옳은 것이 없다고 생각하는 것이 오늘날의 대체적인 분위기이다. 적지 않은 사람들이 고조부, 증조부, 부친 역시 낮게 바라본다. 심지어 수천 년 이전의 역대 제왕이 잘한 정치라고는 하나도 없었고, 역대의 대신과 유학자도 인재라고는 하나도 없었다고 책망한다."[44] 관리나 유학자는 새로운 학문을 제대로 배우려고 하지 않고, 중국 학문은 쓸모가 없으니 결국 국가를 책임질 인재는 없는 것이나 마찬가지였다.

장지동은 국가를 구하려면 새로운 학문을 익힌 인재가 필요하다고 생각했지만, 중국 학문 또한 폐기될 수 없다고 생각했다. "중국의 선비이면서 중국의 학문을 알지 못하면, 이는 그 자신의 성을 모르는 사람이며 고삐 없는 말을 타는 것과 같고 방향키 없는 배를 모는 것과 같다. 서양의 학문을 알면 알수록 중국을 더욱 미워한다면 박학다식한 인재라 하더라도 국가가 어찌 그를 기용할 수 있으리오?"[45] "외국을 알고 중국을 알지 못하는 것은 얼이 빠진 것이었다."[46] 아무리 새로운 학문이 필요하다고 해도 중국에 대한 충성심이 없고 중국인으로서의 주체성이 없는 사람을 양성할 수는 없는 것이었다.

그렇다고 당시 중국 학문이 신뢰를 받는 것도 아니었다. "다시 수년을

---

43 「外篇: 1. 益智」, p. 87.
44 「外篇: 1. 益智」, p. 88.
45 「內篇: 7. 順序」, p. 59.
46 「外篇: 5. 廣譯」, p. 109.

경과하면서 새로운 학문과 옛 학문을 동시에 공부하는 어려움으로 고생을 하면서도 이익은 알지 못하니, 유가는 더욱 사람들의 천시를 받게 되었다"라고, 옛 학문이 점차 사대부의 마음에서 멀어지고 있음을 장지동은 지적했다. "경서를 멀리하고 도를 어기는 자가 특히 중국 학문을 좋아하지 않아, 중국 학문이 번잡하고 복잡하며 쓸모없다는 말을 크게 떠들고 나쁜 말을 만들어 공격을 조장하는 것이다."[47] 상황이 이러한데, 어떻게 중국 학문의 무조건적 우위를 주장할 수 있겠는가. 또한 어설프게 서양 학문을 이해하고 중국 학문에 모든 것이 있다고 허풍을 떠는 것은 더 지속될 수 없었다. 장지동은 중국 학문의 보존을 당위적으로 주장할 수 없다는 것을 인지했다. 그렇다고 중국 학문을 포기하고 서양의 학문에 푹 빠지면 자기 혼란에 빠져 무엇을 지켜야 하는지 모르게 될 것[48]도 우려스러운 일이었다.

중국 학문의 생존을 모색하려면 중국 학문과 서양 학문의 관계를 명확히 하고, 중국 학문은 여전히 유용한 가치가 있으므로 존속할 이유가 있다고 설명하고 설득할 필요가 있었다. 예전처럼 중국 학문이 당위적으로 우월한 위치를 차지하던 때는 지났다. "경(經)·사(史)·자(子)·집(集)이라는 4부의 책이 매우 많아, 늙어 죽도록 공부해도 두루 다 보고 안다는 것은 가능하지 않은"[49] 상황에서 무엇을 선별하여 공부해야 하는가. 장지동은 "내용을 거르고 또 거르는 것은 세상을 구제하는 데 뜻이 있으므로, 목전의 일을 처리하는 데 쓸모가 있는 것을 중요시하고 많이 아는 것을 현명한 것으로 여기지 않는다"[50]라고 했다. 내용 선별의 목적은, 세상을 구제하는 것

---

47 「內篇: 8. 守約」, p. 62.
48 「外篇: 13. 會通」, p. 173.
49 「內篇: 8. 守約」, p. 62.
50 「內篇: 8. 守約」, p. 63.

이었다.[51]

장지동은 중국 학문에서 핵심 지식(대의(大義))과 실용 지식을 추출하려고 했다. 우선 중국의 경전에서 전수할 핵심 지식을 찾는 것이다. 경전의 핵심 지식은 학문의 표면적 구분을 넘어 모든 경전을 관통할 수 있는 것이어야 했다. 그 방법은 표준 사례, 요지, 도표, 회통, 정설, 의심스러운 것 보류, 학문의 계통 파악이라는 일곱 가지 항목[52]으로 지식을 분류 추출하여, 심신 수양과 천하 통치에 적합한 핵심 지식을 파악하는 것이다. 장지동은 제자백가의 설을 신뢰하지 않았다. 제자백가는 경전의 의미 파악에 도움을 주는 측면이 있어 여전히 쓸모가 있지만, 때에 맞추어 행동하는 편법적인 성격[53]이 강하기 때문에 항구적인 기준으로는 적합하지 않았다. 『노자』를 공부하면 학문이 필요 없다고 생각하게 되어 더는 연구를 하지 않아 국가가 실력을 쌓는 데 도움이 안 된다고 판단했다.[54] 장지동이 전통 학문에서 남겨야 할 부분은 임기응변식 지식이 아닌 중국 학문의 핵심 지식으로 항구성이 있는 표준적인 사례였다. 따라서 핵심 지식을 넓게 응용하여 다른 경전과 중국 학문을 이해할 수 있는 것이다. 장지동은 지식의 근본 구조를 익혀 경전을 익히는 시간을 줄이면서 그 중국 학문의 정수를 보존하는 '핵심으로서 넓게 포괄하는' 학습법을 제창했다.

내용 선정의 두 번째 기준은 실용성이었다. 서양의 학문이든 중국의 학

---

51 사방(謝放)은 장지동이 『권학편』에서 중국 학문을 심신의 학문으로 축소했다고 주장했다(謝放, 「中體西用: 轉型社會的文化模式」, 『華中師範大學學報(哲社版)』1996年 3期). 그런데 장지동은 『권학편』에서 전통 학문의 내용 선정 목적이 치세에 있다고 분명히 밝혔다. 그가 중국 학문을 심신의 학문으로만 남겨두려 한 것이 아니었음은 분명하다.

52 「內篇: 8. 守約」, pp. 65~67.

53 「內篇: 5. 宗經」, p. 43.

54 「內篇: 5. 宗經」, pp. 46~47.

문이든, 실제 쓰일 수 있는 것이 교육 내용 선택의 기준이었다. 중국 학문에서 옛것을 아는 것은 핵심이 아니고, 실제 쓰이는 것이 핵심이며, 서양 학문 역시 실세 쓰임에 유용한 것으로 볼 때 서양 기술은 핵심이 아니고, 서양의 제도가 핵심[55]이라고 생각했다. 이 기준에 따라 역사학에서는 두 가지에 중점을 두었다. 하나는 치세와 난세의 대강을 택하여 오늘날 교훈으로 삼을 만한 사실의 고찰이다. 둘째는 제도의 고찰로, 세상의 변화를 발견할 수 있는 것을 선택하여 오늘날 제도를 채택하는 데 도움을 줄 수 있는 것은 고찰하고 선택할 만한 것이 없는 것은 생략한다.[56] 정치 서적은 최근의 것을 읽으며, 지리는 오늘날 쓸모가 있는 것을 고찰하고 강대국 중심으로 이해한다[57]는 등 실용성을 학습 내용 선정의 기준으로 삼았다. 장지동은 세상 물정을 모르는 책벌레를 국가의 발전에 도움이 되는 수재로 만들고 싶었다.[58]

장지동은 중국 학문이라는 문화적 가치 이외에도 신문, 철도 등을 통해 중국인의 국민 의식 강화를 추구했다. 그가 강조한 신문 열람은 견문을 넓히고 기개를 양성하며 불명확한 논설을 없애 식견이 좁은 선비, 들판의 농부 모두가 중국에 관한 소식을 보며 중국이 있음을 알게 하는 것이었다.[59] 철도 부설을 통해 각 지역이 소통하며 기풍을 계발하여 쇠약하고 나태한 습관을 없애고, 전국의 공무 집행이 막힘이 없이 진행되어 민생고가 없어지고 우편이 지체되지 않을 상황에도 주목했다. "이리하여 천하는 한 집과 같고 중국 전체가 긴밀하게 연계되니 70만 평방 리의 땅이 모두가 같은 땅

---

55 「序」, p. 7.
56 「內篇: 8. 守約」, p. 69.
57 「內篇: 8. 守約」, p. 72.
58 「外篇: 4. 學制」, p. 104.
59 「外篇: 6. 閱報」, p. 112.

이요, 4억의 사람이 모두 같은 사람이" 되게 만드는[60] 데 기여하는 것이 철도의 또 다른 효과라 생각했다. 신문 보급과 철도 부설은 중국의 실상을 신속, 정확하게 알려서 중국에 대한 공동체적 의식과 문화 통합을 강화하는 역할을 한다고 생각했다. 장지동은 서양 학문은 물론이고 중국 학문에서도 근대 국가 발전에 필요한 요소를 추출하여 세상사에 대응하는 신구 겸학의 인재를 양성하고 문화로 통합된 '국민'[61]을 양성하는 것이 목적이었다. 이것이 국가를 안정시키는 방안이었다.

그런데 현재 인재 선발은 어떠한가? 장지동이 보기에 관리가 되기 위해 과거 시험을 준비하는 자들은 능력이 형편없었다.

이해하는 것은 경서 위의 공백에 써넣은 경문 해설 정도이고, 읽는 것은 골목길에서 선발한 과거시험 우수 답안의 글이니, 경전의 본래 의미와 선배 유학자의 설에 대해 아는 것이 대체로 없다. 최근 수십 년 동안 문체는 날로 경박해져서 고금이 통하지 않고 세상 운영에 맞지 않을 뿐만 아니라, 소위 팔고문의 규칙에 맞춘 글쓰기까지 더해져 모두 망가지고 있다. 오늘날 세상은 날로 새로워지나, 과거에 응시하는 자는 융통성이 없고 어리석음은 날로 심해진다."[62] "상황이 이러하니, 날마다 나라 사람들을 재촉하고 거듭 타이

---

60 「外篇: 12. 鐵道」, p. 164.
61 陸胤, 「張之洞與近代國族"時空共同體": 從《勸學篇》到癸卯學制」, pp. 56~75에서는 『권학편』의 공동체 의식을 검토하고 공간공동체 의식 이외에 경서와 중국의 문학을 고금(古今)을 관통하는 매개체로 만들어 시간공동체를 만들려고 했다고 분석했다. 여기에 덧붙여 말하자면, 장지동은 시공간을 포괄하는 천하 관념의 문명공동체에서 중·서 이원 이분론을 통해 중국과 서양을 명확히 구분하여 중국의 특성을 보다 구체화했다. 중국 학문 가운데 현대에 적용할 수 있는 항구적 성격의 요소를 추출하여 민족 문화의 생존을 강화하고, 문화의 공유에서 나타나는 영역 경계의 모호성은 철도와 신문으로 정치적 경계성과 영역을 인식시키려 했다. 이는 천하를 국민국가로 실체화하는 과정이었다.

르며 재난이 언제 닥칠지 모른다고 말하고, 시무를 알아야 한다고 경고하며 능력 있는 인재를 구하고 위급한 정세에 대처해야 한다고 주장해도, 조정이나 민간이나 어리석기가 여전하고 내용이 없고 엉성하기는 예전과 달라진 것이 없다.[63]

장지동은 과거제도의 개혁을 제안했다. 현재 위기가 닥쳤지만, 관리들은 대처 능력이 없으니 제도 개혁은 과거제도 개혁에서 시작해야 했다. 과거 시험 개혁 방안은 1차에서 중국의 학문과 치국 방법을 이해하는 인재를 뽑고, 그 합격자를 대상으로 2차 시험을 보아 서양 각국의 정치와 전문 기술을 이해하는 사람을 선발하는 것이었다.[64] 그리고 마지막 3차 시험에서는 사서오경으로 시험하여 재능이 있는 인재 중에서 순수하고 바른 사람을 뽑는 것을 목표로 했다.[65] 즉 중국 학문과 서양 학문을 겸비하면서도 성현의 가르침을 본받는 사람을 뽑아 경전이 폐기되지 않고 지속적으로 존속할 기반을 만들려 한 것이다. 장지동은 성현의 가르침을 지키는 '순수하

---

62 「外篇: 8. 變科擧」, p. 123.

63 「外篇: 8. 變科擧」, p. 125.

64 송인재는 장지동의 과거개혁 방안을 논의하면서, 과거시험의 개혁 방법을 적용하면 새로운 학문에 정통한 사람이 선발될 가능성이 더 높아지고, 새로운 학문을 많이 습득했기 때문에 불순한 사람으로 판명되어 탈락할 확률은 높지 않다고 추론했다. 과거 개혁 방안은 서양의 새로운 지식을 습득한 사람에게 유리한 방안이라고 해석했다(송인재, 「근대 중국에서 중학·서학의 위상변화와 중체서용」, p. 123). 그러나 장지동은 2차 시험에서 서양의 제도를 이해했다고 해도 조리가 없이 산만하고 제멋대로이며 성인의 가르침을 현저히 어그러뜨리는 자는 탈락시켜 뽑지 않는다고 했다. 그리고 3차 시험에서 사서오경으로 관리를 최종 선발하여 경전의 존엄성을 더욱 높일 수 있다고 주장했다. 장지동의 개혁 방안은 성인의 도를 해치지 않는 서양 학문의 습득이었지, 서양 학문의 일방적인 확장은 아니었다.

65 「外篇: 8. 變科擧」, pp. 126~127.

고 바른' 사람, 즉 도덕적인 사대부를 관리로 뽑아 국가 중심의 개혁을 추진하려고 했다.

학교 교육 또한 새로운 학문과 옛 학문을 겸비한 인재의 양성에 중점을 둘 것을 장지동은 주장했다. 교육의 순서는 응당 중국의 학문을 먼저 배우고 서양의 학문을 배우는 순서였다.

소학당에서 사서를 익히고 중국 지리 및 역사의 대략과 수학·제도·과학의 초보 지식을 배운다. 중학당은 각 분야에서 소학당과 비교하여 약간 깊이 있게 가르치며 오경(五經)을 추가로 익히도록 하고 『통감(統鑑)』을 배우며 정치학과 외국 언어와 문자를 배운다. 대학당은 이를 더욱 심화시키고 폭넓게 공부한다.[66]

장지동의 방안에 따르면, 학교 교육을 통해 중국인으로서의 정체성을 확립한 후 국가의 발전을 꾀할 지식의 습득은 무한정 확장이 가능했다. 중국의 학문은 외국 학문을 수용하는 주체성의 확립이었으며, 동시에 치국에 도움이 되는 것이어야 했다. 달리 말하면 중국의 전통 문화에서 근대 전환에 도움이 될 요소를 추출하고 표준화된 과정을 만들어 학교 교육을 통해 전수하는 것이 장지동이 전통 학문을 보존하는 방법이었다. 그리고 중국의 부강에 도움이 될 서양의 교육제도와 재정, 세법 등 제도의 영역에 포함될 수 있는 학문 수용과 교육을 강조했다. 광학, 농·공·상학 등 실용적 지식은 생산력 제고와 경제 구조의 전환에 필요했다. 이것이 장지동이 생각하는 문화 민족주의 입장에서 중국을 구하는 길이었다.

장지동의 위기의식과 해결 방안은 하나로 관통했다. 국가, 문화, 민족의

---

66 「外篇: 3. 設學」, p. 94.

위기는 서로 연관된 것이었다. 세 가지 위기가 하나로 묶여 있듯이 학교 교육은 문화와 국가를 중건할 인재를 양성하고 모든 문제를 해결할 수 있는 출발점이었다. 장지동은 교육 사업에 '중국의 유일한 희망'을 걸었다.

제3장

장지동과 계묘학제

1. 청 말 학제의 제정

중국에서 근대 학당, 학제, 교육행정기관의 설립 등 근대 교육제도의 도입
이 전면적으로 검토되기 시작한 것은 청 말 광서신정(光緖新政) 이후이다.
청 말부터 선교사나 일부 '개항장 지식인'이 서구의 학교제도를 소개했으
며, 서구 학문을 가르치는 몇몇 개의 근대 학당이 주로 개항장을 중심으로
설립되었다. 변법운동으로 경사대학당이 수립되고 서원을 학당으로 개편
하는 움직임이 활발해졌지만, 변법운동의 실패로 개혁 기조는 퇴조했다.
경사대학당은 그 명맥을 유지했지만 서원의 학당 개조와 근대 학당의 설
립이 지체되는 등 학당 설립의 속도는 확실히 늦어졌다. 그런데 광서 신정
이 실시되면서 학당의 설립과 학당 사이의 등급화, 그리고 학교 관련 사항
을 처리할 행정기구의 설립 등이 연이어 당면 과제로 떠오르기 시작했다.
  청 정부는 1902년 학제를 발표했다. 장백희(張百熙)는 경사대학당의 책
임자이자 전국 교육행정의 총책임자로서 오여륜(吳汝綸)을 초빙하여 일본

의 학제를 고찰하도록 하고, 일본을 모방하여 최초의 학제를 만들었다. 이 학제는 서태후의 지시로 만들어 반포했기 때문에 '흠정학당장정'[1]이라 부르며, 당시가 임인년(壬寅年)이었기 때문에 속칭 임인학제라고도 부른다. 그런데 임인학제는 학제 체계에서 몇 가지 단점이 있었는데, 그 가운데 하나는 실업학당과 사범학당이 학교 급별 연계성을 갖추지 못했다는 것이다. 고등소학 졸업생은 중등실업학당에 진학할 수 있었으나, 간이실업학당의 졸업생은 입학할 수 없었다. 중학당에 부설된 사범학당의 졸업생이 고등학당에 부설된 사범관에 입학할 수 없었던 것도 같은 예이다. 학제 외적인 요인으로는 장백희가 정치적으로 견제를 많이 받아 역량을 충분히 발휘할 기회를 잡지 못했다는 점 등도 학제가 실행되지 못한 이유였다. 결국 장백희는 평소 학사 업무에 관심을 갖고 경험을 축적해 왔던 장지동을 불러들여 학제를 다시 정비했다.

장지동은 공업과 교육 방면에서 상당한 업적을 내어 학교 설립과 운영에 관한 경험이 풍부했다. 호광 총독 시절 장지동은 학무처를 설치하여 지방의 교육개혁을 주도하고 자강학당(自强學堂, 현재 무한(武漢)대학이 됨), 호북농무학당(湖北農務學堂, 현재 화중(華中)농업대학이 됨), 호북무창몽양원(湖北武昌蒙養院), 호북공예학당(무한과기대학(武漢科技大學)이 됨), 삼강사범학당(三江師範學堂, 남경대학이 됨), 자은학당(慈恩學堂, 남피현(南皮縣) 제일중학) 등을 창립하여 보통학당, 실업학당, 사범학당의 여러 종류와 유치원에서 고등학당에 이르는 각급 학당을 창설한 풍부한 경험을 축적하고 있었다.

1904년 장지동, 장백희, 영경(榮慶)은 1902년 학제를 수정하여 새로운

---

1 「欽定學堂章程(壬寅學制)」, 璩鑫圭·唐良炎 編, 『中國近代教育史資料匯編:學制演變』(上海教育出版社, 2007), pp. 241~296.

학제를 만들었다. 1902년 학제를 장백희·오여륜이 주도했다면, 1904년 학제는 장지동과 나진옥(羅振玉)의 주도로 만들어졌다. 장지동은 나진옥을 일본에 파견하여 일본의 학제를 고찰한 후, 중국의 상황에 맞게 변통하여 작성했다. 학제를 만들 때 영경, 장백희 두 명의 관학대신과 상의했다고 하나, 실상은 장지동 혼자 주도한 것이었다. 장지동은 우선 '학무강요', '관리학당통칙', '실업학당통칙', '장려학생장정' 네 개를 만들어 군기대신들의 심사를 거쳤다. 이후 전체 학당장정을 마련하여 상주하니 이것이 '주정학당장정'[2]으로, 속칭 계묘학제이다.

2. 계묘학제 '학무강요'의 내용과 특징

계묘학제는 1904년 1월 13일 발표되어 청 말까지 사용되었다. 이는 초등 소학당에서 대학원에 해당하는 통유원(通儒院)에 이르는 각급 학교장정과, 각 학당의 고시에 관한 장정 그리고 학당 장려 장정 등을 포함한 22개의 장정으로 구체화되어 나타났다. '학무강요'도 22개의 장정 가운데 하나였다. 학사에 관한 사무의 근간이 되는 핵심, 즉 '학무강요'는 총 56개의 조문으로 구성되었다. '학당총요'에서 시작하여 각 학당의 설립 취지, 교원의 수급, 경전 교육, 교육행정기관 등을 포함하여 계묘학제 전반을 관통하는 학당 운영에 관한 원칙과 주의점 등을 담고 있다. 따라서 '학무강요'는 계묘학제의 편성과 운영에 관한 개괄적인 내용을 파악하기에 좋은 자료이다.

이하 '학무강요'를 크게 세 가지 주제를 중심으로 그 내용과 특징을

---

2   「奏定學堂章程(癸卯學制)」, 璩鑫圭·唐良炎 編, 같은 책, pp. 296~530.

살펴보자.

첫째, 학당 설립의 목적이다. 학무강요에서는 '중체서용'의 인재양성을 학당 설립의 목적으로 제시했다. 모든 학당은 품행이 단정하고 재능을 갖춘 인재를 양성하여 도덕·품행·학문·기예를 중시했던 하·은·주 세 왕조의 교육과 인재 선발의 뜻에 합치하도록 하는 것이라고 명시했다. 소학에서 유학의 근본을 익혀 중국인으로서의 심성을 갖추고, 고등소학·중학 이상부터 실제 생활과 생계에 도움을 줄 수 있는 서양 학문을 익혀, 모든 '국민'이 스스로 생계를 도모할 능력을 갖추도록 하는 것이다. 즉 중국 학문과 서양 학문이라는 두 가지 학문을 이용하여 인재를 양성해야 한다는 뜻을 분명히 했다.

중체라는 입장에서 강조된 것은 경전 교육과 중국 문학·언어였다. 학무강요에서는 경서는 곧 중국인의 종교이자 배움의 근본으로서, 이 근본을 잃는다면 애국애족의 마음도 없을 것이니 어찌 국가의 부강을 바랄 수 있겠는가라고 반문한다. 즉 경서는 중국인을 중국인답게 하는 배움의 근본이었다. 따라서 경전의 핵심적인 내용을 추려 시수를 정해 경전을 읽고 해설하며 학생의 심성을 가다듬는 것이 필요했다. 또한 장지동이 보기에 중국의 문장과 시는 중국 문화의 정수이자 중국의 가치관을 전달하는 매개체이기 때문에 반드시 보존해야 할 가치가 있는 것이었다. 따라서 섣불리 외래어를 받아들이고 외국 문자를 섞어 쓰는 것은 중국의 학술과 풍속을 해쳐 종국에는 중국 문화의 정수를 소멸시킬 수 있으니 반드시 주의해야 하는 것이었다. 소학당에서 외국어를 가르치는 것은 금지되었으며, 모든 학당의 언어를 관청의 표준어에 해당하는 '관화(官話)'로 통일하여 중국인으로서 쉽게 융합할 수 있도록 해야 한다고 했다.

그런데 경전 교육에 치우쳐 또 다른 하나의 목적인 실용적인 인재 양성이 소홀해져서는 안 되었다. 학무강요는 서양 학문의 수용이라는 측면에서 실업교육을 강조하고 외국어 교육을 강조하는 내용을 담고 있다. 실업학당은 생계를 도모할 수 있는 방법을 가르치는 것으로 '국민'에게 이득이 되는 것이니 각 지역의 특색에 맞는 학당을 신속히 건립하도록 주문했다.[3] 초등실업학당과 고등실업학당의 교육과정에서 경전 읽기는 제외되었다. 외국어는 외국과 소통하는 데 필수적인 것이니 중학당 이상의 학생은 열심히 배울 것을 강조했다.

학무강요에서는 서양 학문 학습이 중국에 끼칠 위험성에 대해서도 경계를 늦추지 않았다. 혁명이 논의되고 자유와 민권설이 유포되어 청조의 통치가 위협받던 상황에서, 학무강요에서는 자유와 민권, 정치학과 법학 교육을 실시하는 것에 신중할 것을 지적했다. 장지동은, 당시 중국인은 자유와 민권을 잘못 이해하여 서양에서의 본래 뜻과 달리 몇 마디 말을 떼어내어 국민을 선동하는 것으로 간주했다. 따라서 학무강요에서는 자유와 권리에 관해 설명하는 조문에서 권리의 대칭으로서 의무를 강조하고 자유와 민권은 법률의 제한을 받는다는 것을 다른 조문에 비해 훨씬 긴 폭을 할애하며 장황하게 설명했다. 사립학교에서는 정치와 법률을 가르치는 것도 금지되었고, 학생이 국정에 관여하는 것도 금지되었다. 학무강요는 중국인의 정체성을 양성하고 실용 지식을 갖춘 인재를 양성하여 국가의 부를 확대할 수 있는 내용을 담았으나, '국민'의 권리 신장에 관한 교육에는 상당한 제한과 경계심을 나타내고 있었다.

둘째, 학무강요는 교육과정과 학교시설의 표준화·정규화를 지향하고 중국이 전근대 교육에서 학당교육으로 전환하는 방법에 관한 내용을 담고 있다. 학무강요에서는 경전을 읽고 설명하는 과목이 필요하다고 하면서도

---

3   「奏定學堂章程(癸卯學制)」 가운데 「奏定初等農工商實業學堂章程」, 「奏定中等農工商實業學堂章程」, 「奏定高等農工商實業學堂章程」 등 실업학당 관련 장정 참조.

경전 내용의 선정과 수업 시수를 명확히 규정하고 그 이상을 넘지 못하도록 하고 있으며, 소학교육의 수업 시수도 5~6교시로 한정했다. 교과 내용은 쉬운 것에서 어려운 것으로 편성할 것을 지시하는 등 학교 교육의 통일과 수업 시수를 표준화하고 있다. 학당 시설 또한 교육에 적합하도록 규제에 맞게 지을 것을 지시하고 있다. 예컨대 경사대학당은 예전의 구식 건물을 사용하여 학당 교육의 효율성을 높일 수 없으니 신속히 새로 건축해야 하며, 새로 짓는 학당은 건물 배치, 실험 장소, 운동장, 실험실, 강의실의 조명과 책걸상 등 규제에 부합하여 지을 것을 요구하고 있다.

당시 무에서 유를 창조하는 과정이었던 학당 설립은 임시 조치에서 정식 규정에 맞춘 설립으로, 신구제도가 병존하던 상태에서 구제도의 점진적 폐지로 나아가는 과정이었다. 이제 갓 학당 설립을 본격화한 중국이었기에 학무강요에서는 교사, 교육행정직원 등이 부족한 상황을 해결할 수 있는 방법을 상세히 제시했다. 우선, 임시적인 조치를 시작으로 정규 과정으로 발전해 가는 방법이 있었다. 예컨대 교사의 양성은 속성 사범과와 정규사범과를 학습할 사람으로 나누어 먼저 속성과를 졸업한 사람으로 운영하다가, 정규과정을 마친 학생이 나오면 대체하며 정식 학당체제와 교육과정을 설립해 간다는 것이고, 실업학당 또한 마찬가지 방법을 사용했다. 교과서 역시 임시로 외국교과서를 채택하여 사용하거나 교원이 만든 강의안을 교재로 만들어 사용하는 방법을 거쳐 정식 교과서 출판으로 발전시킨다는 방법을 제시했다. 다음으로, 임시로 신구제도를 병존시키지만 점차로 구제도를 없애고 학당으로 대체해 가는 점진적 개혁 과정을 제시했다. 과거제도가 폐지되기 이전까지 관료 충원의 방법은 과거와 학당 졸업생이라는 투 트랙을 사용하도록 했다. 그런데 학무강요의 취지는 분명히 학당의 보급에 있었다. 학당 졸업생에게 과거 합격자와 같은 자격을 부여했으며, 과거 합격자는 진사관에 입학하여 새로운 학문을 배우도록 했다.

또한 과거보다 학당이 교육에서 훨씬 우수하다는 점을 강조하며 신구제도의 일시적 병존 속에서 점진적으로 구제도를 폐지하고 새로운 제도를 만들어 가는 지침을 제시했다.

셋째로는, 중앙과 지방의 교육행정기구 설립을 명확히 규정하고 행정인원의 전문화를 꾀한 것이다. 계묘학제 이전에는 관학대신이 경사대학당과 전국 교육 사무를 같이 관리했다. 지방의 교육행정기구에 대해서는 명확한 규정이 없어 학무처(學務處), 학교사(學校司) 등 지방마다 달랐고, 이러한 행정기관이 설립된 곳도 학무 진흥에 관심이 있는 독무(督撫)가 있는 곳에 한정되었다. 학무강요에서는 학무대신(學務大臣)이 전국의 교육사무를 담당하고 경사대학당 관리는 별도의 직책을 두도록 하여 교육과 행정을 분리했다. 학무대신 아래에는 6처를 두어 역할을 분담하며, 지방에는 학무처를 두어 성의 학사 행정을 담당하도록 하여 교육행정기구의 체계화를 꾀했다.

아울러 행정관리 인원의 전문화를 꾀한 것도 주목할 만하다. 새로운 교육행정제도의 설립과 함께, 교육학, 교육관리법 등을 이해하고, 이를 적용할 수 있는 교육행정 인재가 필요했다. 학무강요에서는 교수법, 관리법에 밝은 자가 학당관리에 성과를 낼 수 있으니, 각 성은 시급히 관리를 외국에 파견하여 시찰하고 교육학 관련 지식을 익히도록 했다. 만일 재정이 부족한 성이 있다면 교육학 관련 번역서를 구해서라도 시급히 전문 지식을 익힌 인재를 양성하도록 했다. 교육행정제도는 1905년에 학부(중앙) - 제학사(성) - 권학소(현) 설립으로 바뀌긴 하지만, 제도 개혁의 방향이 될 교육행정기구의 체계화, 교육행정인원의 전문화 방안을 담고 있다는 점에서 학무강요는 의미가 있었다.

3. 계묘학제의 폐기와 그 후

계묘학제는 중국 근대 학제의 근간을 만든 것이지만 문제도 많았다. 사립학교에 대한 엄격한 통제, 여성교육에 대한 언급이 없으며, 초등에서 대학까지의 교육기간이 너무 긴 등 여러 문제가 있었다. 학부는 계묘학제의 문제점을 보완하기 위해 최소 205항목 이상의 수정과 보충문건을 발표하고[4] 지속적으로 부분 수정을 했다. 그렇지만 계묘학제는 청 말까지 실제 운영된 학제이자 학교체계와 행정의 분리, 사범교육과 실업교육의 중시 등 중국교육제도의 근간을 만들기 시작했다는 점에서 의미가 있었다. 학무강요에 나타난 내용을 통해 볼 때, 계묘학제는 향후 중국 교육의 세 가지 발전방향을 보여주었다. 첫째로 유가 경전 교육을 포함한 국민 의식 양성의 문제, 둘째로 학교 교육의 표준화, 셋째로 교육의 전문화였다. 교육의 모든 것을 지배하던 국면을 끝내고 유가를 수신의 근본으로 삼으면서도 서양학문을 겸비한 인간상, 교육과정과 학교시설의 표준화·정규화, 교육의 전문화라는 기초를 놓았던 것이다.

이제 계묘학제가 초보적 틀을 잡은 국민교육의 목표, 학교 교육의 표준화, 교육행정 등 교육의 전문화라는 세 문제가 이후 학제에서 어떻게 되었는지 살펴보자. 중화민국이 세워진 이후 중국의 학제는 몇 번 바뀌었다. 신해혁명으로 계묘학제는 폐기되고 1912~1913년에 걸쳐서 임자·계축 학제가 만들어졌다. 급히 만들어져서인지 중화민국 수립 이후 학제는 교육계에서 계속 논란의 대상이 되었다. 각 지역의 교육자들과 교육회가 현장 경험을 바탕으로 학제 개정안을 만들었다. 그리고 1922년 임술학제가 도입되어 6-3-3제가 적용되었다. 이 학제는 국민정부가 부분적으로 수정했

---

4   蘇雲峰,『中國新教育的萌芽與成長(1860-1928)』(北京大學出版社, 2007), p.97.

지만, 큰 변화 없이 중화인민공화국이 세워질 때까지 계속되었다.

국민교육 목표와 국민에게 요구하는 지식은 학제에서 어떻게 달라졌는가. 계묘학제는 "위로는 애국을 알고 아래로는 자립할 수 있는" 사람을 육성하기 위해 중체서용의 교육 방침을 제시했다. 국민 소양과 양성관은 계묘학제 이후 애국심의 양성 방법으로서 문화, 이념과 결부되어 모습을 바꿔가며 나타났다. 청나라의 은덕을 강조하며 황제에 대한 충성심을 양성하려던 교육 방침은 사라졌다. 그렇지만 공자 숭배는 교육에서 사라지지 않았다. 공자 숭배는 공화 정신, 삼민주의 정신, 사회주의 정신과 경합하며 국민의식을 형성하는 데 영향을 끼쳤다.

국민 소양의 육성에 개인 이익과 공익의 조정 문제가 남아 있다. 청조는 중국 백성이 공익 정신과 상무 정신, 그리고 실용 정신이 부족하다는 이유로 그 육성을 강조했다. 중화민국 이후에도 대체로 개인의 발전보다는 집단과 국가의 공익을 중시하는 경향은 지속되었다. 개인의 발전을 중시했던 5·4 운동 시기가 오히려 예외적인 시대였으며, 그리고 자유주의적 사상을 지지했던 집단은 상대적으로 소수였다. 유가 윤리와 이념은 정권의 이념 지향과 서로 대치하거나 보완하면서 이어졌다. 중국의 대내외적 위기는 국민의 정체성에 유가와 공익 중시 경향의 융합을 더욱 촉진했다. 중국은 청 말 이후 전통 사상과 근대의 혁명 사상이 뒤섞이며 중국식 국민을 형성해 갔다.

학무강요에서 볼 수 있었던 다른 두 가지 내용, 즉 교육과정과 학교제도의 표준화·정규화, 교육행정 인원 등의 전문화는 이치상 너무도 당연한 과정이었지만 점차로 강화되어 갔다. 예전의 제도는 점차 소멸하고, 통일된 교육과정을 가르치는 근대 학교제도가 전국으로 확산되었다. 동시에 교육행정기관과 교육계의 전문화 현상이 강화되었다. 외국 유학생의 귀국과 교육계 투신, 교육에 대한 전문 연구와 관리 등으로, 교육은 누구나 접근할 수 있는 영역이 아니라 교육을 이해하고 관리할 수 있는 전문 영역으로 분화되어 갔다. 한편으로는 전문 영역으로 분화한 교육계가 다른 영역의 간섭을 받지 않는 독립적인 영역의 확보, 그 가운데에서도 교육과 정치의 관계를 고민하게 했으며, 교육행정기관과 민간교육계 사이에 협치와 참정 갈등, 거버넌스 문제를 불거지게 했다.

제2부

『권학편』
勸學篇

장지동 지음

이병인 옮김

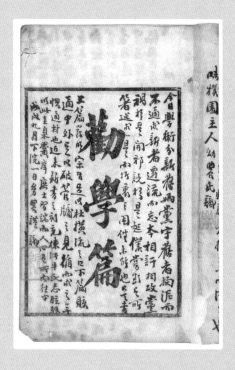

초(楚)나라 장왕(莊王)이 패권을 이룰 수 있었던 것은, 근면해야 생활이 풍족해진다고 백성에게 권고하고, 무기를 점검하도록 날마다 군대에 주의를 주며, 재난이 언제 닥칠지 알 수 없다고 그 나라 사람들을 훈계했기 때문이었다. 춘추시대의 노(魯) 문공(文公)과 선공(宣公) 연간에 초나라는 토지를 개척하고 병력을 강하게 하여 국세가 팽창했다. 이에 제(齊), 진(晉), 진(秦), 송(宋)이 감히 나서서 대항하지 못하니 누가 초(楚)나라에 화를 입힐 수 있었겠는가!

어찌 그리도 다급하고 두려워하며 이처럼 불안해하는가? 군자가 말하기를 "재난이 닥칠 것을 알지 못하면 치욕이 따를 것이요, 다가올 재난을 알면 복이 따라올 것이다"라고 했다. 오늘날과 같은 세상 변화는 춘추시대에도 없었던 일일 뿐만 아니라 진(秦)·한(漢)에서 원(元)·명(明)에 이를 때까지도 없었던 일이다. 그 재난으로 말하자면 공공(共工)[1]이 날뛰거나 신유

---

1 공공은 신화, 전설 속의 인물로서 염제의 후손이며, 초기 문헌에 요 임금의 신하로 나왔

(辛有)가 비통해했던 때[2]와도 비유할 수 없을 정도이다. 조정은 끼니도 잊으며 밤낮으로 매진하여, 장차 정책을 바꾸고 조정하여 뛰어난 인재를 문무 대신으로 초빙하고 학당을 세우고 특과[3]를 설치하려 하니, 전국의 지사들이 발분하여 나섰다. 그런데 당면 문제의 해결을 도모하는 자는 새로운 학문[新學]을 말하고, 도가 훼손될 것을 염려하는 자는 옛 학문[舊學]을 말하며 일치된 결론을 내리지 못하고 있다. 옛 학문을 공부하는 자[舊學者]는 목이 멘다고 음식을 끊는 형상이며, 새로운 학문을 공부하는 자[新學者]는 이 갈래 저 갈래 많이 기웃거리다 양을 잃어버리는 형상이다. 구학자는 회통(會通)하는 바를 알지 못하고, 신학자는 근본을 알지 못한다. 회통을 알지 못하니 적에 대응할 때 변통할 방법이 없고, 근본을 알지 못하니 유학을 경시하는 마음이 있게 된다. 이와 같으니 구학자는 갈수록 새로운 학문을 우려하고, 신학자는 옛 학문을 혐오하는 것이 더욱 심해져서 서로를 헐뜯는다. 기괴하고 위험하며 제멋대로 개작한 주장이 하나의 이론으로 잡다하게 나타나서 군중의 마음을 어지럽힌다. 학자는 이리저리 흔들리며 중심을 잡지 못하니 사설이 멋대로 횡행하며 천하에 흘러 다닌다. 적이 이미 닥쳐왔는데 함께 싸우지를 않으며, 적이 오지 않았어도 서로 편하게 있지 못하니, 나는 중국의 화근은 중국 밖의 해외에 있는 것이 아니라 바로 중국의 내부에 있는 것이 아닌가 생각한다.

으나 후에 옛 제왕 등으로 바뀌어 전해졌다. 공공이 전쟁에서 전욱(顓頊)에게 패하자 부주산을 들이받아 천체의 질서를 무너뜨렸다고 하는데, 공공의 횡포는 이를 일컫는다.

2   신유는 주나라의 태사로서, 주 평왕이 동쪽 낙양으로 천도할 때에 이천(伊川)을 지나면서 들판에서 사람들이 제사지내는 모습을 보고는 예의가 이미 무너졌으니 이 지역이 100년도 못 되어 오랑캐의 땅으로 변할 것이라고 한탄했다.

3   '경제특과'의 줄인 말로서, 중국과 외국의 시무에 통달한 사람을 뽑기 위해 1898년 특별 설치한 과목을 말한다. 무술정변으로 실행되지 못하고 정지되었다.

예로부터 세상 운명의 명암과 인재의 성쇠는 정치로써 표면에 나타나지만, 그 내면에는 학문이 있었다고 생각한다. 내가 양호(兩湖, 호남과 호북) 지방을 관장하는 관직을 맡아 선비를 양성하고 백성을 교화하는 책임을 지게 되니, 밤낮으로 전전긍긍하며 도움이 될 수 있는 것을 생각했다. 마침내 시세의 변화를 살피고 본말을 종합하여 24편을 저술하여 양호의 사대부에게 내보이니, 국내의 군자로서 나와 뜻을 같이하는 자 역시 그 뜻을 드러낼 것이다. 내편은 근본에 힘을 써서 사람의 마음을 바르게 하는 데 있으며, 외편은 회통에 힘을 써서 세상의 풍속을 개화하는 데 있다.

내편은 9장이다.

제1장 '단합된 마음〔同心〕'에서는, 국가 보위, 중국 학문의 보호〔保教〕, 민족 보존은 하나의 같은 의미로서, 손·발이 민첩하면 두뇌가 발달하고 혈기가 왕성하면 심지가 강해지니 현명한 인재가 많아져 국가의 기운이 스스로 융성해지는 것을 밝힌다.

제2장 '충성심 교육〔教忠〕'에서는, 우리 조정의 깊고 도타운 덕으로 온 누리의 신민이 모두 충성스럽고 선량한 마음을 품게 하여 국가를 지켜야 함을 말한다.

제3장 '윤리 확립〔明綱〕'에서는, 삼강은 중국의 성인들이 전수하며 이어져 온 지극한 가르침이며 예의와 정치의 근본이고 인간과 금수를 구분하는 것으로 교리를 보호할 것을 말한다.

제4장 '정체성 인식〔知類〕'에서는, 신〔神明〕의 후예가 점령당하지 않고도 망할 수 있다는 것을 걱정하고 종족을 보호할 것을 말한다.

제5장 '판단의 기준, 경전〔宗經〕'에서는, 주나라와 진나라의 제자 학설은 장점보다 결점이 더 많으니 일부를 떼어내는 것은 가능하나 도를 깨뜨리는 것은 듣지 말고 반드시 성인의 말씀에서 절충해야 한다는 것을 말한다.

제6장 '국가권력 확립〔正權〕'에서는, 상하를 구분하여 민심을 안정시키고 민권으로 정치를 문란케 하는 것을 배척해야 함을 말한다.

제7장 '배움의 순서〔順序〕'에서는, 먼저 알고 있었던 것을 중심으로 삼아야 하니 서양 학문 공부 이전에 반드시 중국 학문을 익혀서 그 조상을 잊지 말 것을 말한다.

제8장 '학문의 핵심 학습법〔守約〕'에서는, 새로운 것을 좋아하기는 쉽고 옛것을 지키기는 어려우니, 중국 학문을 보존하려고 한다면 요점을 추려서 핵심을 취해야 한다는 것을 말한다.

제9장 '아편 근절〔去毒〕'에서는, 아편의 오염을 씻어내는 것이 우리 백성이 사는 것으로 이를 끊어 싹도 나지 못하게 서슴없이 버릴 것을 말한다.

외편은 15장이다.

제1장 '지혜 증진〔益智〕'에서는, 어리석으면 침공을 당하고, 판단력을 잃으면 불행이 닥친다는 것을 말한다.

제2장 '유학(游學)'에서는, 시세를 명확히 파악하고 기개를 양성하고 견문을 넓히며 재능과 지혜를 늘리려면 외국을 견문하지 않고는 이룰 수 없다는 것을 말한다.

제3장 '학당 설립〔設學〕'에서는, 널리 학당을 세워 오늘날에 사용할 수 있는 것을 축적하여, 과거시험의 문체만 익히는 자의 어리석음을 깨닫게 할 것을 말한다.

제4장 '학제(學制)'에서는, 서양이 강성한 것은 학교를 세워 강해진 것으로 선생은 정해진 과정이 있고, 학생은 그를 따라 배워서 관리 교육과 인재 임용이 모두 이 과정에서 나온 것으로, 우리는 당연히 좋은 것을 선택하여 따라야 한다는 것을 말한다.

제5장 '번역 진흥〔廣譯〕'에서는, 서양 교사에게서 배우는 이익은 한계가

있고, 서양 서적을 번역하는 이점은 무한하다는 것을 말한다.

제6장 '신문 열람〔閱報〕'에서는, 눈 밑은 보기 어렵고 쓴 약은 맛보기 어려운 법인데, 내부의 폐단을 안다면 속히 제거하고 외부의 근심거리를 알면 예방할 수 있다는 것을 말한다.

제7장 '제도 개혁〔變法〕'에서는, 평상시의 일을 답습하기만 한다면 자신을 지킬 수 없다는 것을 말한다.

제8장 '과거제도 개혁〔變科擧〕'에서는, 배운 것과 활용하는 것이 반드시 서로 연계되어야 한다는 것을 말한다.

제9장 '농학·공학·상학〔農工商學〕'에서는, 백성을 지키는 것은 먹여 살리는 것에 있고 백성을 먹여 살리는 것은 교육에 달려 있으니, 농학·공학·상학을 가르치면 이익은 바로 흥성할 수 있다는 것을 말한다.

제10장 '군사학〔兵學〕'에서는, 사병을 가르치기보다 장교를 가르치는 것이 나으며, 사병을 가르치고 훈련시키는 것은 쉽지만 장교를 가르쳐서 완성시키는 것은 어렵다는 것을 말한다.

제11장 '광업학〔鑛學〕'에서는, 땅에서 이익을 내는 것을 말한다.

제12장 '철도〔鐵路〕'에서는, 혈기를 통하게 하는 것을 말한다.

제13장 '회통(會通)'에서는, 서양 학문의 깊은 의미는 중국 학문과 통함을 알게 하여 완고한 결점을 깨닫도록 한다.

제14장 '군축론 비판〔非弭兵〕'에서는, 안일을 추구하도록 가르쳐서 스스로 망하는 것을 혐오해야 한다는 것을 말한다.

제15장 '종교적 관용〔非攻教〕'에서는, (교회에 관련된) 조그마한 화나는 일로 성질을 부려 (외교 문제가 발생하여 국가의) 큰 계획을 망치는 것을 증오한다는 것을 말한다.

24장의 뜻은 다섯 가지를 아는 것으로 개괄할 수 있다. 하나는 부끄러움을 아는 것이다. 일본보다 못한 것을 부끄러워하고, 튀르키예, 태국, 쿠바보다 뒤처지는 것을 부끄러워하는 것이다. 둘, 두려움을 아는 것이다. 인도처럼 되는 것을 두려워하고 베트남, 미얀마, 조선처럼 되는 것을 두려워하고, 이집트, 폴란드처럼 되는 것을 두려워하는 것이다. 셋, 변화를 아는 것이다. 습관을 바꾸지 않으면 법제를 바꿀 수 없고, 법제를 바꾸지 않으면 재능을 키울 수 없다. 넷, 핵심을 아는 것이다. 중국 학문에서 옛것을 아는 것은 핵심이 아니고, 실제 쓰이는 것이 핵심이다. 서양 학문 역시 이러한 구분이 있어 서양 기술은 핵심이 아니고, 서양의 제도가 핵심이다. 다섯, 근본을 아는 것이다. 나라 밖에서도 나라를 잊지 않고 다른 풍속을 보고 본래의 습속을 잊지 않고, 지혜와 기능을 늘리면서도 성인의 말씀을 잊지 않는 것이다.

여기에서 말한 것은 일찍이 『중용(中庸)』에서 고찰한 것과 부합한다. 노나라는 약한 나라였는데, 애공(哀公)이 정치에 대해 묻자 공자가 말하기를 "학문을 좋아하는 사람은 지혜에 가까워지고, 선행에 힘쓰는 자는 인에 가까워지며 부끄러움을 아는 것은 용기에 다가가는 것이다"라고 했다. 말을 끝마치며 "만일 이와 같이 실천한다면 어리석었어도 현명해질 것이며 유약했더라도 강해질 것이다"라고 했다. 이것이 내편에서 말하는 것으로 모두 인을 추구하는 것이고, 외편에서 말하는 것은 모두 지혜와 용기를 얻는 일이다. 『중용』이 어찌 본심을 소홀히 다루고 이치 부합 여부를 조금만 다루고 말았겠는가? 공자는 노나라가 예의를 갖추고 있지만, 국력은 계속 약해져서 제(齊)나라, 주(邾)나라, 오(吳)나라, 월(越)나라 등이 무력으로 노나라를 모욕하니, 이 말로써 노나라 신민의 무지함을 깨고 노나라 선비들의 몹쓸 병을 없애서 노나라가 빨리 장래성이 있게 되어 문왕과 문왕의 성세를 회복하기를 기대했다. 그러므로 배움이 없고 힘이 없고 부끄러움이 없다면 어리석고 약해질 것이고, 배움이 있고 무력이 있으며 부끄러움을 안다면 똑똑해지고 강해질 것이다. 노나라가 이와 같았는데, 70만 평방 리의 면적과 4억의 인민[4]에게는 어떠하겠는가?

나는 우리나라 선비들이 편안함에 빠져서 장래 재난이 닥칠 것을 알지 못할까 두려워 앞에서 초나라의 사례를 들었다. 나는 또한 (선비들이) 자포자기하여 부강을 추구하지 않을까 두려워 노나라의 사례를 들었다. 『주역』에서는 "망할까 망할까 경계하며 항상 공고하지 못함을 걱정한다"[5]라고 했다. 망할 수 있다는 것을 알아야 강해져야 한다는 것을 안다.

광서 24년 3월

남피(南皮)[6] 장지동(張之洞) 씀

---

4 원문에는 400조의 인민으로 되어 있는데, 예전의 중국에서 조는 100만, 만억(현재의 1조), 억억(억의 제곱)이라는 세 가지 뜻이 있었다. 당시 중국의 인구는 4억 정도였으니 여기서는 100만을 뜻하는 것으로 해석했다.

5 원문은 "其亡其亡, 系于苞桑"으로《易 · 否卦 · 九五爻辭》가 출전이다. 번역은 괘의 의미로 풀어서 설명했다.

6 남피현(南皮縣)은 현재 하북성 창주(滄州)시에 속한 곳으로, 장지동의 본적이다.

내편

제1장 단합된 마음/同心

범문정(范文正, 범중엄)이 수재(秀才)였을 때에 천하의 일을 자신의 일로 생각했다. 정자(程子, 정호와 정이)는 "가장 낮은 관직에 있는 선비라 할지라도 만물에 이익이 되는 것에 관심을 둔다면 다른 사람을 구제할 수 있다"라고 말했다. 고정림(顧亭林, 고염무)은 "아무리 천한 필부라도 천하를 지키는 것에 함께 책임이 있다"라고 말했다. 무릇 수재의 업무로서 담당할 수 있는 것이 어느 정도나 되겠는가? 관직이 낮은 선비가 도움을 준다고 해도 그 도움이 어느 정도나 되겠는가? 필부가 맡은 책임으로 책임질 것이 얼마나 되겠는가? 그러나 천하의 수재가 수재로서 맡아야 할 임무를 다하고, 천하의 하급 관리가 관리로서 맡아야 할 책무를 다하며, 천하의 필부가 필부로서 책임을 다하며 모두가 위기를 지켜낼 마음과 각고의 노력을 할 뜻을 지니고 있다면, 그 국가는 반석 위에서 안정되어 전복할 수 없을 것이다. 사람들이 그 가족을 친밀히 여기고 윗사람을 제대로 모시면 천하는 안정될 것이고, 사람들이 지혜와 용기를 제대로 발휘한다면 천하는 강성해질 것이다. 대개 전성시대에는 상(庠, 지방학교)이 학문을 권장하고 관청이 능력 있는 자를 잘 등용하며, 조정이 위에서 현명하게 일을 하니 아래에서는 인재가 길러진다. 위기의 시대에는 선비들이 그 지조를 단단히 하고, 백성들은 그 기세를 드높여서 직언으로 그 군주를 깨우치고 학문을 넓혀서 시국을 구제하고 마음을 통합하여 폐해를 구제하고 힘을 모아 환란을 막아낸다. 인재가 아래에서 분투하니 위에서 조정이 안정된다.

예전 춘추 말기에 주나라가 한낱 바람에 나부끼는 깃발처럼 실권이 없게 되었다. 공자가 난적을 꾸짖고 맹자가 인의를 밝히고 제자가 천하에 가득 차니, 주 왕실은 200여 년 더 지속되었다. 공자의 70 제자를 이어 공부하는 자가 가득 넘치고 널리 퍼졌다. 서한(西漢)에 이르러 유학이 크게 흥성하고 성인의 도가 밝게 빛나고 공적이 만세에 미쳤다. 동한(東漢) 말기에는 명예와 지조의 경학이 성행하여, 이응(李膺), 곽태(郭泰)와 같이 의기가 서로 맞는 무리와 정강성(鄭康成, 정현)의 문하생이 천하에 퍼져 조정과 재야에 지조와 절개를 중시하고 명분을 숭상하는 사람들이 많았다. 따라서 동탁과 조조가 찬탈하지 못하고 촉한(蜀漢)이 흥성했다. 제갈량은 은거하여 몸소 농사를 지었지만 서로 가르침을 줄 만한 친구가 아주 많았다. 그는 천하의 호걸로서 천하를 위한 큰 계획을 명확히 했기 때문에 소렬(昭烈, 유비)이 제갈량을 얻어 왕업을 이룰 수 있었다. 위(魏)나라에서 수(隋)나라까지 강북은 모두 정현의 학문을 숭상했다. 따라서 북조(北朝)에서 전쟁이 많이 일어났지만, 유가의 학풍은 추락하지 않았다. 수나라 왕통(王通)은 황하와 분하(汾河)의 사이 지방에서 가르침을 펼쳐서 문도가 아주 많았다. 당나라에서 제왕을 도와 정권을 세운 방현령(房玄齡), 두여회(杜如晦), 위징(魏徵), 설수(薛收)는 서로 사귀었는데(그 서술이 지나치게 수식된 측면은 있지만, 그 일이 모두 거짓인 것은 아니었다. 방현령과 두여회 무리가 모두 같은 문하생인 것은 아니었다), **따라**

서 정관 통치 시기에 많은 현인이 있어 백성이 회복할 수 있었다.

당나라 한유(韓愈)는 도의 근원을 명확히 추구하여 불교와 도가를 배척하고 맹자를 존중하고 백이(伯夷)를 찬미했으며, 글은 육경을 근본으로 삼았다. 북송에 이르러 정학(正學)이 크게 흥성하여 문체는 모두 한유를 근본으로 삼으니 이로 말미암아 큰 유학자들이 많이 생겨났다. 북송 학술이 정도를 걷고, 풍속이 깔끔한 것이 한나라와 당나라를 훨씬 넘어섰으며, 국가의 명맥이 두터워 비록 국력은 약했지만 망하지 않았다. 송나라 유학자들은 삼강오륜을 중시하고 의로움과 이익을 분별했고 주자가 그 성과를 집성했는데, 당시에는 그 쓰임을 얻지 못했지만 그 제자와 주자를 흠모하여 그 학설을 배우고 스승으로 삼는 무리가 천하에 충만했다. 따라서 원나라 시대에 허형(許衡), 유인(劉因), 오징(吳澄), 염희헌(廉希憲)과 같은 여러 유학자들이 있을 수 있었지만 원 조정이 학대하여 유학자가 감소했다. 명나라는 주자학을 숭상했는데, 중엽 이후 왕양명(王陽明)의 학문이 함께 성행했다. 모두 명교(名敎)를 지키고 지조를 연마하는 것을 중심으로 삼았다. 300년간 위의 군주가 어리석었어도 아래의 신하가 충성하니 명나라 왕실의 명맥이 이어졌다. 함풍(咸豐) 이래로 나라 안의 큰 난리가 차례차례 평정되었는데, 진실로 은택이 아주 두텁고 조정의 계책이 뛰어났기 때문이다. 또한 증국번(曾國藩), 호림익(胡林翼), 낙병장(駱秉章), 좌종당(左宗棠) 등 신하들이 수천 리 내에서 의기투합하여 호응했으며, 하희령(賀熙齡), 하장령(賀長齡), 도문의(陶文毅, 도수), 임문충(林文忠, 임칙서) 등이 이미 20년 전에 연구를 제창하고, 진경용(陳慶鏞), 원단민(袁端敏, 원갑삼), 여문절(呂文節, 여현기), 왕무음(王茂蔭) 등 여러 신하의 바르고 정직한 의론이 조정에 받아들여졌기 때문이다. 학술이 인재를 만들고 인재가 국세를 유지하는 것은 모두 이전의 역대 왕조가 명확히 보여주었으며, 우리 전대의 현인들이 멀리하지 않은 좋은 길이다.

나는 오늘날의 세상 변동을 구제할 방법은 세 가지가 있다고 생각한다. 하나는 국가의 보존, 또 다른 하나는 성인 가르침의 보존, 마지막은 중화 종족의 보존으로, 무릇 세 가지는 하나로 통하는 것이다. 국가 보존, 성인 가르침 보존, 종족 보존이 하나의 마음으로 합쳐지는 것을 동심(同心)이라고 한다. 종족을 보존하려면 반드시 먼저 교리를 보존해야 하고, 교리를 보존하려면 반드시 먼저 나라를 보존해야 한다.

　종족은 어떻게 존속할 수 있는가? 지혜가 있으면 존속할 수 있는데, 지혜란 성인의 가르침을 말하는 것이다. 성인의 가르침은 어떻게 실행할 수 있는가? 힘이 있으면 실행할 수 있는데, 힘이란 군사력을 일컫는 것이다. 따라서 국가가 위세가 없으면 가르침이 지켜지지 않고, 국가가 융성하지 않으면 종족은 존중받지 못한다. 이슬람교는 도리에 맞지 않는데, 튀르키예가 사납고 용맹스럽게 싸워서 이슬람교가 존속했다. 불교는 이치와 거의 부합하지만, 인도가 어리석어서 불교는 망했다. 페르시아 경교는 나라가 약하니 교리가 바뀌었다. 그리스의 옛 종교는 있는 듯 없는 듯하다. 천주 예수의 가르침은 지구의 60퍼센트에서 시행되는데 군사력이 그를 뒷받침한다. 우리 성인의 가르침은 중국에서 시행되며 수천 년간 바뀌지 않았다. 삼황오제가 도리를 밝히고 법을 후세에 전하면서 군주가 스승을 겸했는데, 한나라, 당나라와 명나라가 유가를 숭상하며 유가의 가르침으로 정치를 했다. 우리 청나라의 역대 황제들은 공자, 맹자, 정호·정이, 주자를 더욱 숭상하고 이단을 몰아내고 경전의 의미를 해석하고 몸소 실천하는 것으로써 천하를 가르쳤다. 따라서 인간이라면 모두 웃어른을 존경할 줄 알았다. 정치와 교리가 서로 연결된 것은 고금의 변하지 않는 원칙이며 중국과 서양에 통용되는 이치이다.

　우리 왕조의 기초는 깊고 견고하며 하늘의 명이 반드시 함께한다. 만일 서양인이 청나라를 쪼개어 나눈다는 허황된 설이 이루어진다면, 성인의 도가 높고 아름답다고 해도 그것을 어디에 사용할 수 있으리오? 사서오경은 쓰레기처럼 버려지고, 유학자들은 벼슬길에 나설 희망이 없어진다. 영리하고 교활한 자는 목사, 매판, 서기(서양인은 중국인을 서기로 고용하고 대사(大寫)라고 불렀다)가 될 것이다. 능력이 없는 자는 인두세를 성실히 납부하여 병역과 노역에 충당될 뿐이다. 천할수록 어리석고, 어리석고 천한 것이 오래되니 빈곤과 고통 속에서 사망하여 홀연히 사라진다. 성현의 가르침은 인도의 브라만교처럼 깊은 산속으로 도망가 잠복하여 파손되고 누락된 것만을 껴안고 있게 될 것이다. 중화민족은 동남아시아의 페낭이나 말레이시아의 원주민처럼 평생 다른 사람의 노예로 살면서 매와 욕설을 피하려고 하지만 그럴 수 없을 것이다.

오늘날의 시국은 오로지 충성과 애국을 진작하고 부강을 추구하며 조정을 존중하고 사직을 지키는 것을 첫 번째로 삼아야 한다. 정치인은 군주의 마음을 깨우치고 여러 사람의 의견을 모아 큰 이익을 낳는 것을 본업으로 삼아야 한다. 언관은 직언으로 잘못을 바로잡는 것을 본분으로 삼아야 한다. 변방의 관리는 식량과 병사를 충분히 확보하고, 장수는 치욕을 명확히 밝혀 싸움을 가르치고, 군대는 윗사람을 모시고 연장자를 위해 죽는 것을 본업으로 삼는다. 사림은 사무에 통달하는 것을 중심으로 삼아야 한다. 군주와 신하가 같은 마음이고 사민(四民)이 힘을 합친다면 유가의 가르침과 신명(神明)의 후예들이 의지할 곳이 있을 것이다. 관중(管仲)이 환공(桓公)을 도와 천하를 바로잡았으니, 국가를 보존한 것이다. 공자는 백성이 지금까지 그 은혜를 입었다고 여겼다. 맹자는 왕도를 지키며 후학을 기다렸으니, 성인 가르침을 보존했다. 따라서 (맹자는 이익만을 생각하는) 양(梁)나라[1]의 위험

---

1   전국시대 위나라의 별칭. 위나라가 진나라의 공격으로 수도를 대량(大梁)으로 옮겼기 때문에 수도의 이름을 따와 양나라라고도 불렀다.

을 걱정했고 (백성의 마음이 곧 천심이므로) 제(齊)나라 선왕(宣王)이 제나라 백성의 안위를 도모하기를 바란 것이다. 그러하니 나라를 지키는 것을 버리고서 어찌 성인의 가르침을 보존하고, 종족을 보호할 수 있는 방책이 있다고 말할 수 있겠는가? 오늘날 시국을 우려하는 선비들은 단지 공자의 학문을 받드는 것을 가르침을 보존하는 방책으로 생각하거나 혹은 군중을 모아 움직이는 것이 종족을 보존하는 계책이라고 생각하여 나라와 가르침, 종족의 안위가 분리될 수 없는 것이라는 의미가 소홀해졌다. 『춘추좌씨전(春秋左氏傳)』의 "가죽이 없다면 털은 어디에 붙어 있을 수 있겠는가?"라는 말과 『맹자』의 "그 국가를 잘 다스린다면 누가 감히 그를 모욕할 수 있겠는가?"라는 말은 이를 일컫는 것이다.

제2장 충성심 교육 / 敎忠

한나라, 당나라 이후로 국가가 백성을 사랑하는 것이 우리 청나라보다 좋은 적은 없었다. 그 사실을 말하려고 한다. (하·은·주) 삼대에는 곡물, 베, 노역을 징발했고, 성당(盛唐) 시기에는 조(租)·용(庸)·조(調) 세 가지 세금이 있었는데, 좋은 정치의 사례로서 여러 차례 언급되었다. 이후 진나라가 인두세를 만들고, 한나라가 산민전(算緡錢)[2]을 시행했으며, 수나라는 관리에게 호구를 증가시키도록 책임을 지웠고, 당나라는 토호를 착취하며 도망

---

2 서한 초에 시행된 세법으로 상인과 수공업자, 고리대업자, 물품 운송업자에 징수한 세금이다. 한 무제는 폐지되었던 산민전을 부활하여 상인 등에게 고율의 세금을 부과했다. 예컨대 일반민이 물품을 운송하는 수레당 120전을 징수했다면 상인은 두 배의 세금을 징수했다. 상인은 교역액의 6퍼센트를 세금으로 냈으며, 수공업자는 생산, 판매하는 물품가의 3퍼센트를 세금으로 냈다.

간 집의 (세금을) 대체하여 메웠다. 당과 오대, 송 초에 식염전(食鹽錢)[3]이 있었고, 당 중기와 북송 시기에 청묘전(青苗錢)[4]이 있었으며, 송나라는 수실법(手實法)[5]을 시행했고, 금나라에는 민호(民戶)의 물자를 추산하는 제도가 있었는데[物力錢],[6] 모두 통상적인 토지세와 노역에 추가로 징수한 것이다. 명나라 만력 때에 일조편법을 시행하여 토지세와 정세 둘로 나누었는데, 명 말에 또 요향(遼餉), 초향(剿餉), 연향(練餉)이 추가되었다. 우리 청조 강희 52년에 이르러 늘어난 성인 남성에 대하여 영원히 세금을 부과하지 않는다는 명령을 시행했다. 옹정 4년에 정세를 토지세에 포함시키는 제도를 시행했다. 건륭 27년에 (부역 징수를 위해) 인구를 조사하여 호적에 편성하는 것을 정지했다.[7] 이로써 역대의 가혹한 징수는 하루아침에 사라졌다. 토지

3　관청에서 소금을 전매하며 민간에서 추징한, 가혹하게 거두어들인 세금이다. 집집마다 소금을 대여해 주고 비단으로 상환하도록 했기 때문에, 수사염전(隨絲鹽錢)·잠염(蠶鹽)·수옥염전(隨屋鹽錢)·식염전(食鹽錢) 등 다양한 명칭이 있었다.

4　당나라 숙종 이후 국고의 고갈로 관료의 봉급도 지출하지 못할 정도가 되자, 대종이 곡식이 익기 전에 징수했던 토지세의 부가세이다. 청묘전은 추가 징수로서 푸른 모가 있는 토지의 주인에게 징수했으나 후에 푸른 모가 없는 토지에도 모두 부과되었다. 양세법 시행 이후에도 계속 징수되었기 때문에 세금은 날로 늘어났다.

5　수실법(首實法)이라고도 한다. 당나라는 호주가 가족의 인원수, 연령, 토지 면적을 스스로 보고하도록 명령하고, 그 신고서를 바탕으로 부책을 작성했다. 송나라도 백성이 스스로 보고하도록 했으나 송 신종 때 신고 항목이 점차 늘어 조그만 집이나 땅, 닭·돼지 등의 가축도 보고 대상이 되었다. 은닉한 재산을 다른 사람이 고발하면 획득한 재산의 3분의 1을 상으로 주었는데, 백성에게 상당한 고통을 주어 오래지 않아 폐지되었다.

6　물력(物力)은 백성의 부담 능력을 지칭하는 것으로, 세금부과의 경중을 판단하는 근거로 삼았다. 관리나 백성 모두가 과세 대상이었는데, 권세가들은 청탁 등으로 탈루, 회피할 수 있었으나 일반 백성은 부담을 피할 수 없었다. 더구나 관청은 자산을 높게 평가하여 세액을 높일 수 있었다. 도망간 백성의 세금 분은 남아 있던 백성에게 나뉘어 부과되어 세금부담은 더욱 늘어났다.

7　강희제의 '성세자생인정 영불가부(盛世滋生人丁 永不加賦)' 조치 이후에 옹정제가 인두세[丁稅]를 토지세에 포함시켜[탄정입무(攤丁入畝)] 통일된 지정은을 징수했다. 인두세

에서 세금을 거두고 세액은 토지 면적으로 정하니 고관과 하위 관료, 수공업자, 직업이 없는 사람, 심지어 주택이나 점포, 전업(錢業)이나 은항(銀行)[8] 등 집에 토지가 없고 물건을 가지고 행상을 하는 사람은 종신토록 관청에 일전도 납부하지 않았다. 순치 원년에 이전 명대에서 징수했던 삼향(三餉, 요향, 초향, 연향)을 없앴다. 강희 연간에 다시 강소 지방의 지정은 40만 냥, 옹정 3년 소송도(蘇松道)의 지정은 45만 냥, 남창도(南昌道)의 지정은 17만 냥을 감했다. 건륭 2년 강성(江省) 지정은 20만 냥을 감경했다. 동치 4년 강남의 지정은 30만 냥, 강남의 조량 50여만 석, 절강(浙江)의 조량 26여만 석을 감했다. 처음의 제도가 이미 관대했으며, 그를 더 줄이고 또 줄였다. 세금을 감면한 것이 어진 정치의 첫 번째이다.

이전 왕조에서 부역이나 세금을 면제한 것은 한 향이나 현에 지나지 않았다. 우리 청조의 강희, 건륭 두 황제가 천하의 토지세를 모두 면제한 것이 여덟 차례였고, 전국의 조량을 네 차례 면제했다. 가경제 때에는 다시 천하의 조량을 한 차례 면제했다. 홍수나 가뭄으로 (세금을) 면제하거나 완화한 일은 항상 있었으며 (그 액수가) 수백만인 경우가 다반사였다. 위가 손해를 보고 아래가 이익을 얻었는데, 합산하여 계산하면 이미 경이나 해 단위를 넘어섰다. 백성을 관대하게 대한 것이 어진 정치의 두 번째이다.

를 토지세에 포함시켰기 때문에 부역부과를 위한 인정(人丁) 조사가 필요 없게 되었다. 이에 건륭제는 '편심(編審)'을 정지했다. 강희제의 조치도 강희 51년(1712년)이고 옹정제는 원년부터 탄정입무를 실시했으며 건륭제가 호구 편심을 영원히 정지할 것을 명령한 것은 건륭 37년으로 장지동의 착오이다.

8 전업이나 은항은 청대 일종의 금융기관으로, 전장(钱庄)이나 은호(銀號), 은항 등으로 지역마다 명칭이 다른 경우도 있었으나 취급하는 업무는 유사했다. 이들은 예금과 대출 업무 이외에 지폐로 사용될 수 있는 장표(莊票) 혹은 은전표(銀錢票)를 발급하고 태환과 환업무를 취급했다. 주로 장강(長江) 유역과 강남의 대도시에서 발달했으며, 청 말 전장업의 중심은 상해였다.

역대의 재난 구휼 사례는 역사서에서 찾아볼 때 그리 많지 않은데, 저장하고 있던 곡식 창고를 열거나 백성을 이주시켜 생계를 유지하게 했다. 송나라가 하북에 재난이 닥쳤을 때 부필(富弼)은 백성에게 기부하도록 권장하여 곡식 15만 곡(斛, 송나라 2곡=1석)을 모으고 관청의 곡식 창고를 열어 추가했다. 증공(曾巩)은 돈 50만 관(貫)을 사여해 줄 것을 청하여 곡식 100만 석을 마련했다. 항주(杭州)의 재난 때에 소식(蘇軾)은 도첩(度牒) 수백 부를 발행해 줄 것을 청했다. 우리 왕조는 재난을 당할 때마다 은혜를 크게 내리어 그때마다 수만 냥을 냈다. 광서제 이후로 매년 재난 구제의 사례가 끊이지 않았다. 정축·무인년(1877~1878년) 사이에 산서, 하남(河南), 섬서(陝西), 직예의 재난 구제에 지출한 돈이 3000만을 넘었다. 이 외에 경기, 강소, 절강, 사천, 호북, 호남 각 성(省)에 한 번에 수백만에서 100여 만을 지출하니 전례가 거의 없던 일이었다. 오늘날 재정이 궁핍하고 서양에 대한 채무가 늘어났지만, 구휼 자금이 많이 들어가도 애석해하지 않았다. 심지어는 (태자가 거주하는) 동궁(東宮)에 올리는 물품을 줄이고 (황실 재산을 관리하는) 소부(少府)가 황실의 사적 재산을 내었으니, 자애를 베풀어 널리 구제하고자 한 것이다. 백성의 재난을 구제한 것이 어진 정치의 세 번째이다.

이전에 국가가 큰 공사를 할 때 징발된 백성은 요역에 복역하면서 자신이 쓸 의식 비용을 모두 지출하고 관은 돈을 내지 않았다. 만리장성, 치도(馳道), 변하(汴河)의 공사는 말할 것도 없으며 수나라가 동도(東都, 낙양)를 조영하고, 명나라가 연경(燕京, 북경)을 만들 때 천하의 일반 백성과 장인을 징발하니 국내에 소동이 일어나고 사망자가 아주 많았다. 한나라의 자오도(子午道) 개착,[9] 양(梁)나라의 회하(淮河) 제방 건설,[10] 당나라의 광운담(廣

---

9   서한 말에 왕망(王莽)이 관중의 두릉(杜陵)에서 남산(南山, 지금의 진령(秦嶺))을 거쳐 한중에 이르는 역로를 팠다. 북을 자(子), 남을 오(午)라고 했기 때문에 남북으로 향하

運潭) 개통,[11] 송나라의 황하 물길을 둘러싼 논쟁[回河之爭][12]은 백성의 힘을 고갈시켰다. 청 왕조는 모든 공사에서 인건비를 지불했다. 하천공사를 예로 들어보면, 매년 통상 수백만을 들여 수리했으며 제방 한 곳이 터지면 천여만이 들었지만 모두 국고에서 발급했다. 하천 인근의 주민은 피해가 없을 뿐만 아니라 오히려 공사 때문에 풍족하게 되었다. 일하는 사람에게 혜택을 준 것이 어진 정치의 네 번째이다.

이전 왕조에서 관청이 민간의 물건을 구매할 때, 명목은 (거래 쌍방이 진심으로 공평한 교역을 원한다는 의미로) 화매(和買),[13] 화적(和糴)[14]이라고 했으나 관청

는 이 도로를 자오도라고 했다.

10 회하 제방은 회언(淮堰), 혹은 부산언(浮山堰)이라고도 한다. 514년 남조 양나라는 회수를 막아서 북위의 수양성(壽陽城, 지금의 안휘 수현(壽縣))을 수공으로 탈취하고자 부산에 제방을 쌓아 물의 수위를 높여 수양성을 침수시키려 했다. 2년여의 공사를 거쳐 516년에 제방이 완성되었는데, 그해 회수가 급격히 불어나 축조한 제방은 무너지고 주변의 주민 10여만 명이 죽거나 부상을 당했다.

11 742년 당 현종 때, 섬군(陝郡) 태수·영강회조용사(領江淮租庸使)였던 위견(韋堅)이 파수(灞水)와 산수(滻水) 두 강을 끌어들여 수로를 만들고, 영풍창(永豊倉) 부근에서 위수(渭水)와 합류하도록 하여 산동의 조운과 연결시켰다. 또한 장안성 금원(禁苑)의 동쪽에 망춘루를 건설하고 아래에 아주 깊은 호수를 개착하여 조운과 연결하니, 강회(江淮) 각 지방의 토산물과 보물을 실은 배가 모두 이 호수로 모여들며 수로를 따라 몇 리나 이어졌다. 현종은 망춘루에 올라 이 모습을 보고 그 아래의 호수에 광운담이란 이름을 붙였다.

12 회하지쟁(回河之爭)은 북송 신종과 철종 시기에 황하 물길을 강제로 바꾸어 옛 길로 돌아가게 하려 한 논쟁이었기 때문에 "물길 돌리기[回河] 논쟁"이라고 부른다. 이는 신구 두 물길을 비교하여 주류 물길의 방향을 잡으면 되는 비교적 간단한 문제라고도 볼 수 있으나, 당시의 치수 문제와 북송의 정치·경제·민족 문제 등이 복잡하게 얽혀 조정 내부의 당파 싸움과 연결되었다. 인종, 신종, 철종 시기에 걸쳐 황하 물길을 당나라 이후 지속되어 온 동쪽으로 회귀시키려는 공사를 일으켰으나, 참담한 실패로 끝났다.

13 거래 쌍방이 공평한 교역을 간절히 바란다는 것이 화매의 본래 의미였으나, 관청에서 민간의 물건을 억지로 빼앗는 것으로 의미가 점차 바뀌었다. 당나라 초에 화매는 비단

은 강제로 매긴 값을 지급하거나 혹은 아무런 값도 지급하지 않았다. 이런 일은 당과 송의 역사책, 상주문, 문집에서 볼 수 있는데, 민간의 피해가 아주 컸다. 우리 왕조는 궁중이나 관청에서 필요한 물품을 (구매할 때) 백성에게 어떠한 피해도 끼치지 않았다. 소주(苏州)·항주의 직물, 호북·광동 목재를 국고에서 돈을 내서 구매했기 때문에 상인과 지방의 하급 관리 모두 이득이 있었다. 상인이 관청의 공사를 맡거나 관청의 물건을 구매하는 일을 맡아 돈을 벌었다는 말은 들었지만, 상인이 관청에 물품을 납품하는 것 때문에 손해를 보았다는 말은 듣지 못했다. 자산(子産, 공손교)은 정나라 상인의 맹약에서 "강매하지 않고, 강탈하지 말 것"[15]을 언급했는데, 지금 그것이 실현되고 있다. 상인을 도와준 것이 어진 정치의 다섯 번째이다.

지방의 특산물을 조정에 올리는 제도는 요순 때부터 있었다. 한의 용안(龍眼)과 여지(荔枝), 당의 금조(禽鳥), 명나라의 준치는 모두 아주 구하기 어려운 물건이었기 때문에 관민에게 아주 큰 피해를 입혔으니, 그 외의 귀중품도 어떠할지를 미루어 알 수 있다. 우리 왕조에도 지방의 물건을 올리는 일이 있기는 하지만 공납하는 물건은 결코 진귀하고 기이한 것이 아니다.

제품, 가축, 목재 등이었으나 당 중기 이후 군대와 관청에서 필요한 각종 물품으로 범위가 확대되었다. 화매는 백성의 재산을 고려하지 않고 집집마다 분배하는 방식으로 진행되었기 때문에 빈민의 고통이 컸으며, 사실상 세금의 강제 배분이나 다를 바 없었다.

14 정부에서 민간의 양식을 강제로 수매했던 제도로서, 북위에서 청나라까지 실시되었다. 북위에서 당나라 중기까지 화적은 곡식을 저장하여 재난에 대비하고 백성을 구제하려는 의도가 담겨 있었다. 그러나 그 이후 백성에게 물건을 강제로 구매하는 성격이 점점 짙어졌으며, 송나라에 이르러 백성의 양식을 착취하여 병사를 양성하는 중요한 수단이 되었다.

15 춘추시대 말기의 정나라 재상인 자상은 상인 이익을 보호하는 법전인 『질서(質誓)』를 충실히 집행하여 정나라 상업의 전성을 이루었다. "네가 나를 속이지 않으면 나는 강매하지 않으며 강탈하지 않겠다. 네가 매매로 돈을 벌어 귀중한 재물이 있더라도 나는 관여하지 않겠다"라는 것은 자산이 상인 보호를 표방한 말이다.

광동은 돌벼루, 목향, 황등(黃橙), 말린 여지와 같은 것을 공납하고, 강남은 종이부채, 붓, 먹, 향약(香藥)과 같은 것을 바치며, 호북의 공물은 차, 죽순, 쑥, 칡 등이며 다른 성도 유사한데, 관청에서 돈을 지불하고 구입하기 때문에 지방에 피해를 주지 않는다. 예컨대 송 진종은 옥청궁(玉淸宮)과 소응궁(昭應宮)을 수리할 때에 필요한 목재와 돌, 금, 주석, 단청 등의 물건을 전국에서 두루 징발하여 궁벽한 산골짜기까지 낱낱이 뒤지고 안탕산(雁蕩山)까지 길을 놓으니, 세상의 사람들이 비로소 안탕산을 알게 되었다. 역사서에서는 "일이 완성되자 백성의 힘은 극도로 고갈되었다"라고 적었다. 송 휘종 때에는 (진귀한 돌과 식물을 운반하는 선단인) 화석강(花石綱)[16]이 홍성했으며 (화석강 배의 원활한 통과를 위하여) 집을 부수고 성을 파괴했으니 겁탈이나 마찬가지였다. 백성은 생활을 지탱할 수가 없어서 마침내 대란이 조성되었다. 지금 백성들은 궁궐에 공납해야 할 물건이 무엇인지를 알지 못한다. 공납을 줄인 것이 어진 정치의 여섯 번째이다.

역대 왕조에서 황제가 궁궐 밖으로 나가 움직이는 것이 백성을 가장 괴롭히는 것이었다. 한, 당, 송 이래로 동쪽에서는 태산(泰山)에서 봉선의식을 치르고 서쪽에서는 토지 신에 제사를 지내느라[17] 나라 전체가 소란스러

---

16 송나라는 육지나 하천으로 물자를 운반하기 위해 '강(綱)'을 조직했다. 예컨대 말을 운반하는 자는 마강(馬綱), 쌀을 운반하는 조직은 미향강(米餉綱)이라 불렀다. 화석강은 송 휘종 때에 강남지방의 진귀한 돌과 식물을 운반하기 위하여 조직한 선단으로, 하나의 '강'은 보통 열 척의 선박으로 이루어졌다. 당시 화석강을 지휘한 것은 항주의 조작국(造作局)과 소주의 응봉국(應奉局) 등이었다. 화석강이 통과하는 지방의 백성들은 곡식과 노동력을 제공해야 했으며, 때로는 배를 통과시키기 위하여 교량을 철거하거나 성곽을 부수기도 하여 강남지방의 백성에게 심각한 피해를 안겼다.
17 동봉서사(東封西祀)의 한 예로 언급되는 것이 북송 진종의 사례이다. 진종은 1008년 방대한 의장병의 호위를 받으며 동쪽의 태산에서 제사를 지내고, 1012년 서쪽의 분음(汾陰)에서 토지 신에게 성대한 제사를 지냈다.

웠다. 명 무종(武宗) 같은 이는 북으로 선화부(宣化府, 현재 하북성에 소속)와 대동부(大同府, 현재 산서성 소속)에 이르고 남으로는 금릉(金陵, 현재 강소 남경시)까지 갔는데, 멋대로 행동하며 법도를 파괴하니 군주의 덕과 맞지 않았다. 진나라와 수나라는 더욱 말할 것도 없다. 우리 왕조는 누차 남쪽으로 순행을 갔고, 역시 간간이 동쪽으로 순행, 서쪽으로 순행한 일이 있었다. 그런데 대체로 지방과 백성을 살피는 것을 중심으로 삼아서 하천의 공사를 실지 조사하고 바다의 제방을 살펴보고 재해를 조사하고 백성의 질병을 위로하며 인재를 찾으려고 했기 때문에, 통과하는 곳의 군현은 반드시 세금을 면제했다. 교량과 도로를 확장할 때 관청이 자금을 지출하는 것 이외에 대체로 염상(鹽商)이 자금을 대었기 때문에 누적된 적자를 면제해 주거나 혹은 포상을 했다. 지금까지 들리는 말이나 개인 기록에 따르면, 당시 시장은 번성했고 백성은 마음 편히 즐겼다고 하며 조그마한 번뇌나 근심의 말도 없었다. 사치를 경계한 것이 어진 정치의 일곱 번째이다.

이전 왕조는 정벌 전쟁에 여러 차례 민병을 동원했다. 한나라는 장강과 회하 일대에서 병사를 선발하여 흉노를 정복했고, 당나라는 관중(關中)과 삼보(三輔)의 군대를 동원하여 남조(南詔, 지금의 운남, 귀주, 사천 일대에 있었던 나라)를 토벌했다. 이 때문에 농지가 황폐해지고 집안은 흩어지고, 참전한 사람은 사상자가 과반으로 겨우 살아서 돌아온 사람은 얼마 되지 않았다. 당의 부병(府兵), 명의 둔위(屯衛)를 서생들은 좋은 법이라고 말한다. 그런데 본래 농부인 사람을 강제로 전투에 참여하게 하고 국경을 지키며 고통을 받게 하는 것은 근심스럽고 원망스러우며 처참하다. 사마온(司馬溫: 사마광)이 이 문제를 언급하고 우충숙(于忠肅, 우겸)이 개선한 적이 있었다. 북송은 징발하여 관군을 형성하고 농민으로 의용군을 만들고 보갑을 편성하여 훈련했는데, 당시 조정과 재야가 그를 우려했다. 우리 왕조의 군제는 농민을 피곤하게 하지 않으니, 금려팔기(禁旅八旗) 이외에 건륭 이전에는 녹영(綠

쁍)을 다수 사용했고 가경 연간 이후에는 향용(鄕勇)을 사용했다. 그 사람들
은 모집을 보고 자발적으로 온 것으로서, 급료를 받으니 기뻐하고, 결코 징
발되어 파견되어 온 일이 없었다. 군인을 배려한 것이 어진 정치의 여덟 번
째이다.

이전 시대에 국가에 큰일이 발생하여 재원이 부족하면 백성에게서 추렴
했다. 한나라, 당나라 이래로 모두 그러했는데, 오늘날에는 토사(土司)가
여전히 그 풍속을 유지하고 있다. 즉 송 선화 연간에 요를 정벌하기 위하
여 전국에 면부전(免夫錢) 6200만 민(緡, 1000문)(채조(蔡絛)의 『철위산총담(鐵圍山叢
談)』을 보라)을 내도록 분배했다. 선화 연간에 경제전(經制錢)을 만들고 소흥
연간 이후에 다시 경·총제전(經·總制錢)[18]을 두었으며, 월장전(月莊錢),[19]
판장전(版帳錢),[20] 절백전(折帛錢)[21] 등이 있어 1년에 수백만 민을 거두었지
만 장려하기 위해 주는 것은 없었다. 명 말에 군사를 동원하며 처음에 요
향을 추가하고, 이어서 초향을 추가하고 다시 연향을 추가하여 모두 2000만

---

18 경·총제전은 경제전과 총제전을 이르는 것으로, 송대의 부가잡세이다. 경제전은 북송
   휘종 때에 시작된 것으로 진구(陳遘)가 발운사(發運使) 겸 경제사(經制使)로서, 술이나
   논밭, 집을 매매할 때의 중개세와 정규 세금 이외에 추가 세금 등을 걷었기 때문에 경제
   전이라 한다. 이후 옹언국(翁彦國)이 총제사(總制使)가 되어 다른 명목을 만들어 세금을
   추가 징수했기 때문에 총제전(總制錢)이라고 부른다.

19 남송 시기에 군비 지출을 위하여 추가로 징수했던 세금 항목으로, 달마다 준비해야 할
   비용을 계산했기 때문에 월장전이라 불렀다.

20 금에 쫓겨 남쪽으로 내려온 남송 초에 징수한 군용 세금으로, 모든 곳에서 징수했다. 판
   장전의 액수가 너무 커서, 주·현의 관리는 불법성을 알면서도 민간에서 마구잡이로 거
   두어들이지 않을 수 없었다고 한다.

21 송나라의 여러 잡다한 세금 가운데 하나이다. 송 초에 관청이 민간에서 비단을 사들일
   때 돈과 소금으로 가격을 치렀다. 그런데 휘종 때인 1104년 돈과 소금을 주지 않으면서
   비단을 예전처럼 받아들이니 '비단 구매'가 세금으로 바뀌었다. 남송 초에 양절전운부
   사(兩浙轉運副使) 왕종(王琮)이 비단 1필당 2000전으로 환산하여 돈으로 받자고 건의하
   여 절백전(折帛钱)이라 부르게 되었다.

냥의 세금을 늘렸다. 이 방법을 실행하면 군사비 조달은 쉬울 것이다. 우리 왕조는 매번 하천 공사나 군대 모집이 있을 때 따로 군비를 모집할 계책을 세우고 민간에게 분배하지 않았다. 매년 기부금을 납부하도록 관직과 작위로써 장려하고, 아울러 학교 정원과 과거 합격자 정원을 늘려 장려했다. 조정은 상황에 맞는 임시 대책을 거리낌 없이 사용하여 종래 백성의 생활이 위협받도록 놔두지 않았다. 시의 적절한 방법의 실행이 어진 정치의 아홉 번째이다.

폭정의 진나라 때부터 형법은 범람하고 가혹했다. 양한(서한과 동한)과 수나라는 차이가 거의 없었고, 송나라는 약간 완화했으나 명나라가 다시 엄격하고 가혹하게 만들었다. 우리 왕조의 법은 공평하고 적당하여 그 어짊이 하늘과 같았는데 그 내용은 『대청률(大淸律)』에 담겨 있다. 하나, 멸족의 법이 없다. 둘, 육체적 형벌이 없다. 셋, 형벌을 심리하는 관청은 부당한 형벌이나 고문을 사용하는 것을 허락하지 않으며 이를 어기면 파면한다. 넷, 사형에 처한 죄 중에서도 다시 실제 상황을 분별하여 판결을 완화했다. 실제 상황에 가엾게 여길 만한 점이 있으면 형부는 황제에게 보고하는 문서에 부가 설명서를 첨부하여 칙명을 청하는데, 대체로 비교적 가볍게 처벌하는 것이 많았다. 다섯, 곤장 100대의 처벌은 실제로 곤장 40대로 줄였고, 여름철엔 날씨가 너무 더워서 감형(열심(熱審))[22] 명령을 내려 다시 32대로 감했다. 여섯, 노인과 어린아이는 관대하게 처벌한다. 일곱, 범죄자가 외아들인 경우에는 남겨두어 부모를 봉양하게 한다(유양(留養)).[23] 여덟, 사형

---

22 명·청 시대에 매년 소만(小滿) 이후 10일부터 입추 하루 전까지 날씨가 더워 유배형이나 태형, 장형을 규정에 따라 감형 처리하도록 규정했는데, 이를 열심(熱審)이라 한다. 영락제 때 처음 시작은 가벼운 죄를 저지른 자를 석방하여 처분을 기다리도록 하는 것에 한정되었으나, 이후 중범죄자로 불쌍히 여길 만한 점이 있거나 경죄의 감형 등에 적용된 사례가 나타났고 청대에도 그대로 따랐다.

에 처한 죄를 저지른 자를 옥에 가두어도 그 후사가 끊어지지 않게 한다. 아홉, 변경 지방으로 보내 군역에 종사하게 했던 충군(充軍), 유배형[流刑], 노역형[徒刑]에 해당하는 범죄자도 먼 지방으로 이주만 시켰다. 한나라 법의 성단(城旦)이나 귀신(鬼薪)²⁴과 같은 노역을 시키지 않으며, 송나라에서 사문도(沙門島)²⁵로 유배를 보낼 때 정원이 차면 바다에 던져버리던 사례와는 비교할 바가 아니다. 열, 관직에 있는 여성은 돈을 내고 속죄를 하도록 했다. 한나라가 직실(織室)²⁶로 보내고 당이 액정(掖庭)²⁷을 몰수하고 명이 교방(教坊)²⁸에 보내던 것과 같은 학정은 없었다. 사형에 처한 모든 사례는 삼법사(三法司)²⁹의 합동 심의를 거치고 추심³⁰에서 결정을 내릴 때 천자는

---

23 양친은 늙고 하나뿐인 아들이 사형 죄나 유배형의 범죄를 저질렀을 경우 양친을 봉양하기 위하여 남아 머무를 수 있도록 한 완화 조치이다. 북위 태화 연간에 처음 시작하여 청나라도 계속 연용했다.

24 성단은 진·한 시대 형벌의 하나로서, 진나라는 4년간의 병역에 복무하도록 하고, 한나라는 형기를 5년으로 확정했다. 밤에는 장성을 쌓고 낮에는 방어 업무에 종사했다. 귀신 또한 일종의 노역형으로 최초 종묘를 위해 땔감을 채집하던 것에서 명칭이 유래했다. 귀신은 관청의 잡역이나 수공업 노동과 기타 각종 육체노동에 종사했다.

25 묘도군도(廟島群島), 장산열도(長山列島)라고도 부른다. 산동반도와 요동반도 사이에 위치하여 황해와 발해(渤海)가 나뉘는 경계지점에 있다.

26 한나라 때 궁중에서 비단 예복 등을 직조하던 기구로서 미앙궁에 있었다.

27 궁중의 비빈이 거주하던 거처로서 액정령(掖廷令)이 관리했다. 진나라 때는 영항(永巷)이라 불렸으며 한 무제 때 액정(掖廷)으로 바꾸었고, 동한 시기에 둘로 나누고 액정령과 영항령을 두었다.

28 잡희와 여러 기예, 민간 음악을 가르쳤던 곳이다. 당 고조 때에 궁궐에 설치했다. 당 고조 때에 궁궐에 설치된 이후로 송, 금, 원 역시 교방을 두었고, 명은 교방사를 두었으나 청나라 때 폐지했다.

29 궁중 사법기관의 합칭으로, 한나라 때 정위(廷尉), 어사중승(御史中丞)과 사예교위(司隸校尉) 세 사법기관이 모여 회의를 하여 삼법사라 칭하게 되었다. 명·청 시대에는 형부(刑部), 도찰원(都察院), 대리시(大理寺)가 삼법사로서 중대 사건이 있으면 세 기관이 함께 심의했다.

소복을 입고 대학사는 문서를 받들고서 재삼 심의를 한 후에 사형을 결정했다. 국가에 경축 행사가 있다면 판결을 중지하고 처벌 등급을 낮추었는데, 1년 중에 사형 판결을 받는 자가 200~300명에 지나지 않았다. 이에 비해 한나라 문제 때는 1년에 400명을 사형에 처하여 훨씬 많았다. 만약 사형 죄가 아님에도 사형으로 판결된 것을 '실입(失入)'이라고 하고, 사형에 처할 죄임에도 가볍게 판결된 것을 '실출(失出)'이라고 한다. 한 사람을 사형으로 실입하면 사법관(얼사(臬士)), 순무, 그리고 총독으로 순무 직을 겸하는 자는 한 등급을 낮추어 임용하며 벌충을 허락하지 않는다. 실출 안건이 1~5개이면 직위는 유지하되 직급은 낮추며, 10개 이상이면 좌천시켜 전출시키고 칙령에 따를 것임을 선언한다. 만약 의심스러운 판결이 있다면 기존 조사 내용과 심문 사항을 두세 차례 다시 검토하고 심문하도록 조칙을 내려 잘못된 판결을 바로잡은 것이 셀 수 없을 정도이다. 역대 황제의 조서를 보면 이런 내용을 알 수 있다. 형벌을 신중하게 하는 것이 어진 정치의 열 번째이다.

예전에 남과 북에 왕조가 분립하여 대치하거나 중국과 외국의 관계가 나빴을 때, 백성이 납치되고 팔리고 외국의 노예로 전락하는 일을 당해도 조정은 관여하지 않았다. 청 왕조의 어짊은 해외까지 미쳤는데, 쿠바로 속아서 팔려간 쿨리, 미국에서 학대받는 중국인 노동자에 대해 사신을 특별 파견하여, 조약을 체결하여 중국인 노동자의 신체를 보호하고 가혹한 행위를 금지하고 없앴다. 이것이 노나라가 궁중의 돈으로 노나라 사람을 구해낸 것이나[31] 삼군(三郡)의 백성을 뽑아내어 한나라 땅으로 귀속시킨 것

---

30 청대 사형 사건에 대한 재심 제도이다. 이 제도는 명대의 조심 제도에서 발전했는데, 청대에는 조심 외에 추심을 하나 더 추가했다. 이 두 재판의 기본 형식은 같으나 추심은 성에서 보고한 사형수를 대상으로 했고, 조심은 형부가 처리한 사형수를 재심하여 처리 대상이 달랐다.

과 무엇이 다른가? 이것이 먼 곳까지 보호하는 것으로 어진 정치의 열한 번째이다.

이전의 무력을 뽐내던 왕조는 백성에게 손상을 입히면서 뜻을 이루었다. 우리 청조의 무공은 강희, 건륭 두 시기가 전성기였는데 그 당시에 무력을 과시했다면 무엇을 얻지 못했겠는가! 그런데 러시아가 알바진(Albazin)으로 내려오니 경계를 명확히 정하고, 캬흐타(Kyakhta)에서 규정을 바꾸니 새로 시장을 열어주고,[32] 베트남이 조정에 찾아오니 그 죄를 사면해 주고, 코칸드 칸국은 위세에 눌려서 영토 확장을 포기했다. 도광제에서 지금까지 서양 각국이 수차례 불화를 일으켰지만 오히려 온화하고 도탑게 그들을 대했다. 즉 기꺼이 자신을 낮추고 화의를 맺은 것은 백성을 사랑하고 아끼며 백성이 흉폭하고 맹렬한 화염 아래에서 피해를 입는 것을 견딜 수가 없었기 때문이다. 가령 (조선) 대원군의 난으로 조선을 탈취하고, (청불전쟁 때인 1885년 3월 프랑스군을 격퇴했던) 양산(諒山)의 승리를 기회로 베트남을 접수하는 것이 어찌 불가했겠는가? 전쟁을 하지 않는 것이 어진 정치의 열두 번째이다.

우리 청조가 사대부를 아주 후하게 대한 것은 송나라와 같다. 양한(서한, 동한)은 황제의 인척을 다수 임용했고, 북조는 무장을 다수 임용했으며 육

---

31 춘추시대 노나라의 법에는 노나라 사람이 다른 국가의 노비가 된 사람을 돈을 내고 구해내면 그 돈을 관청에서 받을 수 있었다. 이와 관련된 사실은 자공의 일화에서 볼 수 있다. 자공이 제후에게서 노나라 사람을 속죄하여 구출해 왔을 때 그 돈을 받지 않았다. 이에 대해 공자가 "자공이 돈을 받는다고 그 행위에 손상이 가는 것도 아닌데, 그 돈을 받지 않았으니 노나라 사람은 이제 더는 노예가 된 동포를 구출하려고 하지 않을 것이다"라고 지적한 적이 있었다.

32 1689년 네르친스크 조약과 1727년 캬흐타 조약을 말한다. 캬흐타 조약은 원래 중국 경내에 있던 통상 지역인 캬흐타의 구시가지를 러시아 영토로 귀속시켰다. 이에 중국은 구시가지의 남쪽에 따로 신시가지를 만들고 중국과 러시아의 통상 무역을 진행했다.

조는 귀족만을 중용했고 송나라는 (아버지와 형의 공적 덕택에 관직을 받는) 임자(任子)를 남용했다. 더 나아가, 위나라는 환관이나 노복(奴僕)이 주와 군의 장관이 되었으며, 당나라는 악공이나 장사꾼이 조정 관리가 되었고, 명나라는 도사와 목수를 육경(六卿)으로 삼았다. 원대는 제도 운용이 편파적이어서, 고관과 중요 직책은 오로지 몽골, 색목인이 차지했으며 한인·남인은 참여할 수 없었다. 우리 청조는 현명한 자를 등용하는 데 제한이 없어 출신은 변변하지 못하지만 재능이 뛰어난 인재에 혜택을 베풀었다. 황제가 학교에 친히 오셔서 시험 답안을 직접 검토하고 가난한 유생, 황제의 인척, 명문 귀족을 고루 등용했다. 또한 한과 위나라 때는 대신을 죽이는 것이 일상적인 일이었으며, 당나라 때는 지방관의 보좌관을 채찍으로 때리고, 조정에서 장형을 시행했다. 명나라 때는 동창(東廠)[33]과 북사(北司)[34]가 잔혹한 형벌과 정장(廷杖)[35]을 실행하여 충직한 신하의 피가 여기저기 흩뿌려져 천하는 어둡고 희망이 없었으니 천고에 일찍이 없었던 학정이었다.

---

33 동집사창(東緝事廠)을 줄여 동창이라 부른다. 명대의 감찰기관이자 특무기관 겸 비밀경찰이라고 할 수 있다. 명 영락제 때 동집사창을 설립했고 환관에게 운영을 맡겼다. 명 중엽 이후 금의위(錦衣衛)와 동·서 사창이 함께 병존하며 활동을 강화했기 때문에 통상 '창위(廠衛)'라고 불렀다. 동창이 금의위보다 권력이 강했으며 사법기관을 비준을 거치지 않고 임의로 백성을 감독 체포할 수 있었다. 동창은 오로지 황제에 대해서만 책임을 졌다.
34 북사는 북진무사(北鎭撫司)의 약칭으로 금의위 소속이었다. 금의위의 하속기관인 진무사는 사법부분을 거치지 않고 정찰, 체포, 신문 활동을 했다. 영락제 때에 금의위 진무사를 남북 두 개의 사로 나누었다. 남진무사는 금의위의 기강과 군율, 군내의 수공업 장인(軍匠)을 관장하게 하고, 북진무사는 황제가 정한 안건을 전담하며 자체의 감옥(詔獄)을 가지고 독자적으로 체포, 심문, 판결을 실행했다.
35 조정에서 곤장을 쳐 관리를 징벌한 것이다. 동한 명제 혹은 북주 선제 때 시작되었다는 설이 있다. 금나라와 원나라에서 보편적으로 시행되었고, 명나라에서 가장 심했으며 환관이 장악한 동창이 종종 정장을 실행했다.

우리 청조는 사대부를 예의로써 대하여 형벌을 잘못 시행하는 적이 없었으며 사대부를 욕보이지도 않았다. 또한 당·송대에는 관리가 지방으로 좌천될 때에 그날 즉시 출발해야 하고 기한을 늦추거나 연기할 수 없어 친구들이 송별을 할 수 없었다. 명대에 재상이 축출되면 즉시 낡은 수레를 타고 길을 떠나야 했다. 이전 왕조에서는 매번 (당파를 결성했다는 죄목을 지어 내 벼슬 길을 제한하는) 당고(黨錮)와 (거짓 학문이란 핑계를 지어 학문을 탄압하고 벼슬길을 막던) 학금(學禁)이 일어나 처벌이 여러 세대에 걸쳐 영향을 끼쳤으며 친한 벗까지도 연루되었다. 우리 청 왕조는 예의로써 진퇴를 시켰으며, 한 가지 잘못이 있다고 모든 것을 폐기하지는 않았다. 사대부를 중시한 것이 어진 정치의 열세 번째이다.

역대 황족의 인척이나 총애를 받은 신하들은 교만하고 제멋대로 행동하여 백성에게 피해가 아주 컸다. 한나라의 외척과 상시(常侍)[36] 북위의 왕족과 무신, 당의 귀족, 금군(禁軍), 오방의 애새끼들[37]과 감군칙사(監軍勅使), 원나라의 승려 무리와 귀족, 명의 번부(藩府), 광사(礦使),[38] 변방군, 제기(緹騎),[39] 방사,[40] 향관 등은 관리를 위협하고 모독했으며 힘없는 백성을 학대

---

36 상시는 중상시(中常侍) 혹은 산기상시(散騎常侍)의 줄인 말이다. 황제의 자문이나 고문 역할을 하고 밖으로 나갈 때에는 말을 타고 수행했기 때문에 황제가 총애하는 측근 신하가 임명되었다. 그런데 동한 때에 산기상시를 없애고 환관을 중상시에 임명했다. 위나라는 중상시와 산기상시를 합병하여 하나로 만들고 산기상시를 문인으로 충당했다.

37 오방(五坊)은 조방(雕坊)·골방(鶻坊)·요방(鷂坊)·응방(鷹坊)·구방(狗坊)으로, 황제의 매와 개를 관리하는 기구이다. 오방의 애새끼들[五坊小兒]이란 오방에 종사하는 말단 직원들이 권세에 의지하여 백성을 못살게 굴어 백성들이 미워하여 멸시하며 부른 말이다.

38 명 만력 연간에 몇 차례의 궁궐 화재와 영하지방에서 일어난 몽골인 보바이의 반란을 겪었고, 임진왜란이 발발한 조선으로 출병을 하면서 재정이 궁핍해졌다. 이에 만력제는 세수를 늘리기 위해 각지에 광감세사를 파견하여 백성의 부를 약탈하여 큰 불만을 야기했다.

39 금의위에 소속되어 붉은색 군복을 입고 말을 타고 다니며 범인을 체포 단속하던 하급인

하여 그 피해가 천하에 퍼졌다. 청조는 그러한 일이 하나도 없었으며 정치 명령은 명확하고 엄숙하여, 백성들은 생활이 편안했다. 법령에 따라서 일을 처리한 것으로 어진 정치의 열네 번째이다.

우리 왕조는 공신을 후하게 대접하고 전사를 잘 대우했다. 공을 세워 작위를 세습하는 자는 물론이고, 전쟁에서 희생한 자는 말단 관리라도 관직을 추증하여 세습 직위를 주었는데 3품의 경거도위(輕車都尉)[41]에서 7품의 은기위(恩騎尉)[42]에 이르렀다. 외위(外委),[43] 생원, 감생으로 순국을 한 자도 세습을 시켰다. 본래의 직위를 20여 차례 세습시키거나 혹은 서너 차례 세습시켰다. 세습 횟수가 다하면 모두 은기위를 수여하여 끝까지 세습하도록 했다. 청조 황실이 끝없이 이어지니 그 봉록 또한 더불어 무궁하다. 함풍에서 지금까지 경사, 순천부와 각 성에서 충의 포상을 주청한 것이 이미 수백 건에 이른다. 또한 관리가 전쟁 공로가 없더라도 황제의 일로 죽거나 과로나 병으로 죽은 경우 그 자식의 한 명을 관리로 임명하니 이를 난음(難

원을 말한다. 명대의 금의위 교위, 청대의 보군아문의 순라꾼[番役] 등이다.

40 명대에 종교 방술에 탐닉한 황제는 성화제(헌종)와 가정제(세종)였다. 성화제는 도교와 불교를 모두 좋아하여 승려와 도사가 황제의 총애를 받았다. 예컨대 방술을 배운 이자성(李孜省)은 종교상의 지위뿐만 아니라 중요 관직을 차지하고 환관, 후궁과 결탁하여 조정을 장악하여, 조정 신하의 진퇴가 그의 말에 달렸다고 할 정도였다. 홍치제(효종)가 즉위한 후 옥에 갇혀 죽었다. 홍치제와 정덕제를 이어 즉위한 가정제(세종)는 도교에 탐닉했다.

41 경거도위는 황실 종친이 아닌 다른 성을 가진 공신과 외척에게 내리던 작위로서, 실제 직권을 가진 것은 아니었다. 공후백자남(公侯伯子男)의 작위에 이은 제6위의 작위로서 1등급의 경거도위는 정삼품에 속했으며, 2·3등급의 경거도위는 종삼품이었다.

42 은기위(恩騎尉)는 정7품의 작위 명으로 세습할 수 있었다. 강희제는 공적이 세습 작위를 주기에는 부족한 전사자에게 상황을 참작하여 7품의 세습 관직을 내려주었는데, 건륭제가 이 전례를 참작하여 정식 제도로 만들었다.

43 청대의 무관명으로 처음에는 정원 이외에 위임 파견한 것이었으나 이후 정식제도로 정착되었다. 외위천총(外委千總)은 정8품, 외위파총은 정9품, 액외외위는 종9품이었다.

陰)이라고 한다. 한나라에서 명나라에 이르기까지 충의를 다한 신하를 이처럼 후하게 대한 적이 있는가? 충성을 권장하는 것으로 어진 정치의 열다섯 번째이다.

여기서는 가장 큰 일들을 열거했다. 이 외에 좋은 법과 좋은 정치는 이루 다 말할 수가 없다.

역대 성왕들이 계승하고 가법(家法)과 심법(心法)이 이어지길 250여 년, 나라 안의 백성은 날마다 깊고도 도타운 은덕 속에서 양성되고 윤택함을 누리면서 오늘에 이르렀다. 중국의 2000년의 역사와 서양의 50년 이전의 역사를 살펴보면, 그 나라의 정치가 이처럼 관대하고 인자하며 충실하고 두터운 것이 있었던 적이 있는가? 중국은 비록 부강하지는 못하나 천하의 사람들이 빈부귀천을 막론하고 모두 여유롭게 살면서 각자 그 생활을 즐겼다. 서양 국가는 그 국가의 위세는 강하지만 서민의 근심과 고통, 원한이 커져서 풀리지 않고 막혀 있다가, 기회를 만나면 폭발하여 군주를 살해하고 재상을 죽이는 일이 끊이는 적이 없었다. 서양 국가의 정치가 우리 중국만 못하다는 것을 알 수 있다.

지금 어렵고 우려스러운 시대에 직면하여 국가의 대우에 보답하려는 선비, 은혜를 감사히 여기는 서민은 각기 충애를 가지고 모두 국가와 한 몸이 되어야 한다. 윗사람을 해치고 난을 일으킬 수 있는 일체의 나쁜 생각과 폭력은 배척하고 듣지 말아야 하며 더러운 것처럼 피하고 매가 새를 쫓아내듯이 매섭게 그를 배척해야 한다. 하늘의 도에 순응하는 곳은 하늘이 반드시 도우니, (『시경』)「소아(小雅)」에서 꾸짖은 것과 같은 선량함이 없는 백성[44]이 이 세상에 어찌 있겠는가?

---

44 『시경』「소아·각궁(角弓)」에 나오는 "백성이 선량하지 않은 것은 서로 상대편만을 원망하기 때문이다(民之無良, 相怨一方)"라는 내용을 말한다.

제3장 윤리 확립/ 明綱

임금은 신하의 근간이며, 아버지는 아들의 근간이며, 남편은 아내의 근간이다. 이 말은 『백호통의(白虎通義)』가 『예위(禮緯)』의 말을 인용한 것이다. 동중서(董仲舒)가 말한 "도의 근원은 하늘에서 나오며, 하늘이 변하지 않으니 도 역시 변하지 않는다"라는 뜻도 위의 말과 본질적인 의미는 같다. 『논어』의 "은나라는 하나라의 예를 이어받았고, 주나라는 은나라의 예를 이어받았다"라는 말을 설명하며 "이어받은 것은 삼강오상을 말한다"라고 주를 달았다. 이는 『논어집해(論語集解)』에 나온 마융(馬融)의 설이고, 주자가 『사서장구집주(四書章句集注)』에서 이를 인용했다. 『예기』 「대전(大傳)」편에는 "가족끼리 서로 사랑하며 존귀한 사람을 귀하게 대하고, 연장자를 연장자로서 대우하며 남녀가 다르다는 것은 시대에 따라 변하고 바꿀 수 있는 것이 아니다"라고 했다. 오륜의 핵심이며 모든 행동의 근원으로 수천 년간 전해오면서 별다른 이의가 없었으니, 성인이 성인인 이유와 중국이 중국인 이유는 실로 여기에 있다. 임금과 신하 사이의 도리를 안다면, 민권의 설은 실행할 수 없는 것이다. 부자의 도리를 안다면 아버지와 아들을 똑같이 벌하고, 상복을 벗고(免喪) 제사를 폐지해야 한다는 설은 실행할 수 없는 것이다. 부부 사이의 도리를 안다면 남녀평등의 설은 실행할 수 없는 것이다.

서양 국가의 제도를 살펴보면, 상원과 하원은 각기 국가사를 논의할 권한이 있지만, 군주나 총통 역시 의원을 해산할 권리가 있다. 만약 군주나 총통이 생각하기에 의원이 제대로 일을 처리하지 않는다면 의회를 해산할 수 있으며, 의원을 다시 선출하여 재론한다. 군주국이나 민주국 모두 대체로 비슷하다. 서양 국가의 군주와 신민의 거리는 상당히 가까워, 의례는 간략하고 궁전은 멀리 떨어져 있지 않으며 좋아하고 싫어하는 것을 쉽게 소통한다. 그 군주의 존엄은 중국에 미치지 못하나 친밀과 애정은 중국보다 낫다. 만 리 밖에서도 군주의 명령이 행해지고 권위는 유지되어, 어기거나 속이는 일이 없다. 중국에 머물러 있는 서양인이 그 국가의 길흉사를 만날 때마다 축하하고 애도하고 근심하고 즐거워하는 것이 마치 자신의 일처럼 여기는 것을 보는데, 이것이 서양 국가의 고유한 군신 사이의 윤리이다.

'모세의 10계'는 여호와를 섬기는 것을 제외하면 부모에 효도하는 것을 우선으로 삼았다. 서양인도 부모상에 역시 상복을 입는다. 상복은 검은색으로 그 뜻을 나타내며 사당과 위패는 없지만, 실내의 책상 위에 그 조부모, 부모, 형제의 사진을 올려놓는다. 묘 제사는 없지만, 항상 묘를 살피러 가며 묘에 꽃을 꽂아 경의를 표하는 것이 서양 국가의 고유한 아버지와 아들 사이의 윤리이다(집안이 부유하고 아들이 장성하면 분가하는 것이 바로 진나라의 법이다. 서양인은 그 자식에게 하나의 기술을 가르쳐서 나이가 차고 기술이 성숙하면 독립하여 스스로 생계를 도모하게 하며 거처를 따로 하고 재산을 분리한다. 죽을 때가 되면 재산을 나누는데 남자, 여자가 모두 동등하며 친척과 친구에게도 나누며 그 자손에게만 한정하지 않았다).

음란에 대한 경계는 10계의 하나이다. 서양 풍속에서 남녀 교제에 대한 제한은 중국보다 느슨하지만 음란한 사람은 나라 사람들이 천시한다. 결혼할 대상에도 일정한 제한이 있어 아버지와 어머니의 친족에서 7등 이내의 자는 모두 혼인할 수 없다(7등은 아버지로부터 할아버지, 증조부, 고조부 이상의 7대에 이르는 것이며, 어머니 친족도 똑같이 적용한다. 따라서 고모, 외삼촌, 이모의 자녀, 내외종 사촌의 자식과 혼인할 수 없다). 혼인 때에 남자는 모직 옷을 입고 여자는 면사를 입으며 손님에게 주연을 베풀 때 여성도 주인 역할을 한다. 이것이 중국과 약간 다른 점이다(『예기』, 「방기(坊記)」에는 궁중에서 제후를 맞이하는 연회(大饗)에서는 부인(夫人)의 예를 폐한다고 나와 있다. 『좌전』에 이르기를, 소공 27년 공이 제나라에 갔을 때, 제나라의 왕이 공을 청해 잔치를 베풀었다. 자중(子仲)의 자식인 중(重)이 제나라 왕의 부인이 되었는데, (제나라 왕이) 공에게 인사를 드리라 하겠다고 했다. 이처럼 부인이 군주가 베푸는 연회를 치를 때에 폐단이 발생하기 때문에 폐지했다). 여자는 스스로 배우자를 선택하며(역시 부모의 승낙을 청하고 혼약을 맺는 것으로 함부로 야합하는 것은 아니다) 남자는 첩을 들이지 않는데, 이것은 중국과 크게 다른 것이다. 그러나 이런 것을 보고 남녀가 다르지 않다고 말하는 것은 잘못된 것이다. 서양인이 그 처를 사랑하고 존중하는 것이 지나치다 할 정도인데도, 그 국가의 정치, 의원, 군사, 회사, 공장에 여성이 참여한 적은 없다. 이것이 서양 국가의 고유한 부부의 윤리이다.

성인은 인류의 최고 수준을 위해 인정에 따라 예법을 제정했으며 품행과 절조를 상세하고 명확히 했다. 서양인의 예법 제도는 비록 간략하나 예의의 의미가 모두 없어지지는 않았다. 진실로 하늘의 질서와 백성의 일상규칙은 중국이나 외국이 대체로 같으니, 군주는 이것이 아니면 나라를 바로잡을 수 없고, 스승은 이 윤리가 없다면 가르침을 세울 수 없다. 서양을 중시하고 중국을 멸시하는 무리는 서양의 정치, 학술, 풍속의 좋은 점에 대하여 명료하게 알지 못한다. 서양의 지식을 배우지도 않으면서 오로지 서양의 겉껍데기와 낡은 풍속만을 받아들이고 우리의 가르침과 정치를 모두 버리고 서양의 것을 따르려고 한다. 먹고, 마시고, 입고, 노는 것, 주거와 풍습 모두 서양인을 따라하지 않는 것이 하나도 없으니 서양인은 매번 그를 비웃고 조롱한다. 심지어 중국 선비의 문학 모임도 예배일을 기준으로 만든 7일로써 날짜를 잡는다(예배일은 싱치(星期)라고도 부르는데, 기기국이 예배일(일요일)에 쉬는 것은 기기국 내의 서양인 직원이 그날 쉬기 때문에 그렇게 하지 않을 수 없다). 연해 조계에서 공공연하게 삼강을 폐지하자고 주장하는 자가 있다. 이는 온 세상을 제멋대로 어지럽히고 난 이후에 즐거워하려는 것으로, 이목을 두렵게 하는 것이 이보다 더한 것이 없다. 중국에 이런 정치가 없으며 서양에 이런 가르침이 없으니, 이는 나귀도 아니고 말도 아닌 상황이 되는 것이다. 나는 지구상의 모든 나라 군중이 삼강을 싫어하고 버릴까 두렵다.

제4장 정체성 인식 / 知類

종족 구별의 설은 그 기원이 아주 오래되었다. 『역경』「동인(同人)」의 괘는, 군자는 유사한 것을 모아서 사물을 판별한다고 했다. 『좌씨전』은 "우리와 같은 종족이 아니라면 그 마음은 반드시 다를 것이다. 신은 다른 종족의 제사를 받아들이지 않으며, 백성은 다른 종족에게 제사 지내지 않는다"라고 했다. 『예기』「삼년문」에서는 지각이 있는 무리는 같은 족속(族屬)을 사랑해야 한다는 것을 안다고 했다. 지식에는 가르침이 있을 뿐 종족을 나누지 않는다는 설은 우리 성인이 신과 같이 될 때 가능하고, 우리 중화 제왕이 예외 없이 통치할 때 가능한 일일 뿐으로, 타인을 일률적으로 대우할 수는 없다.

서양인은 오대륙의 사람을 다섯 종류로 나누었는데, 유럽인을 백인종, 아시아인을 황인종, 인도인을 갈색인종, 아프리카인을 흑인종, 아메리카 원주민을 홍인종이라 했다(유럽인종을 더 구분하면, 러시아인은 슬라브족, 영국·독일·오스트리아·네덜란드 사람은 게르만족, 프랑스·이탈리아·스페인 사람은 라틴족, 아메리카의 이주민[45]은 영국에서 이주했기 때문에 영국과 같은 백인종이다. 같은 인종은 성격이 서로 가깝고 또한 친하며 정감이 도탑다).

서쪽의 곤륜산맥에서 시작하여 동쪽으로 바다에 닿고 남으로는 남해에

---

45 원문에는 미주(美洲)의 재지자(才智者)라고 되어 있는데, 이를 아메리카 이주민으로 번역했다.

이르고, 북으로는 봉천, 길림, 흑룡강, 내·외 몽골을 포함하는 지역으로, 남쪽은 바다에 접한 베트남, 태국, 미얀마, 인도의 동·중·북을 포함하며, 동으로는 반도인 조선, 섬나라인 일본(일본의 지맥은 조선과 연결되어 있으며, 하나의 해협으로 분리되어 있을 뿐이다)에 이르는 이 땅을 아시아라고 한다. 이곳에 사는 사람을 황인종이라 하며, 모두 삼황오제의 가르침이 미치는 곳으로 천지 신명의 자손들이 분화된 곳이다. 수나라 이전의 불교 서적에는 이를 '진단 (震旦)'이라 불렀는데, 오늘날 서양 서적에서 중국인을 통괄하여 '몽골'이라 부르고(유럽과 중국의 교류가 원 태조에서 시작되었기 때문이다) 러시아어로 중국인을 '글안(契丹)'이라고 부르는데 이는 아시아가 같은 종족임을 보여주는 증거 이다. 그 땅은 하늘과 땅이 중화의 기운을 얻어 낮과 밤이 적절히 나누어 지고 춥고 더움이 딱 알맞다. 그곳에 사는 사람의 천성은 영리하고 착하며, 풍속이 온화하여 옛날부터 가장 존엄하고 가장 크며, 가장 잘 다스려진 나 라로 칭해져 왔다. 문명의 통치는 주나라에서 극성을 이루었는데, 문명 숭 상이 너무 지나쳐서 오히려 쇠락하니 공자가 이를 우려했다. 역대 왕조가 천하 통일을 이루어 외부에 강력한 인접 국가가 없으니 치장만을 중시하 여 실력이 없게 되고, 실력이 없어지니 약하게 되었다.

유럽 각국은 개척이 늦었지만, 오랫동안 우려하며 분발하여 전투력을 정교히 하고 각자 단련하여 멸망을 피하려고 하니 두려움이 쌓여서 분투 가 되고, 분투가 계속되어 강하게 되었다. 오직 우리 중국 사대부와 서민 은 어리석어 깨닫지 못하고 지난 50년 이래로 여러 차례 보고도 잘못을 시 정하지 않았다. 오만하고 게으른 생활을 계속하며 구차하게 연명하며 만 족하고 있었다. 이런 상황이 세상에 폭로되어 (중국은) 힘을 잃고 외국의 모 욕을 여러 차례 겪었다.

지금 나라 안의 선비 가운데 분발하여 지혜를 다하고 충성을 다하여 국 가를 어려움에서 구해내고자 하는 사람이 진실로 적지 않다. 그런데 어리석고 탐욕스러운 사람은 국가의 좋은 일이나 나쁜 일을 보고서도 무관심하여 조금도 마음을 쓰지 않는다. 이것은 태평천국이나 염군의 반란[46]에 빗대는 것은 아니다. 중화가 몰락하는데도 부유하고 지체가 높은 자들은 제멋대로 살고 있으며 이 임박한 위험을 틈타서 멋대로 탐욕스러운 행위를 한다. 서양인 동료와 연합하여 서양 상인이 되고 서양 땅으로 이주하여 서양 국적을 취득한다. 그리고 질 나쁜 사람은 안 좋은 말로 중국이 장래성이 없다고 심하게 헐뜯고, 성인의 가르침은 소용이 없다고 비방한다. 같은 집안을 나누어 경계를 만들고 서양인의 법을 들여와 동조하면서, 천하에 변고가 일어나면 그들에게 비호받기를 항상 기대하고 있다. 이와 같은 것을 어진 자는 혼란이라 말하고, 지혜로운 자는 아주 어리석다고 할 것이다. 인도가 영국의 식민지가 되니 인도인은 병사와 하급 무관이 되고 장교가 될 수 없었으며 학당에 입학할 수 없었다. 베트남이 프랑스의 식민지가 되니 중국인에게 인두세가 부가되었지만 서양인에게는 부가되지 않았다. 중국인은 증명서가 없다면 여행이 금지되었지만, 서양인은 그렇지 않았다. 쿠바가 스페인의 식민지가 되자 쿠바 토착인은 의회에 들어갈 수 없었다. 미국이 개척 초기에는 중국인에게 (노동력을) 의존했지만, 부강해진 오늘날은 중국인 노동자의 입국을 금지하고 서양인 노동자의 입국은 금지하지 않았다. 근래 도원(道員)[47] 아무개가 공금 수십만을 횡령하여 독일 은행에

---

46 염군(捻軍)의 난은 1853~1868년 안휘, 강소, 산동, 하남 지역에서 일어난 농민반란이다. 태평천국과 호응하며 청조의 통치를 위협했다.

47 도원(道員, 道台)은 성(省, 지방 장관은 순무(巡撫), 총독(總督))과 부(府, 장관은 지부(知府)) 사이의 도(道)의 장관이다. 청 초에 도원의 관위는 일정치 않았으나, 건륭 18년(1753년)에 일률적으로 정4품으로 정했다. 청대의 도원은 담당 전문 분야가 있거나 혹은 포정사와 안찰사의 부사 역할을 맡기도 했다. 조량을 전문으로 담당하는 도원은 양도(糧道)라고 불렸으며, 하천 관리를 담당하는 도원은 하도(河道)라고 불렸다. 도원은 단독으로 설립된 사례도 있지만, 다수는 업무를 겸임했고, 청대의 지방 행정 기구가 성·

예치했는데 그 사람이 죽은 후 은행은 예금계좌를 말소하고 약간의 변변 찮은 이자를 지급할 뿐이었다. 무릇 군자는 원한이 있더라도 자신의 고향에 해를 끼치지는 않는다. 따라서 왕맹(王猛)[48]은 죽을 때까지도 진(晉)나라를 정벌하지 말라고 했고, 종의(鐘儀)[49]는 감옥에 갇혀서도 초나라를 잊지 않았다. 악대심(樂大心)이 (자신의 출신 나라인) 송나라를 깔보자 그 집안이 망했고, 한비(韓非)가 한나라를 망하게 하자 그 자신도 목숨을 잃었다는 것을 군자가 알고 있듯이, 오늘날 어질지 못하고 지혜롭지 못하며 부끄러움을 모르고 다른 나라 사람을 위해 일하는 사람도 유사한 운명에 처할 것이다.

『좌전』소공 25년 봄 숙손야(叔孫婼, 숙손소자(叔孫昭子)라고도 함)가 송나라에서 벼슬자리를 얻자 동문우사(우사(右師)는 악대심이다. 동문(桐門)에 거주했다)가 이를 보고 천한 송나라 대부라고 말하며 사성씨(司城氏, 송나라의 경(卿))를 깔보았다. 소자(昭子)가 그에게 "우사는 자신을 망치려 하는가? 군자는 그 자신을 귀중히 여긴 이후에 다른 사람에게 능력을 발휘할 수 있는 것으로 이 때문에 예가 있는 것이다. 지금 당신이 당신 나라의 대부를 비하하고 그 가문을 천시했으니 이는 당신 자신을 천시한 것인데 어찌 예가 있다고 하겠는가? 예가 없으면 반드시 망한다"라고 말했다. 정공 9년 동문우사를 내쫓았다

부·현의 3급 체제이기 때문에 도는 사실상 성급 행정기구의 파생물이라고 할 수 있다.

48 5호 16국 시대 전진(前秦) 사람이다. 부견(苻堅) 밑에서 관료로 있었는데, 중앙 집권과 농업 생산에 주력하여 전진의 통치 기반을 다졌으며 승상의 지위까지 올랐다. 죽을 때 부견에게 (전진의 통치 아래에 들어온 예전의 진나라 사람들이 그 고국을 공격하는 것을 원하지 않는 것 같아) 진나라를 공격하지 말고 선비(鮮卑)와 강(羌)을 차츰 멸망시키라고 했지만 부견이 받아들이지 않았다.

49 춘추시대 초나라 사람으로 거문고와 유사한 악기를 연주하는 궁정의 악사였다. 초나라가 정나라에 패하여 포로가 되었을 때 수감 중에도 초나라의 관을 쓰고 음악을 연주하여 근본을 잊지 않았다고 칭찬을 받았다.

(주: 숙손소자의 말대로 귀결되었다).

『좌전』 애공 8년 오나라가 주나라 때문에 노나라를 공격하려고 숙손첩(叔孫輒)에게 물었다. 숙손첩은 "노나라는 유명무실하니 공격하면 반드시 뜻을 이룰 수 있을 것입니다"라고 대답했다. 물러 나와 공산불유(公山不狃)에게 말하니, 공산불유는 "예의에 맞지 않는다. 군자는 자신의 국가를 떠나도 적국에는 가지 않는다. 신하의 역할을 다하지도 못하면서 오히려 노나라를 정벌하려고 온 힘을 다하니 죽어 마땅하다. 임무를 맡기면 피해야 하는 것이다. 또한 사람이 본국을 떠나면 원한이 있다고 해도 고향에 화를 입히지 않아야 하는데, 지금 당신은 조그마한 원한으로 본국을 멸망시키고자 하니 나쁜 것이 아니겠는가?"라고 대답했다.

『자치통감』 6권에는 다음과 같이 쓰여 있다. "진왕의 하급 관리가 한비를 처벌하려고 하니 한비가 자살했습니다. 신(臣) 사마광은 말씀드립니다. 군자는 자신의 친족을 친근하게 여기는 것에서 시작하여 다른 사람의 친족까지 확대하고, 자신의 국가를 사랑하는 것부터 시작하여 다른 나라까지 확대함으로써 공적은 커지고 이름을 높여서 100가지 복을 향유하게 된다고 신은 들었습니다. 지금 한비가 진나라를 위하여 계획을 도모하고 먼저 자신의 본국을 없애려고 그 말을 팔았던 것이니, 죄는 죽어도 용서받지 못할 것입니다. 어찌 불쌍하다고 여길 수 있겠습니까?"

제5장 판단의 기준, 경전 / 宗經

주나라 말기에 도에 관한 견해가 여러 갈래로 나뉘어 여러 학파가 생겨났는데, 9류 10가로 나눌 수 있다. 그런데 그들은 특정 분야에서 남들을 앞서려고 했기 때문에 이치 분석이 정밀하고 주장은 명확했다. 그들 주장 가운데 이치[理]에 관한 언급은 종종 경전을 보충하기에 충분했고(건륭, 가경시대의 여러 유학자들은 제자백가의 책으로써 경전 글의 음과 뜻의 같은 점과 다른 점을 증명했기 때문에, 아직 제자백가의 책이 완전히 쓸모없는 것은 아니다) 세상의 변화에 대응했다. 그러나 대체로 명예와 이익을 얻으려는 마음이 있어 궤변을 늘어놓거나 제멋대로 여서 큰 도에 합치하지 않는 것 역시 많다. 예컨대 황자(皇子)는 마음에 대한 분석을 중시하고, 전자(田子)는 균분을 중시했으며, 묵자(墨子)는 겸애를 소중히 여기고, 요자(料子)는 사물의 구별을 중시했고, 왕료(王廖)[50]는 선제 공격을 중시했고, 아량(兒良)[51]은 상대의 공격을 기다렸다가 적을 제압하는 방법을 중시했다. 이는 편작(扁鵲)이 주나라에 갔을 때는 노인을 위해 치료하고, 진나라에서는 어린아이를 위해 의술을 행했던 것처럼 때에 맞추어 행동한 것에 지나지 않으니 어찌 그 진심이겠는가?

한 무제 때부터 백가를 모두 배척하고 오로지 육예(六藝)[52]의 내용을 판단기준으로 삼았다. 오늘날 학술의 흐름을 두루 이해하고 재능과 지혜를 늘려 어리석고 편벽된 천박한 유학자를 깨우치려면 제자의 학설을 함께 읽지 않을 수 없으나 당연히 경전의 뜻을 기준으로 삼아 취사선택해야 한다. 유향(劉向)은 『안자춘추(晏子春秋)』를 논하면서 "문장이 볼만하고 의리

---

50 왕료는 전국시대의 사람으로 병법가이자 명장이다. 왕료에 관한 역사 기록은 찾기 어려운데, 가의(賈誼)의 『과진론(過秦論)』에서 여러 명장들을 언급한 가운데 왕료가 들어가 있는 것으로 보아 전국시대 6국의 명장 가운데 하나였을 것으로 보인다.

51 예량(倪良)이라고도 부른다. 전국시대의 병법가로서 『예량병법(倪良兵法)』을 저술했다. 병법서에서 상대방이 먼저 움직이는 것을 기다렸다가 유리한 기회를 잡아 반격하여 상대방을 제압하는 것을 중시했다. 작전 경험을 총괄하여 다시 싸울 때 승리 획득에 유리하게 이용하려고 했다.

52 진나라 이전 시기 고대 학교의 교육내용을 말하는 것으로 예(禮, 예법), 악(樂, 음악), 사(射, 활쏘기), 어(御, 말타기 또는 마차 몰기), 서(書, 서예), 수(數, 수학)였다. 진·한 이후에는 『예기』, 『악경』, 『서경』, 『시경』, 『역경』, 『춘추』를 가리킨다.

가 본받을 만하니, 육경의 뜻에 부합한다"라고 말하였다. 이것이 제자를 읽는 기준이라고 할 것이다(『한서(漢書)』「예문지(藝文志)」에서는 "만약 육예의 내용을 익히고 아홉 학파의 이론을 보고 단점을 버리고 장점을 선택한다면 모든 방면의 핵심에 통할 수 있을 것이다"라고 했는데, 그 뜻은 이와 같은 것이다). 성인의 도는 크고도 넓어서 인물과 때에 알맞게 맞추지만, 한쪽에 치우치지 않고 핵심은 공정한 올바름(中正)으로 귀결된다. 따라서 9류의 정수는 모두 성인의 학문에 담겨 있으며, 9류의 폐단은 모두 성인의 학문이 배척하는 것이다.

　제자가 난잡하다는 것은 말할 필요도 없다. 정치에 가장 해롭고 일을 그르치며 오늘날 시행한다면, 반드시 화를 불러올 것을 여기에 들어보자. 예컨대 『노자』는 무위(無爲)를 숭상하여 예를 혼란의 으뜸으로 여기며 여성성을 지킬 것을 주장하니 강한 것을 악의 무리로 보고, 자연 그대로 되어가는 대로 놔두어야 한다고 생각하니 충신이 나라를 어지럽히는 것으로 여긴다. 『장자』는 (성군인) 요(堯) 임금과 (폭군인) 걸(桀) 임금을 차이가 없게 만들어 총명한 것을 쫓아냈으며, 범(凡)나라의 멸망을 멸망이라고 할 수 없으며, 초나라의 생존을 생존이라고 할 수 없다고 말했다.[53](이는 우화로서 해석할 수 없다) 『열자』「양주」편은 오로지 좋아하는 것을 하고 싶은 대로 하면서 명예가 훼손되는 것을 신경 쓰지 않았다. 『관자(管子)』는 너그러운 것은 백성의 원수이고 (엄격한) 법이 백성의 부모라고 하면서, 여러 내용을 뒤섞으며 남의 것을 아주 많이 빌려와서 도가, 법가, 명가, 농가, 음양가, 종횡가의 설을 함께 담았다. 『묵자』의 겸애는 이미 맹자에게서 배척을

---

53 『장자』에 나온 말이다. 초나라 문왕이 범나라의 국왕과 함께 있은 지 얼마 안 되어 초나라 문왕의 신하가 몇 차례에 걸쳐 범나라가 이미 멸망했다고 보고했다. 범나라의 국왕은 다음과 같이 말했다: 범나라의 멸망이 우리의 존재를 없애버릴 수 있는 것은 아니다. 마찬가지로 초나라가 존재한다고 계속 존재할 수 있는 것은 아니다. 이렇게 본다면 범나라는 멸망한 적이 없었으며, 초나라 또한 존재한 적이 없는 것이다.

당한 것은 물론이고 『묵자』의 「비유(非儒)」 「공맹(公孟)」 두 편은 거칠기가 이루 말할 수 없으며, 「경(經)」 상·하와 「경설(經說)」 상·하의 네 편은 명가의 고상한 주장으로 비록 산학, 역학, 광학 이론이 약간 들어 있으나 불완전하여 읽을 만하지 못하여 쓰임에 도움이 되는 것이 없다. 『순자』는 비록 명목은 유가라고 하지만 (「비십이자(非十二子)」편에서 유가를 포함한) 열두 명의 사상가를 비난하고 성악설을 주창했으며 후왕을 본받자고 주장하며 『시경』과 『서경』을 낮추었다(높게 대접하고 낮게 천시하며 고하를 구별하는 것에서 낮춘 것을 보라). 이 설이 전해진 후 세상의 도와 경전에 화가 되었다. 신불해(申不害)는 오로지 술(術)만을 사용하니, 견해는 천박하고 행동은 비천하며 군주에게 정직하게 행동하지 않도록 가르쳤다(한비자와 그의 책에서 인용한 것). 한비는 신불해의 술을 사용하고 상앙의 법을 같이 사용했는데, 잔혹하기가 이루 말할 수 없었고 군주에게 사람을 신임하지 말고 덕을 닦는 데 힘쓸 필요가 없다고 가르쳤다. 상앙은 횡포하여 효제인의를 모두 폐기했으니 논할 만한 것도 못 된다. 이 외에 『여람(呂覽)』(『여씨춘추』)에 많은 옛이야기가 들어 있는데 대체로 유가에 가깝다. 『안자(晏子)』는 유가와 묵가에 두루 통하여 장단점이 모두 있다(유향(劉向)은 그 가운데 공자를 비난하는 것은 말 잘하는 사람이 거짓으로 끼워 넣은 것이라고 한다). 『전국책』은 세상의 변화를 고찰했으니 없애버릴 수 없다(조공무(晁公武)는 『전국책』을 자부(子部)에 넣었으나 오늘날에는 사부(史部)에 넣는다). 『손자(孫子)』, 『오자(吳子)』, 『위료(尉繚)』는 군사전문학으로 도를 해치지 않는다(『손자』는 단지 「용간(用間)」편 말미에 오류가 있을 뿐이며, 『위료』는 「병령(兵令)」편 말미에 오류가 있을 뿐이다). 윤문(尹文), 신도(愼到), 갈관(鶡冠), 시교(尸佼)는 채용할 만한 것이 많지 않다. 공손룡(公孫龍)은 말만 그럴듯하고 내용은 없으며 귀곡(鬼谷)은 음험하고 잔인하며 야비하여 볼만한 것이 없다. 『관윤자(關尹子)』는 불교 서적을 다수 베꼈다(또한 후세의 도교 말들이 들어가 있다). 『문자(文子)』는 모두 『회남자(淮南子)』를 답습했으니 위작이다(서한의 유가 학자인 가장사(賈長沙: 가의), 동강도(董江都: 동중서), 유자정(劉子政: 유향)은 모두 유가의 대가로서 『설원(說苑)』, 『신서(新序)』가 가장 순수하고 올바르다. 『신서』는 이미 없어진 부분이 많고 『춘추번로(春秋繁露)』는 깊고 오묘한 이치가 자못 많다. 그런데 동중서는 『공양전』을 연구하면서 시간적으로 후대에 나온 학자의 주장을 그대로 따른 것이 많아 자칫하면 아주 어리석다는 책망을 받을 수 있으니 구별하여 읽어야 한다. 『법언(法言)』은 글재주가 뛰어날 뿐이며 『공총자(孔叢子)』, 『공자가어(孔子家語)』에는 핵심적인 말들이 많으며 공자학파의 자취도 함께 싣고 있는데, 비록 덧붙인 부분이 있긴 하지만 핵심은 모두 근원이 있는 것이다. 근래 사람들이 왕숙(王肅) 등의 위작이라고 하지만 너무 가혹한 평가이다. 도가의 『회남자(淮南子)』와 같은 것은 옛날 연구에 도움을 줄 수 있으며 간혹 심오한 이치가 있다).

제자서의 오류는 대체로 쉽게 발견할 수 있다. 배우는 사람은 그 화려한 문장을 좋아하거나 한 가지 의미만을 떼어내어 사용할 수 있겠지만, 설사 그 내용의 본질이 사리에 어긋나고 위험한 것은 아니라고 할지라도 일 처리에 효용성이 있거나 실제로 실시될 수 있는 것은 거의 없다. 오로지 『노자』만이 도에 깊이가 있고 효용도 비교적 넓다. 그러나 후세의 군주와 신하가 안일을 추구하고 국가를 그르치는 풍조를 열었으며, 식견이 좁은 유학자들이 내용도 없이 현실과 동떨어져 학문을 중단하는 폐단을 낳고, 교활한 관리와 선비가 속임수를 써서 사익을 추구하고 연약하고 부끄러움을 모르는 풍습을 낳았으니, 그 피해 역시 가장 크다. 서한의 초기에는 성과를 냈지만 2000년 후에 폐단이 나타나서, 둔하고 약해빠져 스스로 떨쳐 일어설 수 없는 중화를 양성한 것은 노자의 학문 때문이다(아주 뛰어난 솜씨는 서투른 것과 같다는 말이 가장 해로운 것이다. 이는 세속에서 아주 재빠르게 권세에 빌붙어 이익을 꾀하는 기술을 말할 때나 가능한 것이다. 하늘과 땅을 측정하고 무기를 만드는 것에서 정교하면 그 자체로 정교한 것이고 서투른 것은 그대로 서투른 것이지 어찌 정교한 것과 서투른 것을 서로 유사한 것으로 취급될 수 있겠는가? 수십 년 동안 중국인이 지혜를 늘릴 수 없었던 것은 모두 이런 설의 오류 때문이다). 따라서 노자를 공부하면 신체가 마비되어 버리고, 다른 제자의 학문을 공부하면 미쳐 날뛰게 된다. 동중서는 말하기를 "방향을 바로 잡으려면 북극성을 보고, 의심스러운 것을 바로잡으려면 성인을 본다"라고 하였다. 만약 성인의 경전으로 절충하지 않는다면 방향을 구분하지 못하고 사리를 깨닫지 못하는 것이 계속되어 진흙에 빠져서 필시 죽을 것이다.

제자만이 그러한 것은 아니다. 여러 경전은 간단하면서도 오래되어서 그 가운데에 애매한 뜻과 이설이 다수 있는데, 어떤 것은 내용이 없어지고 어떤 것은 후대 유학자들이 오해한 것이다. 한나라 건국 초기에 학문을 왜곡하며 권력에 아첨하여 학문을 세우려고 했고, 평제(平帝)와 애제(哀帝) 때에는 참위설을 만들어 큰 악당에 아첨하니 아주 괴이한 말이 더욱 늘어났다. 예컨대 문왕이 천명을 받았고, 공자가 왕을 자칭했다는 것과 같은 것으로, 이는 공자의 70제자의 말이 아니라 바로 진과 한의 경학박사의 설인데, 『공양춘추』를 말하는 자가 가장 심하다(주나라를 바꾸어 노나라를 왕으로 삼고자 (공자가) 『춘추』를 지어 새로운 왕의 법제로 삼도록 했다). 건륭, 가경 시대의 여러 유학자들은 옛것을 즐기고 어려운 것을 좋아하여 그것을 설명하려고 힘을 다하였는데, 그 풍조가 갈수록 제멋대로 되었다. 그 여파는 계속 커져서 실로 오늘날 세상의 이치에 맞지 않는 것이 있으니 비방과 신묘한 약이라도 종종 커다란 독이 되어 사람을 죽이는 것과 같다. 예를 들자면 근래 유학자들의 『공양』 이론에서 공자가 『춘추』를 지으니 (왕조를 교체할 수 있게 되어) 난신적지가 기뻐했다는 것과 같은 것이다.

여러 경전의 뜻은 복잡하고 이해하기 어렵고 의견이 달라 확정하기 어려운 것이 있는데, 당연히 『논어』, 『맹자』로써 그것을 절충해야 한다. 『논어』와 『맹자』의 글은 간략하면서 뜻은 명확하고 또한 여러 경전의 기준이다(정이천은 『논어』와 『맹자』를 탐구하면 하나로 귀결되는 곳이 있으니, 이것으로 다른 경전을 보면 힘을 많이 절약할 수 있다고 말했다. 『논어』와 『맹자』는 자나 저울과 유사한 것이다). 도광

이래로 학자들이 위서와 불교 서적으로써 경학을 논하는 것을 좋아했고, 광서제 이래로 주나라와 진나라의 제자를 연구하는 것을 좋아했다. 그 폐해는 공부를 좋아하는 여러 군자가 전혀 예상하지도 못한 것이 있으므로 이 글로써 충고하는 것이다.

제6장 국가권력 확립 / 正權

오늘날 세상에 울분을 토하고 세태를 비판하는 선비는 "외국인들이 횡포를 부리고 군인 장령은 전투 능력이 부족하며 고위 대신은 기존 제도를 묵수하고 교육 관료가 교육을 진흥하지 않고, 행정관리들은 공·상업을 중시하지 않는다"라고 비판한다. 이에 민권의 논의를 제창하여 군중을 규합하고 스스로 떨쳐 일어나도록 하자고 말한다.

　아아! 어찌 혼란을 부르는 말이 아니겠는가! 민권의 설은 백해무익하다. 장차 의원을 세우겠다고? 중국의 선비와 백성들은 오늘날까지 안일하게 낡은 것에 안주하며 새로운 것을 받아들이지 않는 자가 아직도 많아, 세계의 대세를 알지 못하고 국가의 경영에 밝지 못하며 외국의 학문장려와 정치개혁, 군사훈련과 무기 제조의 핵심에 관심도 없다. 혼란을 일으키는 사람들을 한곳에 모아 보면 똑똑한 자는 한 명이고 어리석은 자가 100명으로 헛소리와 잠꼬대나 해대니, 장차 어디에 이들을 기용할 수 있겠는가? 외국에서 재정 조달 등의 일은 하원에서 중점 처리하고 입법 등의 일은 상원에서 중점 처리하는데, 집에 중등 정도의 자산이 있어야 의원으로 선출될 수 있다. 오늘날 중국 상인은 거대한 자금을 가진 자가 아주 적고, 중국 민중 또한 원대한 뜻이 없어 재정 조달을 의논하려고 하면 이리저리 미루며 침묵할 것이니 의회가 있으나 없으나 마찬가지이다. 이것이 첫 번째 무익함이다.

회사를 설립하여 공장을 여는 것은 어떠한가? 자본이 있는 사람이 스스로 투자자를 모아서 운영하고, 기술이 있는 사람이 스스로 동업자를 모아서 기계를 제조하는 것은, 본래 법으로 금지한 것이 아닌데 반드시 권리가 있어야 하는가? 중국 상인은 천박한 습관이 있어 투자자 모집을 핑계로 사기를 치는 일이 항상 있었기 때문에, 만약 관청이 그를 징벌할 수 없다면 회사의 자본은 하나도 남아나지 않을 것이다. 상품 제조 공장을 관청이 규제하지 않는다면, 한 공장이 이익을 낼 경우 100개의 공장이 모방하고 상표를 사칭하며 기술자들은 시끄럽게 싸울 텐데 누가 그것을 막을 수 있으리오? 이것이 두 번째 무익함이다.

학당을 개설하는 것은 어떠한가? 지금까지 신사와 부유한 사람이 돈을 기부하여 서원을 만들고 (가난한 집 어린이를 위해) 의학(義學)을 세우고 (자선기관인) 선당(善堂)을 설립하면 관례에 따라 표창을 시행했는데, 학당 개설을 금지할 이유가 어디에 있는가? 무엇 때문에 민권이 있어야 한단 말인가? 만일 관권을 모두 폐지한다면 학업을 완성한 인재들이 관직에 진출할 방법이 없으며, 매달 급식 보조비를 받을 희망도 없어지니 그 누가 공부를 하려고 하겠는가? 이것이 세 번째 무익함이다.

군대를 양성하여 외국의 침략을 막는 것은 어떠한가? 우수한 무기를 만들 공장이 없고 전함을 만들 도크도 없어서 외국에서 구매하려고 하나 관청의 소유가 아니라면 수입할 수 없으니, 맨손의 오합지졸로써 어찌 싸울 수 있겠는가? 하물며 군사는 군비가 있어야 하는데, 국법이 없다면 어떻게 세금을 거둘 수 있는가? 국가가 보장하지 않으면 어떻게 외국에서 돈을 빌릴 수 있는가? 이것이 네 번째 무익함이다.

지금 중국은 강성하고 힘 있는 나라는 아니지만, 백성이 여전히 생업을 잘 유지하고 있고 조정의 법률이 그것을 지탱하고 있다. 민권의 설이 퍼져 나가면 어리석은 백성은 기뻐하고 불순한 무리가 활개를 쳐서 기강은 통용되지 않고 온 천지에 대란이 일어날 것이다. 민권을 주장한 사람이 어찌 홀로 편안하게 살아갈 수 있겠는가? 또한 도시를 약탈하고 교회당을 훼손하면 외국 각 국가가 교민 보호를 명목으로 군함과 육군으로 깊이 쳐들어와 점거하여 모두가 그들에게 복속되는 것이 나는 두렵다. 이러한 민권의 설은 진실로 적들이 원하는 것일 뿐이다(혹자는 (외국의) 무리한 요구에 대하여 민권은 조정이 원한 것이 아니라고 하여 책임을 회피할 수 있다고 하는데, 이것은 커다란 오해이다. 만약 내가 스스로 국가법령으로 (국내의 일을) 제압할 수 없다고 말을 한다면 그들은 스스로 병력을 동원하여 위협할 것이다).

예전에 프랑스가 폭군의 학정에 시달린 후 온 나라가 들고 일어나서 위아래 계층이 서로 공격하고 마침내 민주의 국가를 만들었다. 우리나라는 어진 정치를 펼치고 혜택을 많이 주며 조정이 가혹한 정치를 한 적이 없는데, 무엇이 안타까워 이런 재난을 불러들여 자신에게 화를 입히고, 천하에 재앙을 초래하는가? 이것이 소위 말하는 백해무익하다는 것이다.

외국 민권설의 유래를 살펴보면, 그 뜻은 국가에 의회가 있으면 민간에서 공론을 형성하여 여론을 전달할 수 있다는 것에 지나지 않는다. 백성들이 그 생각을 말할 수 있도록 하는 것이지 백성들이 그 권력을 장악하도록 하려는 것은 아니다. 번역자가 서양어를 바꾸면서 민권이라고 했는데, 이는 잘못된 것이다(중국에 온 미국인은 미국 의회 선거의 폐단을 말하면서 아래에서는 개인 이익을 추구하고 위에서는 편향된 견해를 내세우는 것을 심히 우려하였다. 중국인이 의회를 흠모하는 것은 모두 깊이 고찰하지 않고 하는 말이다). 심지어 최근 서양의 견해를 주워들은 자는 사람마다 모두 자주의 권한이 있다고 말하고 있는데 더욱 괴이하고 망측하다. 이 말은 성경에서 유래했는데, 상제가 사람들에게 정신을 부여하여 사람마다 각기 사리 분별과 지력이 있으니 모두가 무언가를 할 수 있다는 뜻이다. 이 말을 사람마다 자주의 권한이 있다고 해석하여 번역했는데, 이는 커다란 오류이다. 군주국, 민주국, 군민공주(君民共主)의 나라를 막론하고 서양의 여러 나라는 국가마다 정부가 있고, 정부에는 반드시 법이 있다. 행정부에는 행정법이 있고, 군대에는 군법이 있으며, 공업에는 공업법, 상업에는 상법이 있다. 변호사는 법을 숙지하고 법관이 (법률 적용을) 관장하는데 군민 모두 법을 어길 수 없다. 정부의 명령은 의원이 반박할 수 있다. 의회가 정한 것은 조정이 거부할 수 있다. 이를 보면 사람들에게 자주의 권한이 없다고 말하는 것이 맞지, 어찌 사람들이 자주의 권한을 가졌다고 말할 수 있겠는가? 무릇 떠들썩하게 다투는 시장에도 공정함이 있고 도적 떼에는 우두머리가 있기 마련이다. 그런데 사람마다 자주의 권한이 있다고 한다면 각 가정은 자신의 가정만을 위할 것이요, 마을은 그 마을의 이익만을 생각할 것이다. 선비는 앉아서 먹기를 원하고 농민은 세금을 면제받길 원하고 상인은 이익 독점을 바라며 수공업자는 가격을 높이기를 바라고 직업이 없는 빈민은 약탈을 바랄 것이다. 아들은 아비를 따르지 않고 제자는 선비를 존중하지 않으며 부인은 지아비를 따르지 않고 지위가 낮은 사람은 높은 사람에 복종하지 않아 약육강식이 되어 인류가 멸망하고 나서야 끝이 날 것이다. 전 세계 모든 국가에 이런 정치는 없으며 오랑캐 야만인도 이러한 풍속은 없다. 지금 외국에 자유당이 있다. 영어로 리버티(liberty)라고 말하는데, 모든 일을 공정하게 말하여 대중에게 유익하니 공론당이라고 번역할 수는 있어도 자유라고 번역하는 것은 옳지 않다.[54]

중국을 강하게 만들어 외부의 침략을 막아내는 계책은 충성을 호소하여 천하의 마음을 합치고 조성의 위세로써 천하의 힘을 모으는 것인데, (이것은) 영원히 변치 않는 진리이다. 과거와 현재, 중국과 외국 모두에서 바꿀

---

54 장지동이 Liberty를 공론으로 번역해야 한다고 주장한 것은, 당시 '자유'의 의미는 자기 멋대로 하는 방종의 의미에 가깝기 때문에 받아들이지 않고 공론으로 번역할 것을 주장한 것이다.

수 없는 이치이다. 예전에 도척은 무예가 뛰어나고 군중을 거느렸지만 한 읍도 점거할 수 없었다. 전주(田疇)의 도덕과 명망은 사람을 감복시켰지만, (조조에 의지하지 않고 자신의 힘만으로는) 오환을 막을 수 없었다. 조적(祖逖)은 지혜와 용기가 있고 전투에 뛰어났으나 (조정의 도움이 없어) 중원에서 자립할 수 없었고, 남쪽 진(晉)나라의 지원을 받아 마침내 석륵을 막아낼 수 있었다. 송나라가 변경(汴京, 지금의 개봉(開封))을 버리고 남쪽으로 천도하니 중원 수천리의 유민들 각각이 스스로 주인이 될 수 있었다. 그런데 양하(兩河) 지역[55]은 성채를 쌓고, 섬주(陝州)는 성벽으로 에워싸서 방어했지만 스스로 지킬 수 없었다. 송이 한세충(韓世忠), 악비(岳飛)를 대장으로 삼고서야 금나라를 깨뜨리는 공적을 이룰 수 있었다. 팔자군(八字軍)은 태행산 지역에서 일어난 민간 성채의 의용군이었는데, 처음에는 싸움을 못하는 척하며 적을 속였지만, 유기(劉錡)가 팔자군을 이용하고 난 다음에[56] 순창(順昌) 전투에서 승리했다. 조종인(趙宗印)은 관중에서 군사를 일으켜서 연전연승했으나 조정의 군대가 부평에서 패배하자 그 군사들은 흩어졌다. 송나라가 오개(吳玠)와 오린(吳璘)을 장수로 기용한 이후에 전촉(全蜀)을 위험에서 보호했다. 대체로 국권만이 적국을 막을 수 있고, 민권은 결코 적국을 막아낼 수 없다는 것은 형세상 당연하다. 중국번이 집안을 지키기 위해 단련을 운영한다고 말은 했지만 태평천국군과 교전한 이래로 의용군을 모집하고 전함을

---

55 송나라 시기에 하북과 하동 지역을 양하라고 지칭했는데, 지금의 산서와 하북의 중남부 일대를 말한다.

56 팔자군은 1127년에서 1133년 사이에 남송과 금나라의 전쟁 과정에 참여했던 부대이다. 팔자군은 '참된 마음으로 국가에 보답하여, 금나라 적을 죽일 것을 맹세한다(赤心報國, 誓殺金敵)'라는 여덟 글자를 얼굴에 새겼기 때문에 생긴 이름이다. 처음에는 태행산 지역의 의용군이었으나, 후에 유기 산하의 관군에 편입되어 금나라 군대와의 전투에서 탁월한 공적을 세웠다.

만들면서 국가의 재정으로 원조를 받았다. 또한 국가의 상벌로써 동기를 부여하며 돈독한 충성심, 백절불굴의 기지로 삼군을 격려하고 나라 안의 사람을 감동시켜 반란 진압의 공을 세울 수 있었다. (나라를 안정시킨 것이) 어찌 단련이라 할 수 있으며, 어찌 민권이라 할 수 있단 말인가?

누군가는 "민권에 폐단이 있는 것은 맞지만 의회만이라도 설립할 수 없을까"라고 말하거나, "민권이 본분을 넘어서 행동해서는 안 되지만 공론은 없어서는 안 된다"라고 말한다. 무릇 큰 정치적인 일이 있으면 황제는 조정의 회의에 넘기고 지방의 관리가 신국(紳局)에서 논의하도록 한 일은 중국의 옛 법제에 있었다. 설사 자문을 요구하는 일이 오지 않더라도 하나의 성에 큰일이 있으면 신사와 평민이 원(院), 사(司), 도(道), 부(府)에 공동으로 청원을 할 수 있으며, 심지어는 도찰원에 연명으로 청원서를 보낼 수 있다. 국가에 큰일이 있으면 중앙의 관리는 상주할 수 있었으며 상급자에게 대신 상소를 올려달라고 청할 수 있었다. 지금의 조정은 깨끗하고 진실로 사랑하는 마음과 치안 대책이 있는데, 무엇 때문에 의견이 위로 전달되지 못할 것을 걱정하는가? 만일 그 일이 시행할 만하다면 조정은 기꺼이 들을 것이다. 아래에서 건의하고 위에서 선택하여 여러 의견의 이점을 대체로 받아들이면서도 끓어 넘치는 폐단은 없게 할 것인데, 무엇 때문에 의회라는 명칭을 답습해야 하는가? 지금 의회를 개설하고자 하는데 만일 의원이 될 만한 사람이 없다면 어떻게 할 것인가? 이는 학당이 많이 설립되고 인재가 날로 많아진 이후에 설립을 논의할 것이지, 지금은 그때가 아니다.

제7장 배움의 순서 / 順序

지금 중국을 강하게 하고 중국 학문을 보존하려면, 서양 학문을 중시하지

않으면 안 된다. 그러나 먼저 중국 학문의 기초를 공고히 하고 그 사리를
단정히 하지 않으면, 강자는 혼란을 일으키는 두목이 되고 약자는 다른 사
람의 노예가 되니, 그 재앙은 서양 학문을 모르는 것보다 훨씬 심하다. 최
근 영국의 신문은 중국이 개혁을 실행하지 않는 것은 공자의 가르침만을
믿는 폐단 때문이라고 비난했는데, 이는 아주 잘못된 것이다. 그들이 번역
한 사서오경은 모두 수준이 낮은 유학자와 시골 서생이 해석한 이치이니,
공자의 가르침이 무엇인지도 잘 모르면서 무책임하게 내뱉는 것이 아닌
가. 천박한 견해, 썩어빠진 팔고문, 명상을 중시하는 성리, 잡학 박식한 고
중학, 허황된 시문들은 공자 학파의 학문이 아니다. 공문서와 법령을 관리
의 모범으로 삼는 것은 한비(韓非), 이사(李斯)의 학문으로 폭압적인 진나라
의 정치에서 유래하여 저급한 관리들이 사용하는 것이다. 일을 회피하는
것을 신중하다고 하고, 게으름을 피우는 것을 백성에게 안식을 주는 것이
라 하며, 폐해를 제거하지 않는 것을 원기를 양성하는 것이라 하는데, 이는
노자의 학문으로 역대 왕조 말기의 정치에서 유래했다. 교활한 환관이 이
를 이용한 것으로 공자 학파의 정치가 아니다. 공자 학파의 학문은 폭넓게
공부하여 사리를 지키고 옛것을 익혀 새것을 알며 하늘의 도리를 알아 책
임을 다하는 것이다. 공자의 정치는 존귀한 사람을 존중하며 집안사람과
사이좋게 지내며 부를 먼저 달성한 이후에 교화하며 교양이 있고서 무력
을 준비하며 시대에 맞추어 적절한 것을 만든다. 공자는 많은 성인의 가르
침을 집대성하고 여러 왕을 기다리며 천지자연의 사리를 참고하고 만물의
육성을 도왔으니, 도척이 조롱하고 묵자가 비판하던 비천하고 무용한 늙
은 유학자와 공자가 어찌 같을 수가 있겠는가?

오늘날의 학자들은 반드시 먼저 경전을 통달하여 중국의 선배 성현과
스승이 세운 가르침의 취지를 명확히 알아야 한다. 역사를 공부하여 우리
중국 역대의 번성과 혼란, 전국의 풍토를 인식하고, 여러 사상가의 저작

〔子〕과 시문집〔集〕을 섭렵하여 중국의 학술 문장에 통달해야 한다. 이후 서양의 학문에서 우리의 부족한 점을 보충할 수 있는 것과 서양의 정치에서 우리의 병폐를 치유할 수 있는 것을 선택해야 이점은 있고 피해는 없다. 건강을 관리하는 사람은 곡식을 먼저 섭취하고 기름지고 좋은 음식은 나중에 먹는다. 병을 치료하는 사람은 먼저 오장육부를 살핀 후에 약을 투여한다. 서양 학문의 학습 이전에 중국 학문을 시작해야 하는 이유는 바로 이와 같은 것이다(중국어에 대한 이해가 깊지 못하면 서양 서적을 번역할 수 없다).

외국의 각 학당은 매일 예수의 경전을 암송하여 신앙을 드러낸다. 소학당은 먼저 라틴어를 학습하여 고전을 보존한다. 본국의 지도를 우선 숙지하고 이후 전 지구의 지도를 살펴보아 순서를 따라 가르친다. 만약 중국의 선비이면서 중국의 학문을 알지 못하면, 이는 그 자신의 성을 모르는 사람이며 고삐 없는 말을 타는 것과 같고 방향키 없는 배를 모는 것과 같다. 서양의 학문을 알면 알수록 중국을 더욱 미워한다면, 박학다식한 인재라 하더라도 국가가 어찌 그를 기용할 수 있으리오?

제8장 학문의 핵심 학습법 / 守約

유가 학문이 위기이다. 가깝게는 일본에서 교훈을 얻을 수 있고, 멀게는 전국시대에서 교훈을 얻을 수 있다. 그 옛날 전국시대에 유학은 여러 다른 학파에게 배척을 당했다. 나는 사마담(司馬談)의 『논육가요지(論六家要指)』를 읽고서야 그 이유를 알았는데, "유가 학파는 넓게 공부하지만 중요한 것은 적으며 품은 많이 들어가지만 공적은 적다"라고 말했다. 왜 중요한 것이 적고 성과가 적은가? 공부하는 범위만 넓을 뿐이지 핵심이 없기 때문이다. 이러한 유가는 아홉 개 학파의 하나에 지나지 않으니 어찌 성인의 학문이 될 수 있으며, 어찌 현인의 학문이 될 수 있겠는가? 노자는 유가를 책망하며 "학문을 그만두면 근심이 없을 것이다"라고 말하고, 공자가 열두 개의 경전을 언급하는 것을 보고 크게 조소했다. 묵자는 유가를 꾸짖으며 "평생토록 그 학문을 끝내지 못할 것이다"라고 말했으며, 또한 묵자는 그 제자 공상과(公尙科)에게 책을 읽지 말라고 가르쳤다. 법가는 유가를 비난하며 "책을 모아두고 글쓰기 연습이나 하니 이들을 기용한다면 나라는 혼란할 것이다"(『한비자』)라고 했다. 제자가 사용한 방법은 대개 간편하고 빠르며 제멋대로인 방법으로 세상 사람의 환심을 사고, 유가를 번잡하고 어려우며 쓸모가 없는 것이라고 무고했기 때문에, 학자들이 그렇다고 여기고 다수가 그들을 따랐다.

무릇 먼저 넓게 공부하고 나중에 핵심을 정리하라는 것은 공자와 맹자의 공통된 가르침이다. 그런데 오늘날 세상이 변화했으니 맹자가 내세운 "간략한 핵심을 지켜서 널리 통용되게 한다"라는 말로써 그에 대응해야 한다. 또한 공자와 그 제자들이 말한 박학은 오늘날에 말하는 박학과 다르다. 공자와 맹자 시대에 서적은 많지 않아, 사람들은 한 분야만을 담당해도 명성을 날릴 수 있었고 관리는 한 종류의 일만 익혀도 실제에 응용할 수 있었기 때문에 넓게 배워야 한다는 말을 하기 쉬웠다. 오늘날 경·사·자·집 4부의 책은 매우 많아, 늙어 죽도록 공부해도 두루 다 보고 안다는 것은 가능하지 않다. 경전을 예로 들자면 옛 말의 음과 뜻이 명확하지 않고, 잘못된 점을 확정하기 어려워서 후대의 스승과 여러 유학자의 해설이 분분히 출현했는데, 정확히 해석하여 정론을 내놓는 것은 열에 다섯 정도에 지나지 않았다. 사회가 걷잡기 어려울 정도로 불안하고 외국의 침략과 압박이 연이어 이어지니 새로운 학문을 중시하지 않을 수 없고, 옛 학문을 같이 공부하자니 힘이 달렸다. 다시 수년을 경과하면서 새로운 학문과 옛 학문을 동시에 공부하는 어려움으로 고생을 하면서도 이익은 알지 못하니, 유가는 더욱 사람들의 천시를 받게 되었다. 성인의 가르침과 서적은 점차로 약해지고 소멸해 가니 진나라의 분서갱유만큼 큰 재앙은 아니지만 남조의 양 원제 때처럼 문무의 도가 사라질 우려가 있으니[57] 이는 아주 근심스러운 일이다. 더욱 염려스러운 것은, 아무 생각이 없는 선비들은 본래 학문을 좋아하지 않지만 경서를 멀리하고 도를 어기는 자가 특히 중국 학문을 좋아하지 않아, 중국 학문은 번잡하고 복잡하며 쓸모없다는 말을 크게 떠들고 나쁜 말을 만들어 공격을 조장하는 것이다. 이에 그 편리한 것을 좋아하여 화답하는 자가 날로 늘어나니, 아마도 중국 학문을 폐지하고 나서야 만족할 듯하다. 그러나 쉽고 간단한 방법을 만들어 이 상황을 벗어난다면 중국 학문을 집요하게 비난했던 사람의 입을 다물게 하고, 어려운 것을 두려워하며 공부를 하지 않는 자가 망설이던 문제를 해결할 수 있을 것이다.

오늘날 중국의 학문을 보존하려면 반드시 핵심을 지키는 것에서 시작하고, 핵심을 지키는 일은 학문의 표면적 구분을 타파하는 것에서 시작해야 한다. 이에 중국 학문 각 학문 분파의 핵심을 추구하는 방법을 후술할 것이다. 내용을 거르고 또 거르는 것은 세상을 구제하는 데 뜻이 있으므로, 목전의 일을 처리하는 데 쓸모가 있는 것을 중요시하고 많이 아는 것을 현명한 것으로 여기지 않는다. 15세 이전에 『효경(孝經)』, 사서오경의 본문을 읽고 글의 뜻을 이해한다. 아울러 사략(史略), 천문, 가괄(歌括),[58] 도식화한

---

57 남조의 양나라가 서위(西魏)의 공격을 받아 강릉(江陵)에서 포위되었을 때, 소장하고 있던 책 14만 권을 불태웠다(555년, 강릉분서(江陵焚書). 이 책들은 진시황이 책을 불태운 이후 살아남았던 책과 그 후 편찬되어 여러 왕조를 거치며 전수되었던 서적, 그리고 양 원제가 개인적으로 수집했던 서적이었다. 건강(建康)에서 전쟁을 피해 강릉으로 옮겨졌던 서적이 모두 불탔고, 원제는 책을 불태우며 "문무의 도가 오늘 밤 모두 사라지는구나!"라고 말했다.

여러 책과 한·당·송나라 사람의 글 가운데 뜻이 명확하여 오늘날 문장을 짓는 데 유익한 것을 읽는다. 15세부터는 다음과 같은 방법을 추구하는데, 경서, 역사, 제자백가, 성리학, 정치, 지리, 음운학 각 분야를 통람한다. 자질이 뛰어난 자는 5년이면 습득할 수 있고, 중간 재능의 사람도 10년이면 가능할 것이다. 만약 학당에 전문 교사가 있거나 혹은 이 방법에 따라 학당의 전문교재를 편성한다면 중간 재능의 사람도 5년이면 가능할 것이다. 이때 서양 언어를 함께 공부하며 계속해서 시정을 집중적으로 연구하고 서양의 제도를 넓게 연구한다. 이처럼 진행하다 보면 옛것을 좋아하여 정수를 연구하고, 공명에 매달리지 않고 전문 학자가 되기를 원하는 사람이 있을 것이다. 이 5년의 공부를 마친 이후에 폭넓게 보고 깊이 연구하는 일은 자신의 선택에 맡긴다. 100명이 입학하면 전문 학자가 되기를 원하는 사람이 3~5인은 있을 것이다. 이것이 핵심을 가지고 넓게 통용되게 하는 것으로 자하(子夏)가 말한 공부를 넓게 하고 당면 문제에 대해 생각을 깊게 하는 것, 순자가 말한 간명한 것으로 많은 것에 대응한다는 것과 서로 합치하는 것이다. 대개 전문적으로 연구, 저술에 집중하는 학문이 있고 학당에서 사람을 가르치는 학문이 있다. 전문 서적은 넓고 깊은 내용을 추구하여 그 끝이 없으니 재능 있는 사람이 하면 되고 모든 사람이 할 필요는 없다. 학당의 교재는 요점과 실용을 중시하고 범위와 분량에 제한이 있으니 모든 사람이 이해할 수 있어야 하며, 또한 반드시 이해해야 할 것으로 한정해야 한다(서양인의 천문과 자연과학 등 모든 학문은 전문학당과 보통학당 두 가지로 나누어 달리 다룬다). 장래 관리가 되어 세상을 위해 일할 사람은 모두 중국 학문의 대략을 잘 이해한 사람이어야 한다. 공부를 할 어린이가 있으니 마침내 싹이 터서 크게 자라는 날이 있을 것이며 우리 학문과 우리의 책이 없어지지는

---

58 암송에 편리하도록 사물의 내용 요점에 근거하여 만든 운문 혹은 비교적 정제된 문장.

않을 것이다.

일. 경학은 대의를 파악한다

심신 수양과 천하 통치에 적합한 것을 대의라고 한다. 무릇 대의는 명백하고 쉬워야 하는데, 황당하고 미심쩍은 것은 이단이며 대의가 아니다. 『역경』의 대의는 음양의 성쇠다. 『서경』의 대의는 재능 있는 사람을 알아보고 민생을 안정시키는 것이다. 『시경』의 대의는 좋은 것을 더욱 키우고 나쁜 것은 바로잡는 것이다(동한 정현의 『시보(詩譜)』 「서(序)」는 "공을 논하고 덕을 칭송하는 것은 그 좋은 것을 더욱 키우는 것이고, 과오를 살피고 실수를 조사하는 것은 그 나쁜 것을 바로잡으려는 것이다"라고 했다). 『춘추』의 대의는 왕도를 명확히 하여 난적을 징벌하는 것이다. 『예기』의 대의는 부모를 공경하고 윗사람을 섬기며 현명한 사람을 잘 대우하는 것이다. 『주례』의 대의는 국가를 다스리고, 관청을 운영하고 백성을 다스리는 것으로 세 가지 일은 서로 연계되어 있다(태재(太宰)가 나라를 다스리는 여섯 법전이 있다. 치전(治典)은 나라를 경영하고 관청을 다스리며 만민의 기강을 잡는 것이며, 그 나머지 교전(教典) · 예전(禮典) · 정전(政典) · 형전(刑典) · 사전(事典) 역시 국가, 관청, 백성의 세 의미를 함께 거론하고 있다. 대개 관청은 국가와 백성의 중추로서 관청이 제대로 다스리지 못하면 국가와 백성이 그 피해를 입는다. 이것은 『주례』 경전에만 있는 뜻이기 때문에 한 나라는 『주관경(周官經)』이라 했고, 당나라는 『주관례(周官禮)』라고 불렀다). 이로써 경전의 대의를 총괄했다. 예컨대 『십익(十翼)』의 『역』에 대한 설명, 『논어』 · 『맹자』 · 『좌전』의 『서경』에 대한 설명, 『시경』 서문의 『시경』에 대한 설명, 『맹자』의 『춘추』 해설, 『대기(戴記)』의 『의례』 해설은 모두가 대의를 설명한 것이다.

요점을 파악하여 많은 힘을 들이지 않게 하려면 대략 일곱 개의 항목이 있어야 한다.

하나, 표준 사례가 있어야 한다. 이는 모든 책의 본보기가 되는 사례를 말한다(『모시(毛詩)』는 음운 훈고가 가장 중요한 일인데, 『시경』의 음과 뜻에 숙달된다면 여러 경전의 음과 뜻은 모두 유추할 수 있다).

둘, 요지가 있어야 한다. 이는 오늘날 가장 절실히 사용할 수 있는 것을 말하는데, 모든 경전마다 적으면 수십 개, 많으면 수백 개가 있다.

셋, 도표(여러 경전에 대한 도표는 우리 왕조의 사람들이 뛰어난데 보(譜)와 표는 같은 것이다).

넷, 회통. 중심 경전과 그 외의 여러 경전에 관통되는 뜻을 말한다.

다섯, 분란 해소. 이는 옛 유학자들이 각자 근거를 가지고 다른 뜻을 주장할 때, 그 가운데 비교적 뛰어난 한 견해를 선택하여 중심으로 삼으면 다시 생각할 필요가 없으니 힘의 낭비를 막을 수 있다는 것을 말한다(대개 청나라 이후에 나온 견해가 비교적 뛰어나다).

여섯, 궐의(闕疑). 애매하고 오묘하여 명확히 말하기 어려우며 지리멸렬하여 급하지 않은 것은 내버려 두고 검토하지 않는다.

일곱, 유파. 중심 경전을 이어받아 온 원류와 과거에서 현재로 이어지는 경학가의 학술 이론과 방법을 말한다(가장 뛰어나고 오늘날에도 책을 구할 수 있는 것을 고찰한다). 이상의 일곱 가지로 분류하여 실행하면 요점을 파악하여 문제를 순조롭게 해결하니, 절반의 노력으로 배의 효과를 얻는 것이다.

대개 여러 경전은 청 왕조 경학자의 설명을 중심으로 한다. 『역경』은 (정이가 찬술한) 『이천역전(伊川易傳)』과 옛 설명을 함께 취한다(서로 상충되지 않는다). 『논어』·『맹자』·『대학』·『중용』은 주자의 주석을 중심으로 하고 우리 왕조 경학자의 설명을 참고한다. 『역경』은 『정씨역전』과 손성연(孫星衍)의 『주역집해(周易集解)』만 보고 끝낸다(손성연의 책은 한나라 사람의 설명과 왕필(王弼)의 주를 채용했다). 『서경』은 손성연의 『상서금고문주소(尙書今古文注疏)』를 읽는 것으로 그친다. 『시경』은 진환(陳奐)의 『모시전소(毛詩傳疏)』를 읽는다. 『춘추좌전』은 고동고(顧棟高)의 『춘추대사표(春秋大事表)』, 『춘추공양전』은 공광삼(孔廣森)의 『공양통의(公羊通義)』(우리 왕조에서 공양을 해설하는 사람이 이 책의 학설을 신중히 생각한다면 잘못된 폐단은 없을 것이다), 『춘추곡량전(春秋穀粱傳)』은 종문증(鐘文烝)의 『곡량보주(穀粱補注)』, 『의례』는 호배휘(胡培翬)의 『의례정의(儀禮正義)』, 『주례』는 손이양(孫詒讓)의 『주례정의(周禮正義)』, 『예기』는 주빈(朱彬)의 『예기훈찬(禮記訓纂)』을 읽는다(황제의 지시로 만들어진 일곱 경전의 전설(傳說)과 의소(義疏)는 공부하는 사람은 당연히 읽어야 할 것이므로 열거하지 않는다). 『논어』, 『맹자』는 주자의 주석 이외에 『논어』는 유보남(劉寶楠)의 『논어정의(論語正義)』, 『맹자』는 초순(焦循)의 『맹자정의(孟子正義)』가 옛 설을 고증하는 데 도움을 줄 수 있으나, 의리는 주자의 주를 중심으로 삼는다. 『효경』은 통용되는 주석본을 읽으며 따로 판별할 필요가 없다. 『이아(爾雅)』는 학의행(郝懿行)의 『이아의소(爾雅義疏)』를 읽는다. 오경의 전체적인 뜻은 진풍(陳澧)의 『동숙독서기(東塾讀書記)』, 왕문간(王文簡, 왕인지)의 『경의술문(經義述聞)』을 읽고, 『설문(說文)』은 왕균(王筠)의 『설문구독(說文句讀)』만 보면 된다(단옥재(段玉裁), 엄가균(嚴可均), 계복(桂馥), 유수옥(鈕樹玉) 등을 같이 읽으면 명확하고 상세하며, 단옥재의 『설문해자주』는 양이 상당히 많고 심오하므로 전문가가 그를 연구하기 바란다).

이상 열거한 여러 책은 권수가 상당히 많아 전부 읽고 이해하려면 5년은 필요하므로, 당연히 이 여러 책 중에서 그 요점을 선택하여 먼저 명확히 이해한다. 이때 한유의 요점 파악법을 사용하며 가장 중요한 곳에 새 을(乙)자 모양의 기호로 표시를 해둔다(그러나 그 정론만을 보며 증명하고 논박한 설명에 주의를 기울일 필요는 없다). 만약 앞에 말한 일곱 가지 방법에 따라서 내용을 뽑아 편찬하여 책으로 만든다면 모두 정론을 채택한 것으로, 억지스러운 설은 한마디도 끼어들 수 없다. 이처럼 정리하면 내용이 적은 경전(小經)은 한 권을 넘지 않고, 내용이 많은 경전(大經)은 두 권을 넘지 않을 것이니, 공부하는 사람에게 편리하다. 이것을 학당에서 경의를 가르치는 책으로 삼으면 문구를 해석하는 데 얽매일 필요가 없으며 경전 전체를 볼 필요도 없다 (대체로 15살 이전에 여러 경전의 전문을 읽으니 글의 대강은 이해하고 있다). 선생이 이것으로 가르치고 학생이 이것으로 배우면 1년이나 1년 반이면 마칠 수 있다. 이와 같은 방법으로 경전을 공부하면 수준은 낮지만 오류가 없으며 간단하지만 조잡하지 않으니, 간혹 중간에 그만두더라도 조금이라도 얻는 것이 있을 것이다. 경서의 1000여 구절을 가지고서 그 성정을 개발하고 근본을 양성한다면 종신토록 상도(常道)를 벗어나거나 위반할 걱정은 없을 것이다. 총괄하자면 이는 반드시 먼저 경학 연구자 저술 표지에 나타난 구분을 파괴해야만 비로소 실행할 수 있는 것으로, 시골 훈장이나 과거 시험의 유행을 따르는 사람이 할 수 있는 것이 아니다.

일. 사학은 치세와 난세, 제도를 고찰한다

사학에서 꼭 필요한 내용은 두 가지이다. 하나는 사실, 다른 하나는 제도이다. 사실은 그 치세와 난세의 대강을 택하여 오늘날 교훈으로 삼을 만한 것을 고찰하고 관련이 없는 것은 내버려 둔다. 제도는 세상의 변화를 발견할 수 있는 것을 선택하여 오늘날 제도를 채택하는 데 도움을 줄 수 있는 것은 고찰하고 선택할 만한 것이 없는 것은 생략한다. 사실은 『통감』에서 찾는데(통감의 학문은 『자치통감』, 『속통감』, 『명통감』이다) 『기사본말(紀事本末)』을 읽어 줄일 수 있다. 제도는 정사와 이통(『통전(通典)』과 『문헌통고(文獻通考)』)에서 찾는다. 정사의 학문은 지(志)와 열전의 주의(奏議)를 읽는 것으로 줄일 수 있다(예컨대 『한서』 「교사(校祀)」, 『후한서』 「여복(輿服)」, 『송서(宋書)』 「부서(符瑞)」・「예(禮)」・「악(樂)」, 역대의 「천문」 「오행」, 원 이전의 「율력」, 당 이후의 「예문」은 다루지 않아도 된다. 지리는 큰일과 관련된 것만 고찰하고 수로는 오늘날 유용하게 쓰이는 것만 고찰하고, 관제는 통치와 관련된 것만 고찰한다. 예컨대 옛날에는 있었지만 지금은 사라진 것, 이름은 있지만 실질은 없어진 것, 잠시 설치되고 여러 차례 개정된 것, 봉록은 있지만 실권은 없는 관직, 한가하고 잡다한 관직은 고찰하지 않아도 된다). 이통의 학문, 즉 『통전』과 『문헌통고』는 발췌본을 사용하여 (내용을) 줄이고 긴요하지 않은 것은 뒤로 미룬다. 『문헌통고』는 30퍼센트를 선택하고 『통전』은 10퍼센트를 선택하면 족하다(본 왕조의 사람이 쓴 『문헌통고상절』은 한 사건의 진행 과정에서 세부 내용으로 자세히 다루어야 할 부분이 있으나 자세히 다루지 않았으며, 내용 중에 공부할 필요가 없는 부분이 여럿 있다). 『통지(通志)』의 「이십략(二十略)」은 의리의 사례를 아는 데에 좋다. 역사 관련 책은 조익(趙翼)의 『이십이사찰기(二十二史札記)』를 읽고 축약한다(왕명성(王鳴盛)의 『상각(商榷)』은 발췌하여 쓸 만하고, 전대흔(錢大昕)의 『이십이사고이(二十二史考異)』는 고증에 정밀하나 실용에 소략하니 뒤로 제쳐두어도 좋다). 역사 평론은 『어비통감집람(御批通鑑輯覽)』을 읽고 축약할 수 있다. 사마광의 『통감』은 의리를 논하는 것이 가장 순수하고 올바르나 오로지 경전을 지키는 것을 중시했다. 왕부지의 『통감론(通鑑論)』과 『송론(宋論)』은 박식하고 독창적이지만 지나치게 기존 설을 뒤집는 데 치중했다. 오로지 『어비통감집람』만이 가장 적합하여 경세를 위해 사용할 만하다(이는 황제를 받들기 때문에 그러한 것은 아닌데, 학문을 좋아하고 경력 있는 사람이면 그를 읽고 스스로 알 것이다). 이 모두가 현재를 이해하고 사용할 수 있는 사학이다. 고고학과 같은 사학은 여기서 거론하지 않았다.

하나. 제자백가에서는 가져올 것과 버릴 것을 알아야 한다.

경시의 뜻을 증명할 수 있거나 새로운 이치를 내놓으면서도 경서의 뜻에 배치되지 않는 것은 가져오고, 공자와 맹자의 도를 현저히 해치는 것은 버린다. 「판단의 기준, 경전〔宗經〕」에서 상세하게 논했다.

둘. 이학(理學)은 (학파의 원류와 학설을 소개한) 학안(學案)을 본다.

주돈이, 정호, 정이, 장재, 주희 등 다섯 사상가(오자) 이후의 송명 유학은 서로 계승하며 심오한 내용을 탐색하면서 주희와 육구연의 분화가 일어나고 상호 비판이 있었다. 그리고 불교와 노장사상이 들어오면서 경계가 모호해지고 문체는 다분히 선종의 어록을 닮았으며 질박하면서도 약간은 비속해졌다. 고명한 사람은 염증을 내고 보지를 않으며 성실한 사람은 멍하니 정신을 잃고 얻는 것이 없다. 이학은 선처럼 가늘게 끊어지지만 않고 이어져 올 뿐이었다. 그러나 학안을 읽으면 학문 사상과 실천을 고찰하면서 동시에 학문의 원류와 흐름을 종합 분석할 수 있다. 황이주(黃梨洲, 황종희)의 『명유학안(明儒學案)』은 단번에 만들어진 것으로, 핵심 의도는 명확하나 그 학파의 습성이 약간 있다. 전사산(全謝山, 전조망)의 『송원학안(宋元學案)』은 보완자료를 모집하면서 만들어진 것으로, 선별하여 기록한 것이 비교적 넓으며 논의는 공정성을 지니고 있어 학술의 득실을 분명하고도 쉽게 볼 수 있다. 두 책은 내용이 아주 많으므로 요점 파악 방법을 통하여 20퍼센트 정도만 읽으면 된다. 이 두 책을 잘 알면 그 나머지 이학에 관한 전문 서적은 읽지 않아도 좋다. 그런데 『주자어류(朱子語類)』는 원서의 내용이 상당히 많아서 학안에서 채록한 것만으로는 주자의 전체 진면목을 보여주지 못하기 때문에 다시 그 내용을 채록해야 한다. 진란보(陳蘭甫, 진풍)의 『동숙독서기』의 「주자」 편이 가장 좋다.

   셋. 시나 산문류의 글[詞章]은 사실이 담긴 것을 읽는다.
   오로지 문인만을 위한 글은 볼만한 것이 없다. 오늘날 더욱 볼 가치가 없으며 볼 여유도 없다. 그런데 사장 중에는 상주문, 편지, 기사와 같은 것이 있으니 폐지할 수 없다. 사전(史傳)과 전집, 총집에서 사실을 기록하거나 이치를 논한 글을 선택하여 읽으며 나머지는 잠시 제쳐둔다. 만약 학자가 스스로 글을 쓴다면 문장이 딱딱하고 이해하기 어려운 문장을 쓰지 말고, 허황되고 자잘한 시를 쓰지 말아서 정신과 의지가 손상되지 않도록 해야 한다(주자는, "구양수와 소식 글의 장점은 쉬우면서도 도리를 설명하고 있으며 이질적인 글자를 사용하지 않고 일상의 글자로 바꾼 것이다"라고 말했다. 또 "글을 지을 때 사실에 근거해야지 가공하고 지나치게 기교를 부려서는 안 되며, 대체로 70~80퍼센트는 사실이고 20~30퍼센트가 글재주여야 한다. 구양수 문장의 장점은 사실에 의거하여 조리가 있는 것이다"라고 하였다. ―『주자어류』 139).

넷. 정치 서적은 최근의 것을 읽는다.

정치는 본 왕조의 것을 중심으로 삼는다. 100년 이내의 정치, 50년 이내의 상주문은 특히 쓸모가 있다.

다섯. 지리는 오늘날 쓸모가 있는 것을 고찰한다.

지리는 현재를 아는 것이다. 땅의 형세, 오늘날의 하천로(먼저 큰 하천을 고찰한다), 물산, 도시, 운송로(수로라고 모두 배가 다닐 수 있는 것은 아니다), 도로, 요충지, 바다와 육지의 국경 방비, 통상 항구를 아는 것이다. 『한서』「예문지」의 고증, 『수경주(水經注)』의 폭넓은 서술은 시간에 날 때 고찰해도 충분하다. 지리를 연구하려면 반드시 지도가 있어야 하며, 오늘날의 지도를 주로 삼고 옛 지도는 참고자료로 삼는다. 이는 중국의 지리를 공부하는 것에 대해 말한 것이다. 지구 전체의 형상, 외국 여러 나라의 영역 면적, 거리, 도시와 항구, 기후와 지형, 빈부와 국력 수준을 지도를 보면서 파악하면 10일이면 끝낼 수 있다. 상세한 것을 파악하는 것은 잠시 미뤄두고 러시아·프랑스·독일·영국·일본·미국의 여섯 나라에 중점을 두며 그 나머지는 천천히 파악해도 된다.

여섯. 수학은 각자 배우는 일과 관련하여 공부한다.

서양인이 수학에 뛰어나지만 수학이 서양 기술의 모든 것은 아니며 서양 정치와는 더더욱 관련이 없다. 천문·지도·화학·역학·광학·전기 등 모든 자연과학과 제조에는 수학이 관련되어 있는데, 각기 자신이 종사하는 분야와 관련된 학문이 필요로 하는 수학을 배우고 응용할 수 있으면 된다. 이와 같으면 실용적이면서 학습할 범위를 한정할 수 있다. 오늘날 수학을 공부하는 이상지(李尙之), 항매려(項梅侶), 이임숙(李壬叔) 등은 전문적으로 수학 이론을 공부하지만 심오하고 미세한 것까지 공부하여 수학을 끝내려고 한다면 백발이 되어도 기대하기 어려울 것이다. 이러한 전문가의 학문은 경세의 도구가 아니다(수학은 서양에는 많고 중국에는 적은데, 완비되고 정밀한 것을 추구한다면 중국 학문을 방해할 것 같아 여기에 부기한다).

일곱. (문자의 뜻, 음을 연구하는) 소학(小學)은 핵심 뜻과 핵심 사례만 익히면 된다.

중국 학문의 훈고는 서양 학문의 번역과 유사하다. 어떤 사람의 생각을 알려고 한다면 먼저 그 사람의 말을 명확히 이해해야 한다. 옛날로 올라갈수록 더욱 멀어지고 경문은 간략하게 심오한 뜻을 표현하니 한학, 송학을 막론하고 책을 읽을 때 우선 옛 글자의 뜻을 이해해야 한다. 요즘 중국 학문에 싫증을 내는 사람은 훈고를 비난하는데, 이는 아주 잘못된 것이며 놀랄 만한 일이다. 정이천은 "글자를 볼 때 먼저 그 글자의 뜻을 명확히 이해해야 문장의 의미를 이해할 수 있다. 글자의 뜻을 이해하지 못하고 의미를 파악한다는 것은 있을 수 없다"라고 말했다(『이정유서(二程遺書)』, 『근사록』에서 인용). 주자는 말하기를 "훈고는 옛날 주석을 따라야 한다"(『어류』 권7)라고 했다. 또한 "후학을 가르칠 때 본래의 글자에 의거하여 글자의 뜻과 의미를 분명하게 해석하는 것이 가장 시급한 일이다. 그런데 오늘날의 사람들 가운데 많은 사람이 단계를 뛰어넘어 멋대로 행동하여 후학들을 속이고 판단력을 잃게 하고 있는데, 이는 모두가 명확하게 이해하지 못했기 때문이다"라고 말했다(「답황직경서(答黃直卿書)」). 또한 "한대의 유학자가 경전을 잘 설명했다고 하는 것은 그들이 훈고만을 해설하여 사람들이 이 훈고에 의거하여 경문을 깊이 연구할 수 있게 했기 때문이다"라고 말했다(「답장경부서(答張敬夫書)」). "예전부터 『설문』을 간행하고 싶었지만 한장(韓丈)이 간행할 뜻이 있는지 알 수 없었는데 찬성하니 잘되었다"(「답여백공서(答呂伯恭書)」). 이 외에 훈고가 중요하다고 말한 것은 상당히 많다). 여러 경전에 주자가 단 주는 훈고가 정밀하고 상세한데, 『설문해자』에 의거하여 연구한 것이 많다. 『잠부론(潛夫論)』에서 "성인은 하늘의 대변자이고, 현인은 성인의 번역자이다"라는 말은 좋은 비유라고 할 수 있다. 옛 발음과 뜻을 이해하지 못하고 옛날 책을 해설하려고 하는 것은 서양 글자를 알지 못하면서 서양 책을 이해하려는 것과 무엇이 다른가?

지난 100년 동안 『설문해자』를 연구하는 사람들은 종신토록 연구하고도 매몰되어 빠져나올 줄 모르니 이 역시 병폐이다. 핵심을 말하자면, 그 중요 의미와 용례를 알기만 하면 응용할 수 있다. 핵심 의미와 용례는 육서의 구분을 이해하고, 옛날과 지금의 음운 차이를 깨닫고, 주전(籀篆, 대전(大篆))의 원류와 분화를 알고, 성모의 구별로써 의미를 구별하는 요점을 알고, 부수 540자의 전형적인 용법을 깨닫는 것이다. 사물의 명칭으로 아주 유용한 일과 관련이 없거나(예컨대 부수 수부(水部)와 관련된 것은 그 자체로 전문 서적이 있고, 시부(示部)는 다수가 제례를 열거하고 있으며, 배나 수레는 오늘날 제작하는 것이 더욱 정밀하며, 풀과 벌레는 눈으로 직접 경험해야 하니, 글자 하나하나 세밀히 알려고 할 필요가 없다) 설명이 분명치 않아 전형적인 용법과 맞지 않는 것은 생략하고 언급하지 않는다(허신의 『설문해자』에는 잘못 설명한 것도 있고 아주 드물게 쓰이는 뜻을 설명한 것도 다수 있다. 그러나 육서에 정통하려고 하면서 허신의 책을 세밀하게 연구하지 않는다면 성과는 한계가 있을 것이다). 설문에 정통한 스승의 설명을 들으면 10일이면 대략 이해할 것이고, 한 달이면 이해가 수준급에 이를 것이다. 이러한 원칙을 유사한 사물에까지 확장하는 것은 그 사람에게 달려 있으니 어찌 시간을 낭비하고 도덕이 파괴될 우려가 있을 수 있으리오? 만약 소학을 가르치지 않거나 고의로 번잡하고 어려운 것을 가르친다면, 사람들은 싫증 내고 포기하여 경전의 옛 뜻은 모호해지고, 겨우 진부하고 천박한 속설만이 남게 될 것이다. 그렇게 되면 후세를 이끌어갈 인재들은 성인의 도가 볼만한 것이 없다고 가볍게 취급하여, 언젠가는 경서의 도가 사라질 날이 올까 나는 두렵다.

성품이 평범하고 약하여 이것 역시 어렵다고 두려워하는 사람은 먼저 『근사록』, 『동숙독서기』, 『어비통감집람』, 『문헌통고상절』을 읽으라. 이 네 책을 충분히 안다면 중국 학문을 제 것으로 만들어 활용할 수 있을 것이다.

제9장 아편 근절 / 去毒

슬프도다! 서양 아편의 피해는 바로 오늘날의 홍수, 맹수의 피해이다. 아니 그보다 더 심한 것 같다. 홍수의 피해는 9년을 넘지 않고, 맹수의 피해는 풍족한 도시에서는 나타나지 않았다. 서양 아편은 100여 년 동안 해를 끼쳤으며 22성에 만연하여 수천만 명[59]이 손상을 입었고, 이후 점차 스며들어 아직도 그치지 않고 있다. 인재를 망치고 군기를 약하게 만들고 재력을 소모하며(근래 서양 화물의 수입은 8000여만 냥이고 국산품 수출은 5000여만 냥 정도인

---

59 원문에는 '수십만만 명'으로 되어 있는데, 이를 그대로 환산하면 수십억의 인구가 된다. 이는 당시 청나라의 인구가 4억 명 정도였다는 점을 감안하면 정확한 수치를 제시한 것이라기보다 피해가 막심했다는 수사적 표현으로 생각된다. 아편 흡연 인구를 5~10퍼센트 정도로 계산하면 수천만 명이라 표현하는 것이 당시 상황에 더 적합하여 수천만 명으로 수정했다.

데, 아편 가격이 3000만 냥이니 이것이 바로 손실 액수이다. 중국은 통상에서 적자를 본 것이 아니라 아편 흡연으로 적자를 본 것이다) 오늘날의 중국에 이르렀다. 문무 인재가 망가진 피해가 재산상의 손실에 비해 더욱 심각하다. 의지는 강하지 않고 힘은 불충분하며 일을 성실하게 하지 않아 하루에 하는 일도 많지 않다. 견문은 넓지 않아 먼 지방의 상황을 살피지 않으며, 씀씀이에 절제가 없으니 재산이 늘어나지 않는다. 이렇게 다시 수십 년이 지나면 중국은 도태되어 변방의 도깨비가 되고 말 것이다.

예전에 국가가 엄한 형벌과 준엄한 법으로 아편을 금지했으나 효과가 없었다. 하늘이 중국에 재앙을 내렸는데, 누가 그것을 제지할 수 있겠는가?

그러나 나는 그렇게 생각하지 않는다. 『논어』에서 "형벌로 바로잡으려하면 형벌을 피하려만 하고 수치스럽게 여기는 점이 없다", "예로 바로잡으면 부끄러워하며 스스로 바로잡는다"라고 했다. 이것이 법으로 다스릴수 없는 것을 도리로 다스리는 것이다(고염무는 "법으로 사람을 다스리는 것은 도리로 사람을 다스리는 것만 못하다"라고 했다). (『예기』의 한 편인) 「학기(學記)」[60]는 "군자가 백성을 교화하여 습관이 되게 하려면 반드시 배움에서 시작해야 한다"라고 말했다. 이것은 정치로써 교화하지 못하는 것을 배움으로써 교화할 수 있다는 것이다. 왜 그러한가? 중국이 아편을 피기 시작한 것은 게으름에서 비롯된 것이고, 게으른 이유는 일이 없기 때문이다. 일이 없는 것은 아는 것이 없기 때문이며, 아는 것이 없는 것은 견문이 없기 때문이다. 선비는 경전 해설서와 과거 시험 답안지를 엮은 것이나 읽으며 공부하고, 관리는 판례나 선택해서 공부하며, 군인은 낡은 무기와 구태의연한 진법을 공부

---

60 『예기』의 한 편으로서 교육의 목적과 역할, 교육제도와 교육 방법 등을 서술했다. 『예기』는 『소대예기(小戴禮記)』·『소대기(小戴記)』라고도 하며 서한의 대성(戴聖)이 편찬한 것이다.

하고 이것으로 만족한다(최근 송학, 한학, 사장(詞章), 백가의 학문이 휴지더미나 뒤적이며 헛소리를 내뱉고 사실에서 검증하지 않고 만물에서 점검하지 않는다). 농업은 생산이 높지 않고 광업은 새로운 산출물이 없으며 공업은 새로운 기계를 만들지 못하고 상업은 원대한 뜻이 없고 교통에 빠른 길이 없는 것은, 대체로 근면하게 움직이지 않고 깊이 생각하지 않으며 널리 교류하지 않고 멀리 가보지 않아 그렇게 된 것이다. 하찮고 시시하게 일을 하니 졸렬하게 되고, 졸렬한 것은 느릿느릿해도 가능하고, 느릿느릿해도 되니 한가롭고, 한가롭게 일을 하니 쓸모없는 것을 만든다. 이러한 것을 좋아하는 것은 모두 공부를 하지 않았기 때문이다. 만약 학회가 널리 흥성한다면 문인과 무인, 기술자 그리고 도시와 농촌의 모든 계층에서 공부를 하지 않는 사람이 없을 것이다. 경제적으로 빈약한 사람(약자)은 신문을 읽으면서 공부하고 경제적으로 풍족한 사람(강자)은 해외 시찰을 통해 공부하면, 군자는 세계를 가슴에 품으며 소인은 온갖 기술을 생각해 낼 것이다. 또한 위로는 행성을 측정하고 아래로는 지구의 내면을 탐구하며 남극과 북극을 탐구하고 싶을 것인데, 어찌 밤낮으로 놀면서 좁은 방구석에서 일생을 마칠 수 있단 말인가? (아편을 피우지 말라고) 잘 지도해도 듣지를 않는데, 아편을 금지한다고 따를 것인가? 교육을 발전시키는 것이 아편을 끊는 처방이다.

최근 나라 안의 뜻있는 사람들은 시대를 걱정하고 혼란을 우려하며 중국인이 사라질까 벌벌 떨며 걱정한다. 상해와 양주(揚州)에는 모두 아편 근절 단체가 있는데, 각자 그 소속된 사람들을 대체로 통제하고 있다고 말한다. 만약 아편을 피우는 사람이 있다면, 주인은 그를 더는 하인으로 고용하지 않고 스승은 학생으로 받아들이지 않으며, 장교는 사병으로 두지 않고 토지주인은 고농으로 쓰지 않으며, 상인은 점원으로 삼지 않고 수공업 장인은 도제로 받아들이지 않는다고 한다. 모두가 우매하고 천한 사람을 다스리는 방법일 뿐이다. 부유하고 지위가 높으며 지혜와 재능이 있는 사람들을 대체로 다스리지 못하고 있다. 즉 장교, 스승, 토지주인, 기사로서 아편을 끊지 않는 사람은 이곳이 잘못되면 다른 곳으로 옮겨갈 곳이 있다고 믿고서 아편을 끊지 않는 것 같다. 또한 과거 고시관은 일상 직무가 없기 때문에 그들은 고시관 직무를 지나가는 여관처럼 여기고 역시 아편을 끊지 않는다. 나는 (아편 근절은) 오로지 지혜롭고 능력 있는 소장 인사를 교육하는 것에 달려 있다고 생각한다. 우매하고 천한 사람은 내 힘이 미치는 범위 내에서 다스리고, 노쇠한 사람은 그들의 의향을 따른다. 10년 후에 이들 지혜롭고 능력 있는 소장 인사는 대체로 부귀를 이루어서 일정한 직위에 오르거나 가정을 이루었을 것이다. 이들이 각자 그 소속된 사람을 다스린다면 30년이면 근절될 것이다. 오늘날 각 성에서는 학회를 다수 만들고 있는데, 아편 근절회를 학회에 부설하여 실천해야 한다. 어떤 종류의 학회이든지 모두 다음과 같은 조항을 넣어야 하는데, 40세 이상의 사람이 아편을 끊을 것인지 말 것인지는 본인의 의사를 따르지만 40세 이하의 사람은 아편을 끊지 않으면 입회를 허락하지 않는 것이다. 가훈에서 이를 훈계로 삼고, 향약에서 이 약속을 정하고, 학칙에서 이를 규정한다. 쇠퇴가 끝에 이르면 반전하는 것이니 지금이 그때가 아니겠는가?

공자는 부끄러움을 아는 것은 용기와 같다고 말했다. 맹자는 "다른 사람보다 뒤처지는 것을 부끄러워하지 않는데, 어찌 남에 견줄 만한 것을 갖출 수 있겠는가"라고 말했다. 지구의 모든 나라가 먹을 수 없는 독주를 싫어하는데, 오로지 우리 중국만이 온 나라가 그 속에 빠져서 스스로 기난과 죽음을 재촉하고 있으니, 고금을 통틀어 이보다 더 기괴한 것은 없었다. 공자와 맹자를 부활시켜 천하를 가르쳐 염치를 바로 세우게 한다면, (공자와 맹자는) 바로 아편을 끊게 하는 것에서 시작할 것이다.

외편

勸學篇 下 外篇

제1장 지혜 증진 / 益智

자강은 힘에서 나오고 힘은 지혜에서 나오며 지혜는 배움에서 나온다. 공자는 (남들보다 몇 배의 노력을 한다면) "어리석어도 반드시 현명해질 것이며, 유약하더라도 반드시 강해질 것이다"라고 말하였다. 현명하지 못하면서 강해질 수 있는 자는 없다. 사람의 힘으로는 호랑이와 표범에 대항할 수 없으나 그것을 잡을 수 있는 것은 지혜이다. 사람의 힘만으로는 홍수를 막을 수 없고 높은 산을 무너뜨릴 수 없지만, 홍수를 막고 산을 개척할 수 있는 것은 지혜이다.

어찌하여 서양 사람은 지혜롭고 중국인은 우매한가? 유럽에는 국가가 많아 힘이 센 나라들이 서로 엿보며 각자 집어삼킬 생각을 하니, 대적할 만한 힘이 없다면 스스로 생존할 수 없다. 따라서 부강을 도모하는 정치와 천체를 관측하고 지구를 측정하며 사물을 연구하여 백성을 이롭게 하는 기술을 가르치니, 날마다 새로운 방법이 나타나고 서로 모방하며 우세해지려고 한다. 또한 국경이 서로 접해 있어 증기선과 철로가 개통된 이후 왕래는 더욱 빈번해지고 견문은 확대되어 100년 이래로 확연하게 변화했으며, 최근 30년 사이의 진보는 더욱 빨랐다. 예컨대 집은 사통팔달의 도로에 위치하여 묻지 않고도 많이 알게 되며, 배움에는 경외하는 친구가 있으니 힘들이지 않고도 많이 얻게 된다.

  중국은 춘추, 전국, 삼국시대에 인재가 가장 많았다. 여러 왕조를 거치며 하나로 통합된 이후, 동방에 홀로 남겨져 맥이 빠져버렸다. 주변의 이웃 국가는 모두 산기슭과 물가의 야만족과 오랑캐이며 (몽골, 신강 등) 사막의 번부(藩部)로서, 그 통치술이나 학술은 중국보다 우월한 자가 없었다. 그러니 옛 법을 그대로 지키면서 간혹 수정하여 정돈하고, 옛 학문을 지키며 범위를 넘어서지 않아도 안전하게 유지할 수 있어 근심이 없었다. 시간이 흐르면서 폐단은 날로 늘어나고 옛 법과 학문의 핵심 뜻은 점차로 사라졌다. 오늘날 오대륙이 크게 왕래하는 때에 이르러 서로 비교하니 부족함이 드러났다. 서양 국가가 강성하며 개화할 때는 바로 우리의 성조에서 고종에 이르는(강희~건륭) 시기이다. 그때 조정이 아주 큰 도량으로 멀리서 온 서양 사람을 업신여기지 않고 원대한 식견과 계획을 갖고 진부한 논리에 구애받지 않았다면 인재는 많아지고 재물도 충실해졌을 것이다. 또한 우리는 사신을 파견하여 왕래하고 멀리 유학을 보내 공부해야 한다는 것을 알아 그들의 법도를 채용하고 그들의 장점을 배웠을 것이다. 또한 외국을 두렵게 여기고 우리 중국의 게으름을 경계하고 우리 중국의 사치를 멈추었다면 온갖 정사와 기술이 그들을 능가했을 것이다. 도광 말기에 통상과 군사력에서 서양 국가의 세력은 더욱 강해지고 중국 인재는 더욱 수준이 떨어져서 큰 상처를 입고서도 거의 깨우치는 바가 없었다. 또한 태평천국의 난이 일어나니 돌아볼 겨를이 더욱 없었다. 임문충(林文忠, 임칙서)이 『사주지(四洲誌)』, 『만국사략(萬國史略)』을 번역했으나 대사를 맡는 바람에 끝마치지 못했다. 증문정(曾文正, 중국번)이 학생을 외국으로 보낸 적이 있지만, 오래 가지 못했다. 문문충(文文忠, 문상)은 동문관을 창설하고 주재 사신을 파견했으며 서양의 각 서적을 편찬했으나 홀로 고립되어 도움을 받지 못했다. 진부하고 오류투성이의 논의, 엉성한 대책이 조야에 충만했고 성실하지도 않고 공부도 하지 않으면서 책망만 했다. 첫 번째 경고가 대만(타이완) 사건에서 나왔으며, 유구(琉球, 류큐) 사건으로 두 번째 경고가 있었고, 이리 사건에서 세 번째, 조선에서 네 번째, 베트남·미얀마에서 다섯 번째, 일본에서 여섯 번째 경고가 나왔다. 재난의 조짐이 급하게 다가오고 있는데 사대부들이 무지몽매하고 교만·완고하기는 여전했다. 하늘이 깨우쳐 주고 있는데, 사람들 스스로 이를 막아버리니 뭐라고 말해야 한단 말인가!

무릇 정치·사법·군사·재정과 외교는 사대부가 알아야 할 지식이고, 경작·토지개량·농기구·비료는 농민이 알아야 할 지식이다. 기계의 사용, 물건을 만드는 것은 공인이 알아야 할 지식이다. 새로운 땅을 찾아가고 새로운 물건을 찾아내며, 다른 나라의 장단점을 관찰하고 각국의 이익과 손해를 비교하는 것은 상인이 알아야 할 지혜이다. 군함과 포대, 측량은 군인이 알아야 할 지식이다. 이러한 지식은 부강을 가르치고 양성하는 실질적인 정무이지, 소위 말하는 기묘한 기술이나 음험한 속임수가 아니다. 중국인들은 예전에 하던 방식을 주장하고 이러한 지식을 열심히 배우려고 하지 않는다. 계속 이렇게 하면서 고치지 않는다면 서양의 지식은 날로 발전하고, 중국은 더욱 어리석어져서 병탄의 우려가 항시 있게 된다. 계속 양보하거나 대립하면서 통상을 예전처럼 지속한다면 이익을 잃고 권리는 손상되며 조잡한 것을 얻고 핵심은 놓쳐, 부지불식간에 모든 중국의 백성이 서양인의 하인이 될 것이다. (서양인은 중국인을) 하인으로 부리는 것에 그치지 않고 끊임없이 빼앗고 착취하며, 필시 병탄한 이후에야 속이 후련하여 끝낼 것이다. 이 때문에 지식으로 국가를 구하고 배워서 지식을 늘려야 하며 사대부는 농민, 공인, 상인, 군인을 지도해야 한다. 사대부가 지혜롭지 않으면 농민, 공인, 상인, 군인은 지혜로울 수 없다. 정치의 학문을 중시하지 않으면 기술 학문도 행해질 수 없다. 대체로 국가가 지혜로우면 힘이 약하더라도 적은 그 나라를 멸망시킬 수 없다. 백성이 지혜로우면 국가가 비록 위기에 처하더라도 다른 사람이 그 종족을 멸망할 수 없다(인도가 영국에 복속되고 코칸드와 카자흐가 러시아에 점령당하고 아프리카가 영국, 프랑스, 독일에 분할 점령된 것은 모두 어리석어서 망한 것이다. 미국은 이전에 영국에 복속되었으나 지혜로워서 자립했다. 쿠바는 스페인에 복속되었지만 어리석음에 완전히 빠지지 않았기에 다시 떨쳐 일어날 수 있었다). 지혜를 구하는 방법은 무엇인가? 하나는 터무니없는 것을 버리는 것이고, 다음은 엉성함을 버리는 것이다. 고루하고 헛된 교만은 터무니없는 길로 들어서는 것이다. 요행을 바라고 나태한 것은 엉성함의 근원이다. 두 가지 폐단을 제거하지 않으면 소나 말, 흙과 풀처럼 보잘것없는 존재가 될 뿐이다.

우민화에 대한 변론

최근 3년 동안 외국은 강하고 중국은 약한 형세가 크게 현저해졌다. 개항지의 인사들이 차츰차츰 《만국공보(萬國公報)》를 보고 강남제조총국의 번역서를 읽고 서양 선교사를 접촉하면서, 중국인의 지식이 서양인에 미치지 못한다는 것을 점차 깨달았다. 이는 중국 역대 제왕이 그 백성을 어리석게 만들었기 때문이라고 책임을 전가하고 있는데, 큰 오류이다.

『노자』는 "도를 깨우친 자는 백성을 계몽하는 것이 아니라 백성을 어리석게 하는 것이다"라고 말하였다. 이사나 한비의 학설은 폭압적인 진나라의 정치일 뿐이었지 역대 어느 왕조가 이런 견해에 동조했는가? 한나라는 잃어버린 책을 찾고 육경을 존중하고 박사를 두었다. 현량한 사람을 선발하고 수재와 재능이 뛰어난 자를 모집하고 먼 변방의 뛰어난 재능을 지닌 자가 능력을 펼쳐 보일 수 있도록 했으니, 백성을 어리석게 만든 것이 아니다. 당나라는 과거 시험 과목을 많게는 50여 개까지 설치했으며, 송나라는 학교를 널리 설립하고 아울러 무술학교도 설립했다. 명나라는 홍무 3년에 과거를 실시하여 경서 과목 이외에 필사·산술·기마·궁술·법률 시험을 치렀으니(『명태조실록』, 『일지록』에서 인용) 백성을 우민화한 것이 아니다. 수나라 이후 시와 문장으로 인재를 뽑아 지금에 이르렀는데, 이는 어떠한 청탁도 없이 선발한 것으로 시험 성적만이 근거가 될 뿐이었다. 이 제도가 좋지 않다고 말할 수는 있어도 우민화라고 하는 것은 모함하는 것이다. 우리 왕조의 역대 황제들은 아주 절실하게 세상을 계몽하고 백성을 깨우치려는 생각으로 『수리정온(數理精蘊)』, 『역상고성(歷象考成)』, 『의상고성(儀象考成)』을 간행·반포하여 서양 학문의 천문역법을 가르쳤다. 사신을 파견하여 경도와 위도를 측량하고 천하의 지도를 그렸으며 서양의 지리학을 교육했다. 『수시통고(授時通考)』를 간행·반포하여 농학을 가르쳤다. 『칠경의소(七經義疏)』를 편찬하고 13경·24사·9통을 간행했으며, 사고관을 설치하여 서적을 편찬하고 전국에 분산 소장하여 사람들이 마음껏 공부하도록 하여 경전과 역사학, 백가의 학설을 교육했다. 동치 연간에 반란을 평정한 이후에 수도와 지방에 동문관과 방언관을 설립하여 번역을 가르쳤다. 제조국을 설립하여 기계를 교육했다. 선정아문(船政衙門)을 설립하여 선박을 교육했다. 학생을 미국·영국·프랑스·독일에 누차 파견하여 만국법·광산학·해군학·육군학·포병과 철로를 공부시켰다. 총리아문은 만국공법·물리·화학의 여러 책을 편찬하고, 강남제조총국은 서양 서적 70여 종을 번역·출간하여 각종 서양 학문을 가르쳤다. 또한 동문관에서 3년을 공부하여 (성적이 우수하면 관직에 등용하는) 우대 조치가 있었으며, 해외주재원으로 3년간 근무하면 특전을 베풀었다. 학당 학생은 관직에 추천했으며 외국 시찰에는 후한 자금을 지급했다. 조정은 백성의 어리석음을 깨우치고 사대부의 지혜가 쌓이기를 바라며, 오히려 (앞선 지식을) 따라잡지 못할 것을 마음 졸이며 걱정했다. 유감스럽게도 천박한 유학자와 저급한 관리들이 걸핏하면 새로운 학문을 책망하고 서로 배우지 말도록 훈계했다. 번역서는 많지 않고 학문 역시 정밀하지 못하며, 외국으로 나간 자 대부분은 학문에 뜻을 두지 않았다. 따라서 인재가 되는 자 역시 많지 않아 배우지 않은 자가 조정을 책임질 뿐이었다.

시험을 세 번 보는 기존의 과거제도는 비록 서양 학문을 같이 평가하지는 못하더라도 중국 학문을 측정하기에는 충분했다. 잘못은 주관 기관이 한쪽에 치우치고 사인들이 표절한 것에 있었지, 제도가 잘못되어서 나타난 폐단은 아니었다. 만일 경의와 책문을 두루 이해한다면 세상을 다스리는 큰 흐름, 백가의 학술에 관통하여 정무를 맡아도 성과를 낼 것이며 또한 사태의 변화에 통달하여 어리석게 되지는 않을 것이다. 자식이 못나면 집안 가득히 책이 넘쳐나도 읽지를 않고 집에 스승이 있어도 가까이하지 않는다. 부모의 훈계와 서당의 학습 때에도 속이고 감추려고만 하여 마침내 퇴락하고 빈곤하게 되고서야 그 부모를 원망하니, 어찌 잘못된 것이 아니겠는가?

서양 학문을 찬미하는 자가 중국의 조정과 백성의 풍속이 하나도 옳은 것이 없다고 생각하는 것이 오늘날의 대체적인 분위기이다. 적지 않은 사람들이 고조부, 증조부, 부친 역시 낮게 바라본다. 심지어 수천 년 이전의 역대 제왕이 잘한 정치라고는 하나도 없었고, 역대의 대신과 유학자도 인재라고는 하나도 없었다고 책망한다. 2000년 이상 서양 국가에 어떠한 학문이 있었고, 서양의 국가들은 어떠한 정치를 실행하고 있었는지를 모르지 않았는가?

제2장 유학/游學

서양에 1년 나가 있는 것이 서양 서적을 5년 읽는 것보다 낫다. 이것이 바로 조영평(趙營平)이 백문이 불여일견이라고 한 말이다. 외국 학당에서 1년을 수학하는 것이 중국 학당에서 3년을 수학하는 것보다 좋다는 것은 맹자가 (제나라의 말을 배우려면 제나라의 수도인) "장악(庄岳)에 데려다 둔다"라고 한 말에 비유할 수 있다. 유학은 어린 사람보다는 성인, 일반 관료보다는 지위가 높은 사람에게서 효과가 있다는 것은 예전의 해외 시찰자의 사례에서 보았다. 진나라 문공은 19년 동안 외국에 있으면서 제후들을 두루 만나고 귀국하여 패자가 되었다. 조나라 무령왕은 평복 차림으로 진나라를 둘러본 후 귀국하여 국가를 강성하게 만들었다. 춘추전국시대는 이리저리 돌아다니면서 배우는 유학이 가장 성행했다. 증자·좌구명과 같은 현명한 자와 오기·낙양자(樂羊子)와 같은 재능 있는 사람이 모두 이리저리 다니면서 공부를 했고, 그 외 책사와 여러 학설을 지닌 자 등 일일이 열거할 수 없을 정도이다. 과거의 훌륭한 군주와 뛰어난 신하들, 예를 들면 한나라의 광무제는 장안에서 공부를 했고, 유비는 정강성(鄭康成, 정현), 진원방(陳元方, 진기)과 교류했다. 명나라의 손승종(孫承宗)은 (요동 방어 직무에) 취임하기 이전에 변경의 요새를 두루 돌아보았고, 원숭환(袁崇煥)은 경관(京官)이 되던 날에 요동에 잠입해 들어갔다. 이러한 과거의 일들은 (여러 곳을 두루 돌아다니며 공부하는 것이) 효과가 좋다는 것을 보여준다. 오늘날의 사실을 말해보면, 일본은 조그마한 나라였으나 어찌하여 갑작스럽게 흥기했는가? 이토 히로부미, 야마가타 아리토모, 에노모토 다케아키, 무쓰 무네미쓰 등은 모두 20년 전에 외국에 나가 공부했다. 자신의 나라가 서양의 위협을 받는 것에 분개하여 100여 명의 무리를 인솔하여 독일, 프랑스, 영국 등으로 가서 정치, 상공업을 배우거나 육해군 군사학을 배웠다. 학업을 마치고 귀국하여 각료와 장군이 되어 정치를 확 바꾸어 (일본은) 동방의 강자가 되었다. 이 외에 다른 사례도 있는데, 러시아의 이전 황제 표트르는 러시아가 강하지 못함에 분개하여 직접 영국과 네덜란드 두 나라의 조선소에 가서 노동자로 일하면서 해군의 기선 엔진과 항해법을 습득하고 조선술을 배웠다. 귀국한 후 여러 일을 크게 바꾸어 오늘날에는 마침내 세계 제일의 대국이 되었다. 또 다른 예로 태국은 오랫동안 프랑스가 탐내던 곳이었는데, 광서 20년(1894년)에 프랑스와 충돌이 일어나 합병당할 뻔하였다. 태국 왕이 분개하여 국내에서 의연히 제도를 개혁하여 모든 것을 새롭게 시작했다. 세자를 영국에 유학 보내 해군학을 배우게 했는데, 작년에 태국 왕이 유럽을 둘러볼 때 증기선을 몰고서 홍해로 와서 영접한 자가 바로 공부를 마친 세자였다. 태국 왕 역시 스스로 서양 언어와 학문을 공부하니 각국이 더욱 예의를 표하여 태국은 마침내 망하지 않을 수 있었다. 위로는 러시아, 중간에 일본, 아래로는 태국이 있는데, 중국은 어찌하여 그 중간에도 이르지 못하는가?

유학을 갈 나라로는 서양보다 일본이 낫다. 하나, 거리가 가깝고 비용을 절약할 수 있어 많이 파견할 수 있다. 둘, 중국과 가까워서 고찰하기 쉽다. 셋, 일본어는 중국어와 가까워 이해하기 쉽다. 넷, 서양 학문은 상당히 범위가 넓은데 무릇 서양 학문에서 꼭 필요하지 않은 것을 일본인이 이미 축약하고 참작하여 수정했다. 중국과 일본은 정서나 풍속이 서로 비슷하여 모방하기 쉬워 절반의 노력으로 두 배의 효과를 얻을 수 있으니 이보다 더 나은 것이 없다. 만약 스스로 더 깊고 완벽한 것을 얻으려 한다면 다시 서양으로 가면 되지 않겠는가?

혹자는 말하기를 "예전에 어린 학생을 미국에 보내어 학습하게 했는데, 어찌하여 아무런 효과가 없었는가"라고 한다. 그것은 "어린 학생을 보낸 것이 실수였다"라고 할 수 있다. 또한 "일찍이 영국, 프랑스, 독일에 학생을 파견하여 육해군에 관한 각종 학문을 배우게 했는데, 어찌하여 인재가 많지 않은가?"라고 한다. 그 대답은 "인솔자의 감독이 주의 깊지 못했기 때문이며 과거 합격자나 똑똑한 사람이 없었기 때문이다"라고 할 수 있다. "관원을 파견하여 해외 시찰을 한 적이 있었는데, 어찌하여 인재와 그렇지 못한 자가 모두 섞여 있는가?" 이는 "선발을 잘못해서 실패한 것이다". 비록 그렇다고 하더라도 이 가운데 역시 세상을 다스릴 수 있는 능력을 갖춘 자가 있다고 나는 알고 있다. 목이 멘다고 음식을 그만 먹어야 한다거나, 돼지 족발 하나의 적은 비용으로 제사를 지내며 아주 많은 것을 얻으려는 바람은, 사람과 국가를 망치는 잘못된 말이니 듣지 않아야 한다.

맹자가 한 말을 살펴보면, 성현, 제왕, 대신이 고난을 겪으면서도 업적을 이룰 수 있었던 요점은 "마음을 써서 고난을 참아가며 자신이 갖지 못한 능력을 점차 늘려가는 것"으로 우려되는 상황을 생각하며 (그 대응책을 마련하며) 살아갔기 때문이라고 말할 수 있다. 모욕을 당하고도 부끄러워하지 않고, 국가가 위태로운데 두려워하지 않는 것은 마음을 쓰지 않는 것이다. 어리석은 상태에서 깨닫지 못하고 난폭하게 굴며 반성을 안 하고 다른 사람을 본받는 것을 부끄럽게 여기는 것은 고난을 감내하지 않는 것이다. 일상에 물들어 옛것을 답습하고 서로 동조하며 고치길 꺼린다면, 관리는 하나도 아는 것이 없고 사대부는 뛰어난 점이 하나도 없으며 공인은 하나의 기술도 없게 될 것이다. 외적으로 멀리 유학을 가지 않고, 내적으로 학교를 설립하지 않으면 이것이 바로 부족한 능력을 늘리려고 하지 않는 것이다. 신경을 쓰지 않고, 고난을 감내하지 않으며 능력을 키우지 않으니 이것이 바로 우환 속에서 죽어가는 것이다. 어찌 생존을 말할 수 있는가!

제3장 학당 설립/ 設學

금년 특과[1]의 조칙이 내려오니 사기가 올라가고 공부하려는 분위기가 흥기했다. 그러나 특과의 여섯 개 시험 과목에 손색없이 당당하고 천자의 마음에 부합할 수 있는 자는 그다지 많지 않다. 작년에 각 성에 학당을 설립하라는 명령을 내렸다. 그 명령이 나온 지가 얼마 되지 않았고 경비도 모이지 않아 학당을 설립 운영하는 자는 많지 않았다. 학당이 설립되지 않아 인재를 정상적으로 양성할 수 없는데 갑자기 인재를 구하니, 이는 나무를 심지 않고 웅장한 마룻대를 바라고 저수지도 만들지 않고 큰 물고기를 바라는 것과 같다. 외국으로 유학을 보내는 비용은 아주 많이 들어가니 사람을 많이 보낼 수 없다. 또한 학문은 기초가 있어야 하니 이치를 명확히 알고 식견이 이미 확립된 사람이 외국으로 파견되어 나가야 성과는 빠르고 폐해가 없다. 따라서 천하에 널리 학당을 설립하지 않으면 안 된다. 각 성·도·부·주·현에 모두 학당이 있어야 하는데, 경사(京師)와 성도(省都)에는 대학당을 두고 도와 부에는 중학당을 설립하며 주·현에는 소학당을 둔다. 중·소학은 대학당 진학을 위한 입학시험을 준비한다. 부와 현 가운데 인문이 융성하고 물력이 충분하여 부가 대학을 설립할 수 있으며, 현이 중학을 설립할 수 있다면 더욱 좋다. 소학당에서 사서를 익히고 중국 지리 및 역사의 대략과 수학·제도·과학의 초보 지식을 배운다. 중학당은 각 분야에서 소학당과 비교하여 약간 깊이 있게 가르치며, 오경을 추가로 익히도록 하고 『통감』을 배우며 정치학과 외국 언어와 문자를 배운다. 대학당은

---

1   1898년 초 설립을 준비했으나 무술정변 때문에 실시하지도 못하고 폐지되었다. 계획한 특과의 여섯 개 과목은 내정(內政), 외교, 이재(理財), 경무(經武), 격물(格物), 고공(考工)이었다.

이를 더욱 심화시키고 폭넓게 공부한다.

혹자는 말하기를 "천하의 학당이 1만 개를 헤아리니 국가가 어찌 이 재정을 감당할 수 있단 말인가?"라고 한다. 답변하자면 먼저 서원을 학당으로 고치고 학당에서 배우는 것은 모두 황제가 내린 문서에 있는 과목으로 한정하는 것이다. 서원이 곧 학당이 되는 것이니 어찌 군더더기처럼 쓸모없이 늘어나는 것이 있겠는가?

혹자는 말하기를 "부와 현의 서원은 재정이 아주 적고 공간도 협소하며 조그마한 현은 더욱 초라하고 심한 곳은 재원이 없기도 한데 어떻게 학생을 양성하고 책과 기물을 구매할 수 있단 말인가?"라고 한다. 답하자면, 현은 (자선기관인) 선당(善堂)의 땅과 민간종교 활동의 비용을 학당의 재원으로 바꾸면 되고 종족은 사당(祠堂)의 비용을 전용하여 사용하면 된다. 그래도 액수에 한계가 있다면 어떻게 할 것인가? 답하자면 불교와 도교 사원을 개조하면 된다. 지금 천하의 절과 도관이 수만 개를 넘으니 도회지에는 100여 개, 큰 현에는 수십 개, 조그만 현에는 10여 개가 모두 토지 재산이 있는데, 이는 모두 보시로 얻은 것이다. 학당으로 개조하여 건물과 토지를 모두 갖출 수 있지만, 이 역시 임시이자 간이 방책이다. 지금 서양의 종교가 날로 번성하고 불교와 도교는 날로 쇠락하니 이 추세라면 오래 존속하지 못할 것이다. 불교는 이미 말기 쇠락의 운명에 처해 있으며, 도교 역시 그 귀신이 신으로 추앙받지 못하고 사라질 걱정에 처해 있다. 만약 유가의 기운이 떨쳐 일어나서 중화가 안정되면 불교와 도교 역시 그 보호를 받을 것이다. 대체로 모든 현의 절과 도관 가운데 10분의 7을 취하여 학당으로 개조하고, 10분의 3은 남겨두어 승려와 도사가 머물도록 한다. (절과 도관에서) 학당으로 넘어온 재산은 학당이 70퍼센트를 사용하고, 승려와 도사가 30퍼센트를 사용한다. 사원과 도관의 재산 가치를 계산하여 조정에 표창하도록 건의하고, 승려와 도사가 포상을 원하지 않으면 그 친척에게 관직을 내려

표창한다. 이렇게 한다면 수많은 학당이 하루아침에 생겨날 것이다. 이것을 기반으로 삼아 이후 신사와 부유층에게 기부금을 내도록 권장하여 학교를 늘릴 수 있다. 예전에 북위 태무제(太武帝) 태평진군(太平眞君) 7년(446년), 당 고조 무덕(武德) 9년(626년), 무종 회창(會昌) 5년(845년)에 천하의 사원을 폐지한 적이 있었다. 이때는 승려에게 세금을 거두고 불법(佛法)을 폐지하려는 의도였으며, 혹은 불교를 억압하고 도교를 신장하려는 사적인 것이었다. 지금은 현의 인재를 양성하기 위한 것이고, 또한 표창이 있으니 공적인 것이다. 만약 각 성의 신사가 그 고향에서 학당을 설립하는 것을 급무로 삼아 그 현의 절과 도관의 상황을 잘 살펴서 연명으로 조정에 청원을 올린다면 조정에서는 당연히 허가할 것이다.

학당의 운영 방법에는 여섯 개[2]의 핵심이 있다. 첫째, 신·구를 함께 공부하는 것이다. 사서오경, 중국의 역사, 법령 제도, 지리는 옛 학문이고, 서양의 정치, 서양의 기술, 서양의 역사는 새로운 학문이다. 옛 학문을 근본〔體〕으로 삼고, 새로운 학문을 용도〔用〕로 삼아서 편벽되게 폐지하지 않아야 한다.

둘째, 정치제도〔政〕와 기술〔藝〕을 겸비하는 것이다. 학교·지리·재정·세무·국방·법률·산업·통상은 서양의 정치제도이고, 수학·제도·광업·의학·음향학·광학·화학·전기학은 서양의 기술이다(서양 제도에서 형사법이 가장 좋고, 서양 기술에서 의학은 군사에 가장 유익하니 군사를 공부하는 자는 반드시 중시해야 한다). 재능과 식견이 원대하고 나이가 많은 사람은 서양의 정치제도를 공부하고, 사고 능력이 정밀하고 민활하며 나이가 어린 자는 서양의 기술을 공부해야 한다. 소학당은 먼저 기술을 가르친 이후에 정치제도를 가르치며 대학당은 먼저 정치제도를 가르치고 후에 기술을 가르친다. 서양의 기술은 전문분야로서 10년은 공부해야 한다. 서양의 정치제도는 몇 가지를 함께

---

2 원문에는 다섯 개로 되어 있으나, 실제로 열거된 것은 여섯 개이므로 수정했다.

공부할 수 있는데 3년이면 핵심을 얻을 수 있다. 대개 시대를 구하는 계책과 국가발전 방안으로 서양의 정치제도를 익히는 것이 기술보다 급무이다. 그러나 서양의 정치제도를 공부하는 자도 역시 서양 기술의 효용에 대해 대략은 알고 있어야 서양 제도의 의도를 알 수 있다.

셋째, 소년을 가르쳐야 한다. 수학 전공은 머리가 예리한 사람, 정치제도 전공은 사물에 대한 관찰 능력이 좋은 사람, 물리·화학·제조는 자질이 뛰어난 사람, 외국어는 언변이 막힘이 없고 조리가 있는 사람이 전공하며 체육은 신체가 건장한 사람이어야 한다. 중년 이상의 선비는 재주와 힘이 이미 감소하여 학업 성과가 종종 중간 정도에 이르지 못한다. 또한 고정관념이 깊어 허심탄회하게 받아들이기 어려워 성과를 내는 것이 더딜 뿐 아니라 공부를 끝내지 못할까 염려된다. 이는 일은 두 배로 하면서 성과는 절반인 것이다.

넷째, 팔고문을 가르치지 않는다. 새로운 학문이 이미 과거시험 과목이 되었으니 팔고문과 다를 바가 없다. 더욱이 경서를 배우고 또 역사·지리·정치·수학을 같이 배우니 팔고문 공부보다 훨씬 유익하다. 여러 학생이 스스로 집에서 팔고문을 공부할 수 있는데 무엇 때문에 학당에서 수고롭게 강의하여 그 재능을 분산시키고 시간과 힘을 빼앗는가? 주자는 "옛사람들은 팔고문, 이 문제에 대하여 생각한 적이 없었으며 배우는 사람이 스스로 조급해하는 것이니 무엇 때문에 네가 나서서 가르치려고 하는가"라고 하였다(『어류』 권 109). 지극히도 올바른 말이 아닌가.

다섯째, 이익을 다투지 않도록 한다. 외국의 대·소학당은 모두 학비를 받아 급식과 교사 월급의 비용으로 사용하고 학생에게 학습보조금을 지불하지 않는다. 중국 서원은 가난한 선비를 구제하는 곳이라는 잘못된 생각이 관례가 되어 오로지 학습보조금과 포상을 받기 위해서 오는 경우가 종종 있었다. 이미 서원에 온 본래의 뜻이 달랐으니, 조그마한 액수라도 걸핏하면 비교하여 따지고 성이 나서 다투고 남의 허물을 들추며 공격한다. 타락하여 의지도 없고 서원의 규칙을 문란케 하고 표절하고 사칭하여 품위가 땅에 떨어졌다. 오늘날 서양의 방법을 급하게 아무렇게나 따라갈 수 없으니, 옛 규칙을 적절히 참작하여 고치는 것이 마땅하다. 학당에서 급식은 제공하고 학비는 받지 않지만 (학생에게) 학습보조금도 더는 지급하지 않는다. 북송 태학(太學)의 점수 누적법[3]을 사용하여 매월 그 성과를 검토하여 점수가 많은 자는 장려상을 준다. 몇 년이 지난 후에는 사람들이 그 이익을 알 것이고 학비를 납부하도록 하여 충당할 수 있을 것이니, 학교는 더욱 늘어나고 인재는 더욱 많아질 것이다.

여섯째, 교사에게 너무 가혹하게 요구하지 않는다. 초창기에는 좋은 교사가 많을 수가 없다. 최근 서양의 여러 서적이 상해에서 간행된 것이 꽤 많아서 각종 부문별로 다 있으며 정치제도와 기술에 관한 핵심의 대강은 이미 완비되어 있다. 머리가 좋은 선비가 3개월 연구한다면 소학당에서 가르칠 수 있을 것이다. 2년 이후엔 성 행정중심지[省都]에 있는 학당의 뛰어난 자는 중학당에서 가르칠 수 있게 될 것이다. 대학당이 처음 설립된 해에는 교수 역시 수준이 낮을 것이지만 성 내에서 여러 명을 구한다면 그럭저럭 해나갈 수 있을 것이다. 3년 이후에 새로운 책이 대거 출판되고 교수는 더욱 많아질 것이니, 대학당도 어찌 교수가 없는 것을 걱정하겠는가?

서원은 창졸간에 많이 설립할 수 없으니, 뜻있는 선비들은 학회를 만들어서 서로 연마를 해야 한다. 문인의 옛 습속에 과거시험 준비, 해서(楷書),[4]

---

3 점수 누적법(積分法)은 왕안석이 삼사법(三舍法)을 시행하며 사용한 것이다. 삼사법은 태학생의 평소 품행과 학업 시험 성적을 누적 평가한 후 세 등급으로 나누어 상사(上舍), 내사(內舍), 외사(外舍)로 분류하여 입학, 승급시키던 제도이다.

4 해서는 서법의 하나이다. 과거시험이나 관리 생활에서 글씨를 잘 쓰는 것은 중요했다. 조고(朝考) 장원(壯元)의 선발이나 한림(翰林)은 서법을 중시했다. 따라서 일반적으로

방생, 석자(惜字),⁵ 시 짓기, 음주, 바둑, 엽회(葉戲)⁶로 걸핏하면 모임을 만들었는데, 어찌 인생의 안위와 관련된 학문을 뒤로 미룰 수 있단 말인가? 옛사람들은 돼지를 키우고 집안일을 하면서도 강연을 들으며 경전을 공부했는데, 어찌 1000칸 넓이의 학교와 몇 개의 수레를 가득 채울 책이 있고 난 후에 공부를 하려고 하는가? 처음에는 둘, 셋으로 시작하고 점차로 몇 십, 몇백에 이를 것이고, 정성에 감응하여 1000리 밖에서도 이에 호응하는 사람이 있을 것이다. 예전에 원(原)나라의 백노(伯魯)⁷는 공부를 좋아하지 않아서 잘못되었으며 월나라 구천은 10년 동안 가르쳐서 흥성했으니, 국가의 흥망은 역시 독서인에게 달려 있을 뿐이다.

제4장 학제 / 學制

외국 각 나라의 학교제도에는 전문학교와 공공학교가 있다. 전문학교는 아

   공부할 때 해서 소자를 즐겨 쓰며 연습했다.

5 중국은 역대 제왕에서 일반 백성에 이르기까지 모두 글자에 대한 상당한 존중 의식을 지니고 있었다. 따라서 공부를 하면서 쓴 종이에도 상당한 존중과 애정을 표현하여 함부로 버리지 않았다. 공부하며 글자를 쓴 종이는 산 위의 깨끗한 암석이나 전문 소각로(惜字爐)를 선택하여 태웠다. 또한 이런 종이를 모아 전문적으로 소각 처리해 주는 사람도 있었다.

6 엽자희(葉子戲)라고도 하는데 일종의 카드놀이이다. 나뭇잎처럼 생긴 길게 된 카드를 순서대로 짝을 맞추거나 배열하여 높은 것이 이기는 것이다. 지금의 포커와 유사하다.

7 춘추시대 후기 조간자(趙簡子)의 장남이다. 조간자의 아들은 큰애가 백노, 작은애가 무휼(無恤)이었다. 조간자는 후계자를 정하려고 했는데, 어느 아이가 좋을지 알 수 없었다. 이에 두 조각의 죽간 위에 훈계를 써서 두 아들에게 주면서 잘 기억하라고 말했다. 3년 후에 두 아들에게 물었는데, 백노는 죽간을 잃어버려 대답을 하지 못했다. 이에 동생인 무휼이 자리를 이었는데, 이가 조양자(趙襄子)이다.

주 깊게 연구하여 이전 사람들이 발견하지 못한 것을 밝혀서 보통 사람들이 하지 못하는 것을 해내지만, 평생토록 공부해도 다 끝내지를 못하고 후손들도 연구를 끝내지 못하니 이것은 한계가 없는 것이다. 공공학교는 정해진 교재가 있으며, 배워야 할 범위와 내용이 정해져 있다. 하루에 배우는 과목은 정해진 과정에 따르며 수업 연한도 정해져 있다(3년이나 5년이다). 입학자는 중간 수준의 학업 성취를 해야 끝낼 수 있다. 게으른 자라고 해서 따로 적게 공부할 수 있는 것은 아니어서 중간 수준에 도달해야만 끝낼 수 있고, 성실한 자라고 더 많이 공부하게 하는 것은 아니다. 자질이 우수한 자로 함께 한 반을 이루고, 자질이 뒤처지는 사람으로 한 반을 만들며, 중간에 그만두어 늦어진 자는 그다음 반에 편성한다. 학생들은 똑같은 내용을 공부하고 교사도 같은 것을 가르치니, 이것은 공부의 한도를 정하는 것이다. 모든 일은 계획대로 움직이며, 계획에 없던 수업을 하는 경우는 없다. 교사가 강의할 수 없는 내용을 실은 책은 없으며 학생이 이해할 수 없는 내용을 담은 것도 없다. 교사는 이미 배운 책으로 가르치니 가르쳐도 힘들지 않고, 학생은 족히 이해할 수 있는 것을 배우니 헛되이 고생하지 않는다.

　학생이 어떤 학당에 입학했는가를 따지면, 그 학생이 어떤 분야를 배웠는가를 알 수 있다. 학생이 학당에서 몇 년을 공부했는가를 물어보면 어느 정도의 등급을 성취했는가를 알 수 있다. 문무 관리와 온갖 직업의 백성이 배우는 것이 모두 똑같다. 소학당의 책은 내용이 비교적 수준이 낮고 양은 적은데, 천문·지질·회화·수학·과학·언어·체조와 같은 것에서 구체적이면서 가벼운 것을 배운다. 중학당의 서적은 내용이 조금 깊어지고 배우는 것도 더 많아진다(소학당의 지도에서 아주 소략하게 국가 영토와 산과 하천의 큰 흐름을 제시했던 것에서 더 나아가 부와 현, 그리고 상세한 산과 하천을 그려 넣고 더 나아가 철로, 전선, 광산, 학당을 넣는다. 나머지 책들도 이를 따른다). 언어는 각국의 언어를 함께 배우며, 수학은 대수와 로그를 가르친다. 이와 같이 화학·의학·정치도 단계에 따라 순차적으로 나아가고 나머지 것도 이를 모방한다. 대학당은 더욱 심화시킨다.

소학·중학·대학은 다시 2~3등급으로 나누고, 학습기한을 마친 이후 각 등급별 통과 시험을 거쳐 증명서를 발급한다. 국가가 인재를 등용하려고 하면 학당에서 선발한다. 학당의 졸업증서에 근거하면 그가 어떤 관직을 맡을 수 있는가를 알고서 임용할 수 있다. 관리는 (하는 일에) 배우지 않은 것이 없고, 학생이 배운 것에 쓸모없는 것은 하나도 없다.

학당에서 공부하는 책은 교사와 학자가 편찬하고 학부에서 확정한 후 국내에 반포한다. 수년이 지난 후에 내용을 증감하거나 정정할 필요가 있을 때에 수시로 그를 수정한다.

학당의 비용은 지방의 신사와 부유한 사람들의 기부금으로 모으고 국가는 국고에서 약간의 보조금을 지불한다. 입학자는 학업을 이루는 것에 전념해야지 학습보조금을 얻으려고 해서는 안 된다. 각 개인마다 매월 약간의 금액을 내서 식비와 교사 사례 비용으로 삼는데 가난한 집은 조금 내고 부잣집은 많이 납부한다. 관청과 신사가 학당 수립을 계획하여 마련한 비용은 학당 건립, 교사 초빙, 도서 구입과 기자재 마련 비용으로만 사용해야 하며 학생의 생활 보조나 장려금으로 사용하지 않는다(이 외 공익학교가 있어 아주 가난한 학생을 가르치는데 학생은 돈을 거의 내지 않는다. 공익학교는 아주 적으며 가르치는 것도 수준이 매우 낮다). 학교에 입학자는 이미 비용을 냈으니 반드시 원하는 것을 얻은 이후에 돌아가려고 할 것이다. 학업을 마친 후에는 관료, 공업과 상업으로 각기 생계를 꾸릴 수 있을 것이니 추위와 굶주림은 없을 것이다. 이것이 교육으로서 부양하는 방법이다. 이처럼 학생이 돈을 내니 한 국가 내에 소학이 수만, 중학이 수천, 대학이 수백 있지만, 비용을 관청의 지급에 의존하지 않으며 또한 신사층의 도움에 전적으로 의존하지 않는 이유이다. 이러한 방법의 장점은 세 가지가 있다. 돈을 내고 와서 공부하니 게으르지 않고, (학당에서) 이익 추구에 뜻을 두지 않으니 다툼이 없고, 국가는 많은 비용을 들이지 않고도 학당은 보급된다.

소자첨(蘇子瞻, 소동파)은 신법의 학교에 관한 법을 반대하며 "백성의 힘을 계발하여 국가를 다스리고 민간의 재원을 모아서 선비를 양성해야 한다"라고 말했다. 서양의 방식대로 한다면 재원이 많지 않아도 걱정할 필요가 없다. 왕개보(王介甫, 왕안석)는 신법에서 실시한 학교의 실패를 후회하며 "세상 물정을 모르는 책벌레를 수재로 만들려고 한 것이지 수재를 책벌레로 만들려고 한 것은 아니었다"라고 말하였다. 서양인들의 방식을 따른다면 세상 물정 모르는 책벌레로 변하게 할 우려는 없다. 동서양 각 국가가 학교를 운영하는 방법이나 사람을 쓰는 방법은 다른 점이 약간 있지만 대체로 같으니, 나는 이를 학교의 형식으로 삼으려고 한다.

제5장 번역 진흥 / 廣譯

최근 10년 이래로 각 성의 학당은 서양인을 초빙하여 교사로 삼았지만 두 가지 폐단이 있었다. 교사와 학생이 언어가 서로 통하지 않아 통역이 중추적인 역할을 하게 되었다. 그런데 통역자는 배운 지식이 대부분 수준이 얕거나 오로지 언어만을 배워서 그 학문을 이해하지 못하여 진짜 뜻을 전달하지 못한다. 조그마한 실수가 나중에는 아주 큰 착오가 되고, 이해하지 못한 것은 일부로 빼먹거나 고치니 이것이 첫째 폐단이다. 가령 통역을 잘했다고 해도 서양인 교사의 수업 시간은 하루에 2~3시간뿐이고 가르치는 것도 한두 가지 사항에 지나지 않는다. 서양인의 고질적인 습관은 종종 고의로 늦추어 천천히 하며 그 능력을 다하지 않으며 기한을 늘이는 것으로, 하나의 계산법을 1년 내내 가르치는 이유이다. 가령 교사가 노고를 아끼지 않는다고 해도 서양인 한 사람이 가르칠 수 있는 학문은 얼마 안 되지만 서양인 교사 한 사람에 들어가는 비용은 거액이다. 이러한 이유로 학당을 건립한다고 해도 쓸 만한 인재로 양성되는 자는 적으니, 주자가 마음으로 깨달은 바가 없으며 아는 지식은 한계가 있다고 말한 것이다. 이것이 둘째 폐단이다. 첫째 폐단은 정확하게 배우지 못하는 것이고, 둘째 폐단은 많이 배우지를 못하는 것이다. 기기제조국의 공장이 서양인을 기술 고문으로서 고용했으나 중국인 기술자가 서양 언어를 이해하지 못하여 한두 명의 통역자에 의존하니 그 폐단 역시 같다.

(하·은·주) 삼대 시대에도 번역학을 교육했다. (통역관으로서)『주서』에 설인(舌人),『주례』에 상서(象胥), 송훈(誦訓)이 나와 있다. 양웅(揚雄)은 다른 나라의 언어를 기록했고, 주포(朱酺)는 서남 오랑캐의 노래를 번역했으며 우근(于謹)은 여러 나라의 말에 능통했다.『수서』「경적지(經籍誌)」에는 국어잡문(國語雜文), 선비호령(鮮卑號令, 선비어), 바라문서(婆羅門書, 인도 불교서), 부남호서(扶南胡書, 부남국의 책), 외국서가 실려 있다. 최근의 사람으로는 소양(邵陽)현의 위원(魏源)이 도광제 시기 외국의 각종 서적과 신문을 번역하여『해국도지(海國圖志)』를 발간했는데, 이것이 중국이 서양의 정치를 알게 된 시초이다. 광동성 남해(南海)의 풍준광(馮焌光)은 동치 시대에 상해도(上海道)를 맡았을 때 방언관을 창설하고 서양서 수십 종을 번역했는데,[8] 이것이 중국이 서양의 학문을 배운 시초이다. 앞선 몇 명의 원대한 식견을 살

---

8 상해도는 강소성의 하급 행정단위이며 상해현과 송강(松江)부보다 높은 중간등급의 행정구역이었다. 상해도의 최고행정장관은 상해 도대로서 정사품관이었지만 중요 관원에 속했다. 임기가 끝난 후에 정3품 안찰사(按察使) 혹은 정2품 포정사(布政使)로 승진하거나 순무로 승진하는 경우도 있었다. 상해의 개항 이후 상해 도대의 업무는 늘어나 지방의 외교를 처리하고, 양무 활동에 종사할 직무가 부여되었고, 상해도에 회장국(會丈局), 양무국(洋務局), 회심공해(會審公廨), 순방보갑국(巡防保甲局) 등이 증설되었다.

펴보니 진실로 호걸의 선비라고 할 수 있다.

만약 중국 학문을 명확하게 익히고 서양 언어를 같이 공부한다면, 서양인 교사가 있을 경우 교사와 학생의 대화에 오류가 없을 뿐만 아니라 계몽하기 쉬울 것이다. 서양인 교사가 없다면 책을 스승으로 삼아 성정에 부합하는 것을 따라 넓게 공부하는 데 문제가 없을 것이다. 중국의 외교 각서, 조약, 계약에서 중국어와 서양어의 뜻이 부합하지 않고 걸핏하면 사기를 당하니 피해를 끼치는 것이 한이 없다. 나는 중국어와 중국 글에 능통한 서양인을 많이 보았지만 서양 언어와 글에 능통한 중국인은 거의 보지 못했다. 이것이 오랫동안 자리를 함께하며 이야기를 나누고도 그 진심을 파악하지 못하여 교섭할 때 기회를 놓치거나 일을 그르치는 경우가 많은 이유이다.

대체로 상업 거래에서는 영어를 많이 사용하고, 공문 조약에는 프랑스어를 많이 사용한다. 각종 서양 서적 중 중요한 것은 일본이 이미 번역했으니, 우리가 일본에서 가져온다면 힘을 절약하면서 효과는 빠를 것이기 때문에 일본어의 사용도 많을 것이다. 그런데 번역의 학문에는 수준 차이가 있는데, 간단히 상거래에서 응대할 수 있는 말을 이해하고 회계 장부용 문자를 아는 자는 등급에 넣지 않는다. 쉬운 공문서, 편지를 해석하고 사물의 명칭과 특징에 관한 글자를 아는 자는 하등으로 한다. 전문 학문 가운데 한 분야의 서적은 번역할 수 있으나(예컨대 천문, 광산학을 배웠다면 천문과 광산학에 관한 서적만을 번역할 수 있음) 배우지 않은 것은 번역하지 못하는 자는 중등으로 한다. 각 분야의 학문 서적과 중요 공문서, 법률의 깊은 의미를 번역할 수 있는 자는 상등으로 한다. 하등은 3년, 중등 5년, 상등은 10년이 걸린다. 나는 10년 이후 번역 인재가 많아져 그들을 기용할 수 있을 때까지 기다릴 수 없으며, 또한 번역학은 깊이에 차이가 있지만 공부하는 사람의 의지와 재능이 어떠한지는 알 수 없다. 또한 관직에 (번역자가 진출할) 자리가 아직 없으니 여전히 시국의 급무에 참여할 방법이 없다. 이 때문에

서양 국가의 유용한 책을 많이 번역해서 서양 글을 모르는 사람을 가르치자는 것이다. 현직에 있는 고관, 중원의 서생, 중국 학문에 조예가 깊은 노학자, 중문을 조금 하는 상공인들은 늙고 젊고를 떠나서 모두 그것을 구해서 읽고 채택하여 실행할 수 있을 것이다.

책을 번역하는 방법에는 세 가지가 있다. 첫째, 각 성에서 역서국을 다수 설립하는 것이다. 둘째, 외국에 나가 있는 사신이 그 국가의 중요 서적을 선택하여 번역하는 것이다. 셋째, 상해의 유력한 서적 상인과 호사 문인이 서양의 서적을 많이 번역하여 판매하는 것으로, 판로는 넓고 저자는 명성을 얻으며 천하에 유용성이 있을 것이다(이것은 가난한 선비가 생계를 도모하는 계책이 될 수 있으며 만물의 이치를 깨달아 일을 성취하는 공이 잠재되어 있다. 그 이익은 과거시험장의 답안을 석인(石印)한 것과 같으며 그 공덕은 (선행을 권장하는) 선서(善書)를 인쇄하는 것보다 크다. 글자는 약간 커야 하는데, 만약 석인한 책과 같이 빽빽하고 작은 글씨로 한다면 나이든 사람과 일이 많은 사람은 많이 읽을 수 없으니 판매도 많이 이루어지지 않는다. 오늘날 새로운 지식을 시급히 알고자 하는 사람 가운데 가장 절실한 자는 관직에 있으면서 일을 맡고 있는 사람인데, 대체로 중년 이상이다. 일은 많고 여유가 없으니 어찌 등불을 켜고 작은 글자를 읽을 수 있겠는가? 서양의 신문을 번역하는 것도 마찬가지이다).

왕중임(王仲任, 왕충)은 "과거를 알고 현재를 모르는 것을 우매하다고 하고, 현재를 알고 과거를 모르는 것을 귀와 눈이 멀었다고 한다"라고 말하였다. 나는 이를 바꾸어서, 외국을 알고 중국을 알지 못하는 것을 얼이 빠졌다고 하고 중국을 알고 외국을 알지 못하는 것을 귀와 눈이 멀었다고 말하려고 한다. 서양 말을 하지 못하고 서양 글을 이해하지 못하고 서양 서적을 번역하지 못하면, 남이 우리를 능가해도 믿지 않고 남이 나를 속이는데도 관심을 두지 않으며 남이 나에게 권고해도 받아들이지 않고, 남이 나를 삼켜도 알지 못하며 남이 나를 해치고 있는데도 보지를 못하니, 귀와 눈이 먼 것이 아니면 무엇이란 말인가? 외국 글의 학습은 효과는 늦게 나타나나 쓰임새는 많으니, 어리고 아직 관직에 오르지 못한 사람을 대상으로 계획을 세운다. 서양 서적의 번역은 성과는 금방 나타나고 효과는 빠르니, 중년으로 관직에 있는 자를 위해 계획을 세운다. 만약 일본어를 배우고 일본 서적을 번역한다면 더욱 빠를 것이다. 이러한 이유로 서양인 교사를 따르는 것보다 서양 언어를 배우는 것이 좋고, 서양 서적을 번역하는 것보다 일본 서적을 번역하는 것이 낫다.

제6장 신문 열람 / 閱報

이한(李翰)은 『통전』의 좋은 점이 "집 밖으로 나가지 않고도 천하를 알고, 경험을 하지 않고도 세상의 변화를 알고, 정치에 종사하지 않고도 민간의 사정을 알 수 있는 것이다"라고 했다(원문에는 민을 인으로 썼는데, 당나라 군주의 이름을 피하기 위한 것이었다). 아마 오늘날의 중국과 서양의 각 신문을 이렇게 말할 수 있을 것이다. 나는 "교류가 적더라도, 배움을 갈고 닦을 수 있다"라는 두 마디 말을 덧붙이려고 한다.

외국은 신문사가 많이 들어서서 한 나라에 많게는 만여 곳이 있다. 관청에서 발행하는 관보와 민간에서 발행하는 신문이 있다. 관보는 국가의 시정방침을 선전하고 신문은 민간의 상황을 전달한다. 무릇 국정의 득실, 각국의 교섭, 공업과 상업의 성쇠, 무기와 전함의 수량, 학술상의 새로운 이론과 방법이 모두 여기에 실려 있다. 이는 한 국가가 하나의 가정과 같게 되고, 세계의 사람들이 만나서 이야기하는 것과 같다.

중국은 임문충공(임칙서)이 광동 총독이었을 때 외국 신문을 구해서 읽으며 마침내 서양의 상황을 알게 되었다. 이후 그를 계승하는 자가 더는 없었다. 상해의 신문사는 동치 연간부터 있었는데, 특히 시정의 소소한 일을 많이 싣고 서양 신문에서 아주 간략히 뽑아서 게재하니 역시 중요한 말이 없었다. 상해도(上海道)는 달마다 서양 국가의 최근 일을 번역하여 총서(총리각국사무아문의 약칭, 총리아문을 말함)과 남·북양대신에게 올렸지만 모두 2개월 이전의 일이며, 당시 금기시되는 것과 관련된 것은 항상 삭제하고 쓰지 않았기 때문에 원문과 같지 않았다. 을미년(1895년) 이후 뜻있는 사람과 문인이 신문사를 창립해서 서양의 신문을 폭넓게 번역하여 광범위한 논의에 참작하도록 했는데, 상해에서 시작하여 각 성으로 유행처럼 퍼져나갔다. 내정, 외국의 일, 학술 모두를 게재하였다. 논설이 순수한 것과 그렇지 않은 것이 섞여 있어 일정하지 않았지만, 견문을 넓히고 기개를 양성하고 안일하게 지내려는 독을 씻어내고 장님이 피리를 더듬는 것과 같은 불명확한 논설을 없앨 수 있었다. 이에 식견이 좁은 선비, 들판의 농부 모두가 (중국에 관한 소식을 보며) 중국이 있음을 알게 되었다. 편협한 관리와 무지몽매한 유학자가 비로소 시국을 알게 되니, 뜻있는 천하의 남자들이 학문하는 데 도움이 된다고 말할 수 있다.

바야흐로 오늘날 외국에게 당하는 수모가 날로 극심해지고 사변이 날마다 많으니 군사와 국가의 대계와 정치의 비밀은 대놓고 드러낼 수 없는데, 서양 각국의 신문은 세계에 그를 보도한다. 중국의 정치뿐만 아니라 동서양 각국의 친소관계와 공략, 계략과 음모를 낱낱이 신문에 보도하여, 서로 폭로하고 쟁론하여 깊이 감추어진 것이 없어서 우리가 모두 듣고 예방할 수 있도록 하니, 이는 세상에서 지극히 편리한 것이다.

그런데 나는 신문이 다른 나라의 사람에게 주는 이익에서 견문을 넓게 하는 것은 부차적이고, 결함을 알게 하는 것이 우선이라고 생각한다. 옛날 제나라 환공(桓公)은 자신에게 질병이 있다는 것을 스스로 알아채지 못하여 사망했고, 진나라는 자신의 과오를 듣지 않아 망했다. 대체로 한 나라의 이해와 안위는, 본국의 사람들은 익숙한 습속에 가리어 다 알지를 못하고, 안다고 해도 감히 있는 대로 말할 수 없다. 그러나 그것을 지적하고 말할 수 있는 것은 인접국이며 강대국이기 때문에 솔직하게 말하여 거리낌이 없다. 우리나라의 군신과 모든 사람들이 그것을 보고 마음을 움직여서 우려하며 개혁을 한다면 중국의 복이 아니겠는가? 최근 사람들은 서양 신문을 보고, 서양 신문이 중국을 비방하며 조금의 여지도 남기지 않고 중국인을 술 취한 사람, 쓸모없는 놈처럼 취급하며 분열을 일으키고 서로 이익을 쟁취하기 위해 다투는 것으로 말하는 것을 보고, 부르르 떨며 분노했다. 이것이 진정으로 분노한 것인가? 나의 결점을 충분히 따지는 것은 제갈량이 추구했던 것이다. 결점을 들춰내길 꺼려서 몸을 망치는 것은 주자(周子, 주돈이)가 비통해했던 것이다. 옛말에 "선비는 솔직히 충고하는 벗이 있다"라고 했는데, 오늘날에는 '국가는 솔직히 충고하는 이웃 국가가 있다'고 말하는 것도 가능하지 않겠는가?

제7장 제도 개혁 / 變法

제도 개혁은 조정의 일인데 어찌 민간의 사대부와 의논할 수 있는가? 나의 답은 그렇지 않다는 것이다. 제도의 개정 여부는 국가의 권한에 달려 있지만, 실질은 민간의 사대부의 뜻과 논의에서 결실을 얻는다. 예로 증문정(중국번)이 시랑이었을 때에 상소를 올려 한림원에서 소해(小楷)와 시부 시험의 폐단을 말한 적이 있었다(『문집』권 1). 공적을 쌓아 재상이 된 이후에 이 생각을 힘써 주장했다면 최근 30년 동안 (한림원에 들어가 일할) 관각(館閣)의 인재를 양성했을 것인데, 아무런 말도 듣지 못했으니 어찌 된 것인가? 큰 난리가 이미 평정되었으니 (괜히 폐단을 말해) 당시의 선비들이 비난할 것을 두려워했기 때문이다. 문문충(文文忠, 문상)이 동문관을 개설하고 공법과 과학의 각종 서적을 공간하였다. 순차적으로 추진했다면 먼 나라에 사신으로 갈 만하며 시대의 중요 업무를 이해하는 수많은 인재를 얻었을 것이다. 그런데 좀스럽고 자신만을 아는 자가 서로 경계하며 동문관에 들어가지 않고 총리아문 장경에 응시하지 않는다. (수도와 중앙정부에서 일하는) 경조관(京朝官)으로 새로운 학문을 중시한다는 자는 도무지 들어본 적이 없으니 어찌 된 일인가? 어리석고 천박한 유학자 무리의 잘못된 말에 겁을 먹었기 때문이다. 잘못된 습관이 올바른 습관을 이긴다는 말과 같이 공신 원로와 명망과 덕행을 지닌 중신도 잘못된 견해의 방해를 받아서 성과를 내지 못했으니, 이 역시 애통하고 애석한 일이다. 또한 좌문양(左文襄, 좌종당)이 복건에서 선정국을 만들고 감숙에서 모직물 공장(기기직니우국(機器織呢羽局))을 창설했다. 심문숙(沈文肅, 심보정)은 선박을 건조하고 학당을 설립했으며 북양대신과 함께 초상국을 합의 설립했고, 정문성(丁文誠, 정보정)은 산동, 사천에서 서양식 총기와 탄약제조국을 설립했다. 이들은 모두 당시의 청렴하고 올바르며 도리를 준수하는 명신이었으며, 그들이 한 일은 모두 이런 종류의 일들이었다. 그 당시는 동치 중기와 광서 초기로, 국가가 여유로울 때였다. 애석하게도 당시 여론은 꼬치꼬치 트집을 잡았으며, 후임자는 지각이 없어 기관을 폐쇄하거나 삭감하여 확장할 수 없게 되었으니, 그 효과는 넓어질 수가 없었다.

무릇 변할 수 없는 것은 윤리이지 법제가 아니며, 성인의 도리이지 기계가 아니며, 마음의 법이지 공예가 아니다.

경전에서 살펴보자. 막다른 곳에 도달하면 변하고, 변통하면 이익이 최고에 달한다. 변통하여 시세의 변화를 따라가고, 시세에 따라 손익이 함께 변한다는 것이 『역』의 뜻이다. 기는 낡은 것을 찾지 않고 새로운 것만을 추구한다는 것이 『상서』의 뜻이다. (주나라가 쇠퇴하니) 학문은 주변 사방의 오랑캐에게 흩어져 남아 있다는 것이 『춘추』가 전하는 의미이다. 오제는 악(樂)

을 따라가지 않고 삼왕은 예를 그대로 받아들이지 않았는데, 예의 준칙은 시대의 변화를 가장 중시해야 한다는 것이『예』의 뜻이다. 옛 지식을 바탕으로 새것을 안다(溫故知新)는 것과(유초정(劉楚楨: 유보남)의『논어정의』는『한서』「성제기(成帝紀)」를 인용했다. 조칙은 유학을 익힌 관리는 모두 고금(古今)을 잘 알아야 하는데, 옛 지식을 바탕으로 새것을 알고 국체에 통달해야 한다고 말했다.『백관표(百官表)』는 고금을 이해하여 온고지신의 뜻을 갖춘다고 했다. 공충원(孔冲遠, 공영달)은『예기』「서」에서 식견이 많고 사물 이치에 통달한 사람은 현재를 알고 옛것을 참조하며 이전의 제도를 고찰하고 당시의 득실을 참고 한다고 했다. 이는 한, 당의 옛 설 모두가 온고지신으로 현재를 알고 과거를 이해한 것이다). 세 사람 가운데에는 필시 나의 모범이 될 만한 사람이 있을 것이니 선택하여 따르라는 것이『논어』의 뜻이다. 시기에 맞춰 적절한 것을 만드는 것이『중용』의 뜻이다. 남들보다 뒤처진 것을 부끄러워하지 않으면 어찌 다른 사람 만큼 할 수 있는 능력을 갖출 수 있을까라는 것이『맹자』의 뜻이다.

역사에서 검증해 보자. 봉건이 군현으로 변하고, (관리를) 추천 선발하던 것에서 과거로 바꾸고, 부병제가 모병제로 바뀌고, 차전이 기병으로 바뀌고, 조용조가 양세법으로 바뀌었다. 음력에서 남는 날짜는 모아서 윤달을 두는 것으로 바뀌었다. (글자는) 대전, 소전이 예서와 해서로 바뀌고, (책은) 죽간과 비단(竹帛)에 쓰던 것에서 판목에 글자를 새겨 찍는 것으로 바뀌었다. 대나무와 나무로 만들었던 식기는 도기로 바뀌었고, (화폐는) 속포(粟布)에서 은전으로 바뀌었다. 어디 하나라도 (하·은·주) 삼대의 제도가 그대로 유지되고 있는 것이 있는가?

역대 변법에서 가장 두드러진 것은 네 개가 있었다. 조(趙)나라 무령왕은 제도를 바꾸어 말을 타고 활을 쏘는 것을 익히게 하여 조나라의 국경을 안정시켰다. 북위 효문제는 변법을 하여 문명을 숭상하여 위나라를 잘 다스렸다. 이 두 가지는 변법하여 효과를 얻은 것이다(무령왕이 끝이 좋지 않았던 것은 아들에 대한 총애 때문이었고,[9] 위가 오래 지속되지 못한 것은 자손이 어리석었기 때문으로, 변법과는 아무런 관계가 없다). 상앙의 변법은 효제인의를 폐지하여 진이 우선 강해질 수는 있었으나 후에 몰락을 재촉했다. 왕안석의 변법은 오로지 백성을 착취하는 데 힘을 썼기 때문에 송이 반란에 휩싸였다. 이 두 변법은 실패한 것이다. 상앙과 왕안석의 실패는 백성을 잔혹하게 착취했기 때문으로, 법을 바꿔야 했지만 바꾼 법이 올바른 것이 아니었다(서양의 법은 형벌을 경감하고 백성을 부양하는 두 가지 일을 우선적인 일로 삼는다).

우리 왕조에서 사례를 찾아보자. 관외에서는 기병하여 활을 쏘는 방법을 사용했고, (청조에 반기를 든 오삼계, 상지신, 경정충 등의) 삼번(三藩)을 토벌할 때는 남회인(南懷仁)[10]의 대포를 사용했다. 건륭 중엽에 과거 시험의 표(表), 판(判)을 폐지하고 책문 다섯 개를 묻는 것으로 바꾸었으며 (정기 시험인) 세공(歲貢) 이외에 우공(優貢)[11]과 발공(撥貢)[12]을 늘렸다. 가경제 이후로 녹영 이외에 모병을 실시했다. 함풍 연간에 군사가 많아진 이후 관세 이외에 이

---

9   무령왕은 마차를 타고 활을 쏘던 것을 북방민족의 의복인 호복(胡服)을 입고 말을 타고 활을 쏘는 것으로 바꾸어 전국시대에 조나라를 강국의 지위에 올려놓았다. 무령왕은 장남이 아닌 차남에게 왕위를 양여했다. 후에 장남이 반란을 일으켰다 실패하여 아버지인 무령왕에게 피신했다. 무령왕은 장남에 대한 연민의 정 때문에 숨겨주자, 당시 왕이었던 혜문왕이 집을 포위하여 풀어주지 않았다. 이에 무령왕은 포위된 상태에서 굶어 죽고 말았다.

10 페르디난트 페르비스트(Ferdinand Verbiest, 1623~1688). 벨기에 태생의 예수회 선교사로서 청나라에 들어가 활동했다.

11 우공은 지방에서 시험을 거쳐 국자감에 들어온 생원이다. 청나라 때 성의 학정이 3년마다 학교의 학생 중에서 시험 선발했으나 한 성에 수명 정도일 뿐이었고, 임용 규정이 없었다. 동치제 때 전시를 치른 후 지현이나 학정(學正), 교유(教諭), 훈도(訓導) 등의 교육 직무 관리에 임용하도록 규정했다.

12 각 성의 학정이 학문과 품행을 겸비한 생원을 뽑아서 국자감에 보냈기 때문에 발공이라고 한다. 청 초에는 6년에 한 차례 선발했으나 건륭제 때는 12년에 한 번 선발했다. 발공생 혹은 발공은 조정의 시험인 조고(朝考)를 거쳐서 1등을 하면 7품의 경관, 2등은 지현, 3등은 교육 관련 직무의 관리에 임용되었다.

금(釐金)을 걸었다. 동치 이후에 장강에 해군을 설치하고 신강(新疆), 길림 (吉林)에 군현을 설치했다. 바뀐 것이 많다. 증기선과 전선을 처음 설치할 때 비난 의견이 많았는데, 만일 당시에 그를 설치하지 않았다면 (외국의 침략 에) 화를 내며 싸우지조차 못했을 것이다.

오늘날 변법을 배척하는 사람은 대체로 세 종류이다. 첫째, 고리타분하 고 어리석은 유학자이다. 고리타분하게 고집하는 폐단은 쉽게 알 수 있다. 둘째, 구차하게 편안함을 추구하는 속된 관리이다. 보통 변법을 하려면 많 은 생각을 하고 비용을 모으고 인재를 선발하여 일을 맡긴다. 이런 변법은 어리석게 편한 것을 추구하며, 사적인 정에 끌려 불법적으로 이익을 추구 하는 사사로운 계획에 불편을 야기한다. 따라서 서생의 고리타분한 이야 기를 빌려다가 교활한 관리의 안일만을 탐하는 잔꾀를 그럴듯하게 치장하 는데, 이것이 그들의 숨겨진 사정이다. 중국의 학술로써 통치하는 것을 물 으면 충실히 집행하지 않고 속이고 핑계를 대며 하는 일이 하나도 없다. 소위 옛것을 지킨다는 말을 어찌 믿을 수 있겠는가?

또 하나는 (성과를) 가혹하게 요구하는 선비이다. 근년에 서양의 방법을 모방하여 실행했으나 성과가 없는 것도 있었다. 그 원인은 네 가지이다. 첫째, 사람들이 사사로운 이익만을 생각하는 것이다. 따라서 자신을 위해 서만 계획하고 공부를 더는 하지 않는 것인데, 각 제조국과 해외로 파견된 사람이 그렇다. 이것은 사람이 병폐이지 제도의 잘못이 아니다. 둘째, 경 비를 아끼는 것이다. 따라서 경비가 부족하여 정교하게 할 수 없으니 선박 정책이 그러했다. 이는 당시 사회의 병폐이지 제도의 문제가 아니다. 셋 째, 조정에 정해진 방침이 없었다. 따라서 조금 하다가 금방 그만두니 성 과를 낼 수 없었는데, 학생의 해외 유학과 수도 관리의 해외 시찰이 그러했 다. 넷째, 기계는 있지만 인재가 없는 것이다. 공학을 공부한 교사가 없는 데 기계를 구입하고, 전함을 공부한 함장이 없는데 전함을 구입한 것으로,

해군과 각 제조국이 이런 사례에 해당한다. 이는 선후의 순서를 놓친 병폐이지 제도의 결함이 아니다. 제조국 바깥에서 떠들어대는 말들은 국가의 방침이 정해지지 않고 인력 활용이 적절하지 않으며 책임 소재가 명확하지 않고, 경비가 충분하지 않으며 연구에 힘을 들이지 않는 것에서 원인을 찾지 않은 채 결점만을 들추고 성과가 없다고 책망한다. 이는 탄환만 보고 구운 새고기를 찾고, 달걀을 보고 닭을 찾는 것보다 더 심할 것이다. 학당이 이제 막 건립되었는데 그 인재 양성의 성과를 책망하고, 광산이 아직 개발되지도 않았는데 수익이 적다고 책망한다. 일에는 정해진 기준이 없고, 사람들은 확정된 뜻이 없다. 일을 급하게 하면서 건드리지 않는 일이 없고, 일을 늦추면서 폐기하지 않는 일이 없다. 묻고 파기를 반복하니 어찌 성공이 있겠는가?

나는 유학자의 논의로써 그를 절충하겠다. 여백공(呂伯恭)은 "닥치는 대로 무분별하게 하는 공부는 하다 말다를 반복하니, 좋지 않은 점을 바꿀 수 없다"라고 말했다. 이는 법을 바꾸었다고 해도 성의가 없는 것에 대한 처방이다. "공자와 맹자도 직면한 시세, 직면한 변동에 맞추어서 시대에 적합한 법을 실시하여 선왕의 뜻이 없어지지 않도록 했다. 법이란 적절히 맞춰 변하는 것으로 항상 같을 수는 없지만, 도(道)란 근본을 세우는 것이기 때문에 항상 한결같아야 한다"라고 증자는 단호하게 말했다. 이는 법을 바꾸어 도를 망가뜨리는 것에 대한 처방이다. 여백공의 말에 의하면 바꾸면 성과가 있어야 하며, 증자의 말에 따르면 바꾸어도 폐단이 없어야 한다. 무릇 도의 근본이라는 것은 삼강과 사유(예·의·염·치)로서, 만약 이마저도 버린다면 법은 실행되지 못하고 대란이 일어날 것이다. 만약 도를 잘 지키고 잃지 않는다면 공맹이 다시 살아온다고 하더라도 어찌 변법이 잘못된 것이라고 말할 수 있겠는가?

제8장 과거제도 개혁 / 變科擧

주자는 당시 사람의 말을 거론하며 조정이 (중원을) 회복하려면 반드시 30년 동안 시행해 왔던 과거를 폐지해야 한다고 말했다. 아주 좋은 말이지만, 참으로 가슴이 아프구나! 중국의 관리는 과거로 선출한다. 다른 방법도 있지만 좋은 관직을 얻거나 막중한 권한을 맡으려면 반드시 과거를 거쳐야 한다. 명나라에서 지금까지 과거를 실시한 지 이미 500여 년이 되었는데, 화려함이 우세하니 실질은 쇠퇴하고, 법이 오래되니 폐해가 발생했다. 과거를 관장하는 관리는 편한 것을 추구하여 유치하고 수준이 낮은 것을 가려내지 않으며, 과거 응시자는 실력이 형편없으니 요행을 바라서, 세 번 과거를 치르지만 실제로는 한 번으로 시험을 끝내는 것과 같은 폐단이 생겼다(전효징(錢曉徵)의 말). 이해하는 것은 경서 위의 공백에 써넣은 경문 해설 정도이고 읽는 것은 골목길에서 선발한 과거시험 우수 답안의 글이니, 경전의 본래 의미와 선배 유학자의 설에 대해 아는 것이 대체로 없다. 최근 수십 년 동안 문체는 날로 경박해져서 고금이 통하지 않고 세상 운영에 맞지 않을 뿐만 아니라 소위 팔고문의 규칙에 맞춘 글쓰기까지 더해져 모두 망가지고 있다. 오늘날 세상은 날로 새로워지나 과거에 응시하는 자는 융통성이 없고 어리석음은 날로 심해진다. 오만하게도 "내가 배운 것은 공자와 맹자의 정수이고, 요순의 치세법이다"라고 말한다. 당면한 정세나 국가 통치 문제를 말할 때가 되면 화제를 경시하거나 배격하여 스스로 그 단점을 감춘다. 인재는 더욱 부족해져 국가를 위해 위기를 구하고 치욕을 막아낼 수 없다. 이에 학당을 설립하여 시무에 밝은 인재를 양성하도록 하고 특과를 설치하여 인재를 찾도록 조칙을 내렸다. 학당이 설립되었으나 관직에 진출할 수 있는 통로가 되지 못하니 사람들이 달가워하지 않는다. 학당에 온 사람은 평민 출신의 우둔하고 자질이 평균 이하이며 팔고문을 작성할 수 없는 사람들이고, 명문가의 훌륭한 사람들은 여전히 과거에 뜻을 두고 있을 뿐이다. 특과가 설치되었다고 해도 20년에 한 번 실시하여 간격이 너무 기니, 앉아서 기다리고 있을 수 없어 여전히 팔고문, 시부, 소해를 공부할 뿐이다. 시대를 구할 인재를 어디에서 구할 수 있을까? 제나라 사람은 질 나쁜 자색 옷을 입는 것을 선호하고, 진나라 사람은 짚신을 끌고 다녔으며, 조나라 문왕이 전투를 좋아하니 그 나라 사람들은 서로 싸우다 죽고, 월나라 왕 구천이 싸움을 잘하여 그 나라 사람들이 결사적으로 싸우다 죽었으니 모두 윗사람이 좋아하는 것을 따라한 것이다. 양한 시대에 경학은 봉록과 작위를 얻는 길이니 모두 그를 따라갔다. 향시, 회시가 계속해서 팔고문으로 (합격 등급을) 결정하고, 경조관은 소해에서 우수한 자를 뽑았으니, 명성과 직위의 획득 여부가 오로지 여기에 달려 있었다. 상황이 이러하니 날마다 나라 사람들을 재촉하고 거듭 타이르며 재난이 언제 닥칠지 모른다고 말하고, 시무를 알아야 한다고 경고하며 능력 있는 인재를 구하고 위급한 정세에 대처해야 한다고 주장해도 조정이나 민간이나 어리석기가 여전하고 내용이 없고 엉성하기는 예전과 달라진 것이 없다. 따라서 시대를 구하는 것은 반드시 제도 개혁에서 시작해야 하고, 제도 개혁은 과거를 바꾸는 일에서 시작해야 한다.

혹자는 "만약 과거제도를 바꾸고 팔고문을 폐지한다면 사람들이 오경과 사서를 읽지 않을 텐데 그래도 괜찮은가"라고 말한다. 이에 대해 「학교공거사의(學校貢擧私議)」는 "과거를 바꾸자는 것이 사서를 폐기하자는 말이 아니라 팔고문과 시부, 소해만을 중시하는 일을 그만두자는 것이다"라고 말한다. 나는 오늘날 과거는 마땅히 그 큰 틀을 보존하면서 상황을 참작하여 수정해야 한다고 생각한다. 예전에 구양문충(歐陽文忠, 구양수)이 지간원(知諫院)이었을 때 당시 거인(擧人)의 문장이 수준이 낮고 표절을 일삼으며 전혀 사리를 판별하지 못하는 폐단을 혐오했다. 이에 상소를 올려 시험을 세 번으로 나누어 보며 각 시험마다 사람을 걸러내는 방법으로 바꾸자고 건의했다. 시험마다 탈락자와 합격자를 선별하니, 첫 번째 책(策)[13] 시험의 합격자가 두 번째 시험을 보고 두 번째 논(論)의 합격자가 세 번째 시험을 치른다. 그 핵심은 문장 수준이 낮고 사리에 어긋나고 황당한 자를 점진적으로 먼저 탈락시키는 것이다. 합격자 숫자가 적어지니 시험을 치르기 쉬워 피곤하여 혼미한 정도에 이르는 일이 없으며 사리를 전혀 이해하지 못하는 사람이 합격할 수 없게 하는 것이다. 이 말은 오늘날의 상황에 꽤 적합하다. 구양수가 책론으로 시부를 대체하고자 한 것은 오늘날 중국과 서양의 치국책으로써 팔고문을 대체하는 것과 같다.

지금 그 취지를 모방해야 하는데, 방법은 현재 세 번 시험의 앞뒤 순서를 바꾸고 순차적으로 선발 인원을 줄이는 데 부·현의 복시를 치르는 방법과 대체로 같다. 첫 번째 시험은 중국의 역사, 우리 왕조의 정치에서 다섯 문제를 논술한다. 이것은 중국 학문의 치국 방법을 묻는 것이다. 만약 한 성의 선발 정원이 80명이면, 첫째 시험에서 800명을 선발한다. 40명이 선발 정원인 곳은 첫째 시험에서 400명을 선발하는데, 대체로 열 배를 합격자로 한다. 먼저 1차 합격을 발표하여 선발되지 못한 자는 중단하고 돌아가게 하고 합격자만이 둘째 시험을 치르도록 허락한다. 둘째 시험은 시무책 다섯 문제로서 오대륙 각국의 정치와 전문 기술을 시험 본다. 정치는 각국의 지리·관제·학교·재정·병제·상업 등과 같은 것이고, 전문 기술은 물리·제조·음향·광학·화학·전기 등과 같은 것이다. 이것은 서양 학문의 치국 방법을 시험 보는 것이다. 비록 서양의 제도를 이해했다고 해도

---

13 책은 책문과 대책을 가리킨다. 책문은 일반적으로 황제가 구두로 치국방안이나 국가 안정책, 국민생계에 관한 정치 중요 문제를 내면, 응시생들이 대책으로 그 방안을 제출한다. 책은 요즘의 시사 논문에 해당한다고 볼 수 있다.

조리가 없이 산만하고 제멋대로이며 성인의 가르침을 현저히 어그러뜨리는 자는 탈락시켜 뽑지 않는다. 합격 정원이 80명인 곳은 둘째 시험에서 240명을 선발하고 선발 정원이 40명인 곳은 120명을 선발하여 대략 세 배를 합격시킨다. 다시 합격자를 발표하여 뽑히지 못한 자는 돌아가도록 하고, 합격한 자만 셋째 시험을 치르도록 한다. 셋째 시험은 사서에서 두 편, 오경에서 한 편을 시험 보는데, 사서의 문제는 아주 세밀한 것을 출제하지 않는다. 세 번의 시험을 합산 비교하여 우수한 자를 합격시켜 선발 정원대로 발표한다. 이처럼 하면 둘째 시험을 치르는 자는 반드시 고금을 두루 넓게 알며 국내의 정치에 대해 명확히 아는 자이다. 그런데 국내의 정치를 명확히 이해하지만, 국외의 정치를 이해하지 못할 것을 우려하여 다시 서양의 정치, 서양의 기예로써 시험을 보는 것이다. 셋째 시험을 보는 자는 시무에 통달하고 새로운 학문을 연구한 자이다. 그러나 그 학문이 박학하고 기예에 정통하더라도 이해가 순수하지 못하고 취향이 올바르지 못할 것을 우려하여 사서오경의 내용으로 다시 시험을 보는 것이다. 셋째 시험에서 상당한 수준을 보이며 합격한 자는 성현을 본받고 도리가 순수하고 바른 자일 것이다. 대체로 첫째 시험에서는 먼저 박학한 사람을 선발하고, 둘째 시험에서는 박학한 사람 중에서 다양한 재능을 겸비한 인재를 뽑고, 셋째 시험에서는 재능을 겸비한 인재 중에서 순수하고 바른 사람을 뽑는다. 먼저 많이 뽑은 후에 핵심을 추려가고, 먼저 낮은 수준을 뽑은 후에 아주 훌륭한 인재로 간추려 간다면, 어리석거나 용렬한 인재는 없을 것이며 불순하고 분별없는 사람을 뽑는 폐단도 없을 것이다.

세 번의 시험은 선발의 의미가 각각 다르다. 첫째 시험이 주로 하는 역할은 많은 사람을 뽑는 것이다. 시험을 나누어서 시험마다 합격자를 발표하는 것은 탈락자를 먼저 귀가시키고 둘째, 셋째 시험의 답안지 수를 더욱 줄여서 채점을 쉽게 하는 것이다. 집안이 어려운 선비가 오랫동안 붙들려 있는 고통이 없으며, (채점을 위해 등록관이 수험생의) 답안을 옮겨 적을 때 답안지가 많아 실수하는 폐단이 없을 것이며, 시험 주관 관리가 힘이 달려서 경솔하게 처리할 우려도 없다. 일거삼득으로 인재는 많아질 것이다. 중점은 마지막 시험에 있는 것으로 부·현 시험이 마지막 복시에 의거하여 정원을 정하는 것과 같으며, 사서오경으로 (합격자를 결정하니) 그 존엄성을 더욱 보일 수 있지 않겠는가?

그런데 과거는 생원이 그 첫 단계인데, 학정(學政)[14]은 세고(歲考),[15] 과고(科考)[16] 두 시험으로 생원을 평가하고 규정에 따라 추천한다. 세고와 과고 규정에 따라 먼저 한 차례의 경고(經古) 시험을 치르는데, 사론(史論)과 시무책 두 부문에서 출제한다. 생원 세고의 정식 시험〔正場〕은 본래 하나는 사서, 하나는 경전이다. 생원 과고의 정식 시험은 본래 하나는 사서, 하나는 책이었는데 세고의 규정에 따라 경문으로 바꾸어서 경전이 방치되는 폐단을 막았다. 동시(童試)는 모두 생원의 시험 방식을 따르는데 정식 시험의 두 편의 사서 문장을 경전으로 바꾸었을 뿐이다. 대체로 생원과 동생의 옛 시험 규정은 지금 제정하려고 하는 과거의 방법과 서로 비슷하다.[17] 지

---

14 '제독학정(提督學政)'이 정식 명칭이며, '독학사자(督學使者)'라고도 한다. 청대의 지방 교육행정관으로서, 성마다 1인을 두고 성 전체의 학교에 관련한 명령과 세고(歲考), 과고(科考) 두 시험을 관장했다.

15 세고 혹은 세시(歲試)는 명대의 제학관과 청대의 학정이 매년 관할지역 부·주·현의 생원과 늠생(廩生)을 대상으로 치른 시험을 말한다. 시험 성적에 따라 등급을 나누고 상벌을 시행했다.

16 과고 혹은 과시(科試)는 향시에 참가하고자 하는 생원이 치러야 하는 시험으로, 매년 향시 시행 이전에 각 성의 학정이 시험을 실시했다. 이 시험을 통과해야 향시에 응시할 자격이 주어졌다.

17 동생은 동시를 통과해야 생원이 될 수 있었다. 동시의 첫 번째 시험인 현시는 현 지사가 주관하며 네댓 차례의 시험을 보았다. 첫째 시험은 등록이 비교적 쉬웠으나 시험마다 합격자를 발표하고 탈락자는 다음 시험에 응시할 수 없도록 했다. 마지막 시험은 생원

난 20년 동안 경고 시험에 이미 산학 한 과목을 넣었으니 그다지 힘들이지 않고 이해할 수 있는 것이다.

(과거 개혁이) 어렵다고 생각하는 자는 "시험 주관 관리가 새로운 학문을 제대로 이해하지 못하는데 이를 어찌할 것인가"라고 말한다. "시험 응시하기는 어렵고 시험관에게는 쉽다"라는 것이 그 대답이다. 최근에 상해에서 편찬한 중국과 외국의 제도, 기술 분야의 서적은 20종 이상이다. 과거 시험장에 조사할 수 있는 답안 책을 갖추어 두고, 이 책에 의거하여 평가한다면 어려울 것이 무엇이 있겠는가? 중앙의 시험관 가운데 시무에 밝은 자가 아주 많으며 회시 주고관인 총재(總裁)가 재검토를 주관할 것인데 무슨 어려움이 있는가? 지방에서 시험을 주관하는 학정은 나이는 젊고 힘은 왕성하니 황제의 명령이 이미 내려진 상황에서 3년 동안 노력하여 시무를 연구하면 충분히 문장을 측정하고 재능을 헤아릴 수 있을 것이다. 향시와 회시 이외에 전시는 황제가 친히 납시어 책문을 내며, 의식이 상당히 엄중하니 폐지할 수 없으며 이 성적에 근거하여 관직 수여에 차등을 둔다. 조고(朝考)[18]는 생략할 수 있다. 진사가 된 이후에는 한림원이나 6부를 막론하고 모든 관직은 정치 연구를 중심으로 삼아야 한다. 문예와 해서 소자(小楷)를 시험 보는 것은 확실히 중지한다. 오로지 이것을 직업으로 삼으려는 사람을 대상으로 시험을 치러 선발하고 이미 관리가 된 인재가 보잘것없는 재주 때문에 늙어 죽도록 고생하지 않도록 한다.

(과거 개혁이) 어렵다고 생각하는 자는 "우리 왕조의 뛰어난 신하는 과거로

합격 정원의 두 배가 시험을 치렀다. 시험의 합격과 탈락 과정이 장지동이 말하는 과거의 개선 방법과 유사하다.

18 예부가 과거시험에 합격하여 진사 자격을 취득한 사람의 명단을 한림원에 보내어 황제에게 주청한다. 이 합격자를 보화전(保和殿)에서 모아 다시 시험을 보고, 특별파견대신이 답안지를 검토했던 시험을 조고라고 한다.

선출된 자가 다수인데, 어찌 팔고문이 무익하다고 하는가"라고 말한다. 인재 등용을 하나의 방법으로 한정하면 영웅은 하나의 범위로 한정될 수밖에 없다는 것을 모르는 것으로, 인재는 팔고문으로 얻을 수 있고 팔고문이 아니어도 인재를 얻을 수 있다. 여러 명신의 학식과 경험은 대체로 진사에 급제한 이후에 비로소 크게 진보했으니, 중년 이전에 지력과 힘을 과거 준비에 소비하는 자가 적지 않았다는 것이다. 만일 과거시험이 팔고와 시부로서만 평가하지 않는다면 (쓸데없는 공부에 소모하는 지력과 힘을 줄여) 중임을 맡을 신하와 나라를 지킬 선비를 얻는 것이 더욱 많지 않겠는가?

내가 여러 의견을 평한 의도는 시국을 구제하고 일을 쉽게 하려는 것이며, 특과(特科)와 과거 선발은 국정운영(經濟)을 중시하려는 의도가 있다는 것을 나는 분명히 밝히고 여기에 실행 방법을 적었다. 아울러서 주자가 과거의 폐단을 논한 글과 구양수가 세 번의 시험으로 점진적으로 (합격자를) 줄여나가는 것을 논한 상소문을 아래에 초록해 놓는다. 이것을 보면 700~800년 이전의 현인군자가 국력과 인재의 부진을 우려하고 관인 선발이 원칙이 없는 것을 걱정하며 그 대책이 공고한 것을 알 수 있으니, 모름지기 오늘날의 사대부는 깨닫는 바가 있어야 할 것이다.

『동숙독서기(東塾讀書記)』가 인용한 주자의 과거론

남송 시기 과거의 폐단을 주자가 언급한 것이 아주 많으며 그 말은 매우 뼈아픈 것으로, 지금 여기에 몇 가지를 대략 열거한다.

「형주석고서원기(衡州石鼓書院記)」: "오늘날 학교의 과거 공부는 그 폐해가 말로 표현할 수 없는데, 우연히 나타난 것이 아니니 구제하기 어렵다."

「학교공거사의」: "명목상으로는 경전을 연구한다고 하지만 실제로는 경학의 적이며, 작문이라고 하지만 실제로는 문자의 요사함을 추구한다. 또한 시험관은 대부분 신기한 문제를 내어 수험생이 전혀 예상할 수 없도록 하여, (문장에서) 당연히 끊어야 할 곳에서 오히려 연결하고 연결할 곳에서 오히려 그를 끊어놓으니, 경학의 적 가운데 적이며 문자의 요사함 중의 요사함이다", "괴상하고 망령되어 학자의 심지를 망가뜨리기 딱 좋으니, 이 때문에 인재는 날로 쇠락하고 풍속은 날로 천박해진다."

『어류』: "오늘날의 글은 모두 기개가 없는데도 시대가 숭상하는 것이 이와 같았다. 사람들은 학문을 모르고 근본이 전혀 없이 사람들에게 끌려다니고, 나아가 그를 모방한다. 예컨대 지금 조그만 부속품을 만들면서 한 명은 만들기 시작하고 한 명은 배우기 시작하며 아주 짧은 시간에 일을 마치려고 하니, 본래 당연히 이해하고 해야 할 일도 이해하지 못한다. 그야말로 가련하다"(권 139). "팔고문의 폐해가 이미 극에 달하여, 날로 허약해지고 날로 부실해지며 선비의 기개가 모두 사라져 버렸다. 이전 일을 말할 필요는 없지만, 선화(宣和, 북송 휘종 때의 연호) 말년에 삼사법이 폐지되고 말았다. 학사에는 아주 좋은 인재가 많았는데, 즉 호방형(胡邦衡)과 같은 사람들이다. 그들은 무언가의 기백이 있었으며 작성한 글에는 웅장함이 넘쳐서 당시에도 많은 인재가 있었다. 장강을 건너 소흥(紹興)으로 넘어온 초기에도 인재는 있었다. 당시 선비가 짓는 문장은 아주 거칠었지만, 자잘하고 유약한 모습은 없었기 때문에 기개를 키울 수 있었다. 지금은 쇠락의 기운만을 볼 수 있을 뿐이다". "가장 우려되는 일은 수재의 글이 좋지 않다고 말하지 않는 것으로, 이것이 세상의 변화를 가로막는 큰 장애이다"(권 109). "현재의 과거 폐단을 고칠 수 있다고 한다면 그 방법은 무엇인가". "반드시 다른 과목을 겸해서 사람을 뽑아야 한다"(권 109). "오늘날의 학교는 마사진(麻沙鎭)에서 새긴 팔고문 책자[19] 이외의 다른 것에 관심을 가진 적이 없지

---

19 복건성 건양(建陽) 마사진에서 출판된 책으로 건본(建本), 혹은 마사본(麻沙本)이라 불

않은가", "이것은 별로 이상한 일도 아닌데, (학교의) 윗사람이 가르치는 이유가 그러했기 때문이다. 그러나 윗사람은 깊이 생각한 적이 없었던 것으로 팔고문 하나는 배우는 사람이 스스로 조급해하는 일인데 무엇 때문에 네가 가르치려 하는가? 당신이 학교를 세우면 학생이 본분에 따른 일을 잘 이해하도록 가르쳐야 한다"(권 109).

이 역시 주자가 당시 시대 풍조의 폐단을 고치고자 한 것으로, 주자가 오늘날 과거의 팔고문을 본다면 어떻게 여길지 모르겠다.

구양공(歐陽公, 구양수)의 「과거 개혁건에 관한 상주문(논경개공거사건 찰자(論更改貢擧事件札子)」(경력(慶歷) 4년) 발췌

"제가 보기에 과거 제도는 실시한 지 이미 오래되었으니 변경을 하는 것이 당연한 이치입니다. 먼저 개혁해야 할 문제의 원인을 알아야 제도 개혁의 이점을 얻을 수 있을 것입니다. 시부를 우선시하는 것이 과거 응시자의 폐단임을 안다면 당연히 책론을 중시해야 합니다(구양공 때에 시부만을 중시하지 말자는 것은 오늘날 팔고문만을 중시하지 말자는 것과 취지가 같다). 시험을 통과하는 사람이 아주 많다는 것이 주관 관리의 잘못 때문이라는 것을 안다면, 시험마다 당락을 결정해야 그 이후 시험에 수험생이 마구 넘쳐나는 것을 막을 수 있으며 고시관을 힘들지 않게 할 수 있습니다. 시험 기한을 늘려서 먼저 책(策)으로 시험을 보아서 문장이 천박하고 나쁜 자, 글의 뜻이 앞뒤가 맞지 않고 혼란스러운 자, 문제를 이해하지 못하는 자, 출전을 몰라서 생략하

렸다. 마사진의 방각본은 가격이 저렴하여 전국으로 퍼져나갔는데, 책의 질이 나쁜 것으로 악명이 높았다. 인쇄하여 출판된 책에 오탈자가 많아 후학들을 잘못 인도할 소지가 많다는 비판을 받기도 했다.

고 질문에 답하지 못하는 자, 사례를 잘못 인용한 자, 문장은 성립하나 견해가 황당한 자, 오래된 규정을 깨고 표준을 고려하지 않는 자 등 이들 일곱 종류의 사람을 먼저 탈락시킨다면, 2000명에서 500~600명은 탈락시킬 수 있을 것입니다. 남은 사람은 논(論)으로 다음 시험을 보아서 역시 앞의 방법과 같이 답안지를 평가하면 200~300명은 탈락시킬 수 있을 것으로, 합격하여 시부로 시험을 치를 사람은 1000명을 넘지 않을 것입니다. 1000명에서 500명을 선발한다면 인원이 적어 평가하기가 쉬우니, (고시관이) 힘들어 혼미해지는 상황까지 이르지 않을 것입니다. 평가가 정확하면 나무랄 데 없이 좋은 것이고, 설령 평가가 정확하지 않았다고 하더라도 마구잡이로 처리하는 데까지 이르지는 않을 것입니다. 대체로 단락을 베끼거나 표절하는 사람은 앞선 책론 시험을 거치며 탈락될 것입니다. 시부를 시험 칠 때가 되면 이미 책론을 거쳤기 때문에 거칠더라도 학식이 있으며 견해가 황당한 사람이 있지는 않을 것입니다. 가령 시부가 정교하지 않더라도 합격 선발을 할 수 있습니다. 이렇게 한다면 어린 나이에 공부를 시작하여 사리를 완전히 이해하지 못한 사람이 관리가 될 방법은 없을 것입니다."

제9장 농학·공학·상학 / 農工商學

돌밭이 1000리면 땅이 없다고 한다. 어리석은 백성이 100만 명이면 백성은 없다고 한다(『한시외전(韓詩外傳)』). 농·공·상의 학문을 중시하지 않으면, 중국의 땅이 비록 넓고 백성이 많아도 끝내 땅만 많고 사람만 많다는 비웃음에서 벗어나지 못한다.

농업을 권장하는 핵심은 무엇인가? 화학을 중시하는 것이다. 곡식 이외에 조림과 과실 등 모든 작물 재배, 목축과 양어 모두가 농업에 속한다. 인구가 늘어나는데 모든 물건이 귀하면 오곡만을 심어서는 소득이 적어 부양하기엔 모자란다. 따라서 옛날의 농업은 게으른 것을 걱정했고, 지금의 농업은 기술이 부족한 것을 걱정한다. 게으르면 사람의 힘이 남아돌게 되는데, 남아도는 것이 10~20퍼센트이다. 기술이 서툴면 땅을 제대로 사용하지 못하여 70~80퍼센트의 이익을 제대로 거두지 못한다. 땅에서 얻을 수 있는 이익을 다 거두려고 한다면 반드시 화학을 중시하는 것에서 시작해야 한다. 『주례』에서 초인(草人)[20]은 토양을 개량하는 방법을 담당한다고 설명했는데, 이는 토양 개량이 농가가 오랫동안 지켜온 뜻이었기 때문이다. 토양을 비옥하게 하고 곡식의 품종 판별, 비료 저장, 못의 유지, 햇빛 흡수 등에 화학이 필요하지 않은 곳이 없다. 또한 농기구를 정밀하게 만들고, 물 끌어오기, 살충, 땅 갈고 김매기, 방아 돌리기 등에 풍력을 사용하거나 수력을 사용하는데, 새로운 방법과 좋은 기계가 있으면 힘을 절약하고 배 이상 수확할 수 있으니 기계의 학문을 겸해야 한다. 서양인은 1무(畝)의 땅에서 작물 재배로 가장 좋은 수확을 얻으면 세 명을 부양할 수 있다고 말한다. 중국은 1무의 땅에서 얻은 소득으로 한 사람을 부양할 수 있다면 소출이 아주 좋다고 말할 수 있다. 그런데 화학은 농부가 이해할 수 있는 것이 아니고 기계는 농가에서 만들 수 있는 것이 아니니 마땅히 농업학당을 설립해야 한다. 지방의 선비들이 각자 그 고향의 산물을 고찰하여 학당에 알려주면 학당은 새로운 방법과 기계를 연구하고, 각 현의 향신(鄉紳)[21] 가

---

20 『주례(周禮)』의 지관(地官)에 속하는 관직이다. 제초하고 시비하여 토지를 개량하는 일을 담당했다.

21 학교 학생의 자격을 획득하거나 과거에 합격하고 관직에 나가지 않고 지방에 머무른 학식을 갖춘 중소 지주를 지칭한다. 이외 휴양을 위해 고향으로 내려온 중소 관리, 종족의 원로 등 향촌 사회의 영향력 있는 인물을 포함한다. 관리와 일반 백성의 중간에 위치한

운데 명망 있는 자가 시험 운영하며 선도한다. 효과가 있으면 백성들이 스스로 그 방법을 따를 것이다(상해의 『농학보』는 서양 서적의 내용을 많이 싣고 있으며 더 나아가 새로운 이론과 방법이 있으니 농정을 연구하는 자는 마땅히 읽어야 한다).

예전에 영국은 차 공급을 중국에 의존하는 것이 싫어서 인도 스리랑카에서 차 재배의 모든 것을 연구하였다. 인도의 차가 성행하면서 (중국의) 차 시장은 날로 쇠락하고 판로는 러시아 상인에 겨우 의존할 뿐이었다. 대체로 러시아가 80퍼센트를 사 간다면 영국과 미국에 나머지 20퍼센트를 판매한다. 녹차에는 한 성분이 함유되어 있는데 떫기도 하면서 향기롭기도 하다. 서양 사람들은 이것을 '탄닌'이라고 부른다. 인도의 차는 탄닌이 중국의 차에 비에 약간 적기 때문에 러시아인들은 아직도 중국차를 마시기 좋아한다. 만약 다시 몇 년이 지나서 인도차가 날로 좋아지면 아마도 아무도 중국차에 관심을 두지 않을 것이다. 이것은 차 재배 농가가 차를 심고서 흙을 북돋아 주지 않으며 쓸모없는 어린 싹을 일찌감치 따 없애지 않았고, 차 상인은 기계를 사용하지 않아 건조를 잘할 방법이 없었기 때문에 생긴 폐단이다(광서 20년, 호북과 호남 두 성이 힘을 합쳐 공금으로 차 320상자를 사서 러시아 회사의 배로 러시아로 운반하여 직접 판매했다. 서쪽은 수운으로 오데사에 가서 판매했는데 사신으로 나가 있던 허 대신(許大臣)[22]에게 부탁하여 러시아 상인에게 넘겨 위탁 판매했다. 동쪽은 육로를 이용하여 캬흐타에서 판매했는데 러시아 상인 유베이로프(ЮВэй Луофу—음역)에게 위탁하여 판매했다. 차 가격, 운반비, 관세를 제외하고 서쪽 판로에서는 1퍼센트의 이익을 얻었고, 동

계층으로 백성보다 좋은 권한을 누렸다.

22 허경징(許景澄)을 말한다. 1891년 러시아가 파미르 고원을 침입하여 중국과 대치했다. 허경징은 러시아 외교부에 침략 행위를 항의하며 담판을 진행했다. 광서 20년(1894년) 러시아에 있던 허경징에게 장지동이 차의 위탁 판매를 부탁한 것이다. 허경징이 러시아에 파미르 고원 점거를 항의한 것은 받아들여지지 않았다. 러시아의 파미르 고원 점거 문제는 러시아의 제안대로 최종 해결 전까지 쌍방이 현상을 유지하기로 했다.

쪽 판로에서는 5퍼센트의 이익을 얻었다. 만일 우리가 판매한 곳에 우리 회사가 있었다면 그 이익은 더욱 많았을 것임을 알 수 있다).

견사의 이익은 차보다 더욱 많다. 10년 이전에 서양의 각국이 중국의 명주실을 사용하는 자가 60퍼센트였는데, 최근 3년 이내에 일본의 견사 판매가 60퍼센트, 이탈리아 견사가 30퍼센트, 중국 견사가 겨우 10퍼센트를 차지했다. 또한 원가가 비싸니 가격을 낮추기 어렵고 가격이 비싸니 판매는 더욱 정체되었다. 이는 양잠을 하는 자가 병든 누에를 찾아내지 않고, 고치 판매자는 나쁜 고치를 많이 섞어 넣어 못 쓰게 되는 고치가 많아 원가가 높아지는 폐단이 있었기 때문이다.

외국의 면화 재배는, 마른 땅과 습한 땅으로 두 종류를 나누어 긴 줄기는 습한 땅에 심고 짧은 줄기는 마른 땅에 심는다. 간격을 벌려서 심기 때문에 열린 면화가 크고 풍성하다(씨앗 세 개를 한 구멍에 넣고 4~5촌 정도 자라면 튼튼한 것 한 그루만 남기고 그 나머지는 뽑아버리고 각 줄기의 간격은 가로 3척 3촌, 세로는 1척 3촌을 둔다).

서양 면포와 면사는 수입하는 서양 물품 가운데 가장 큰 비중을 차지하여 매년 4000여만 냥이었다. 호북에 직포국을 설립한 이래로 매년 한구(漢口)의 한 항구에서 수입하는 서양 면포가 예년과 비교하여 14만 필이 줄었다. 특히 서양 면사에서 질이 가장 좋은 것은 40번수인 것도 있지만 중국의 면화는 털이 짧고 면사는 굵어 기계로 방직을 하면 겨우 16번수의 면사를 만들 수 있을 뿐이다. 이 때문에 서양의 면사, 면포와 대적할 수 없다. 서양의 면화 씨앗을 사서 심어도 대부분 풍성히 자라지 않는다. 이는 농부가 소홀히 돌보고 면화를 너무 촘촘히 심고, 또한 마른 땅과 습한 땅을 구분하지 않았기 때문에 생긴 폐해이다.

마는 아주 흔한 물건으로 남북의 모든 성에서 생산된다. 그런데 밧줄이나 포대를 만드는 용도로 공급될 뿐이고, 사천·광동·강서에서는 모시를 짤 뿐이다. 서양인은 마를 수입하여 면과 섞어 짜면 저포를 만들고 명주실과 섞어 직조하여 주단을 만드니, 그 이익이 수 배는 된다. 이는 물이 스며들게 하는 방법을 몰라 마의 수지(樹脂)를 제거하지 못하고 또한 명주실과 섞을 방법을 몰랐기 때문에 나타난 폐단이다(호북은 현재 성도(省都)의 외곽에 제마국을 설립하여 서양의 방법으로 제작하고 있는데, 만약 효과가 있다면 다른 성이 모방할 수 있을 것이다).

명주실, 차, 면, 마 네 가지 물건은 모두 중국 농촌의 주요 생산품이다. 현재 그 이익을 다른 사람들에게 모두 빼앗기거나 그 물건이 있어도 밖으로 내다 팔 수 없거나 혹은 그 물건을 자신이 갖고 있는데도 외부의 물건이 내부로 들어와도 좌시하고 있으니, 아주 어리석고 나약하다(서양인들은 벼농사만은 힘써 방법을 배워야 한다고 말한다). 서양의 식물학에 따르면, 경작지에 매년 품종을 바꿔가며 심는다면 각 작물이 흡수하는 성분이 다르고 뿌리와 잎이 썩어서, 다시 흙으로 돌아가면 그 성분이 각기 달라 지력을 보충할 수 있다고 한다. 7년을 주기로 순환하면 휴경을 하지 않고서도 토지는 비옥할 것이다. 옛 선인들의 1년 휴경법, 2년 휴경법, 3년 휴경법과 비교할 때 더욱 정교하며 또한 간단하고 명확하여 실행하기 쉬운 것이다.

공학의 핵심은 무엇인가? 기술자를 가르치는 것이다. 공업은 농업과 상업의 중추이다. 내적으로 농업 이익의 증진, 대외적으로 상업의 진흥에 공업이 공헌하지 않는 것이 없다. 공학에는 두 가지 길이 있다. 하나는 공학자(엔지니어)로서 전문적으로 기계·물리·화학을 연구하는 것을 본업으로 삼는다. 새로운 이치를 깨닫고 새로운 방법으로 바꾸는 것은 지식인이 아니면 할 수 없는 것으로 이른바 지혜로운 자가 물건을 만들어내는 것을 말한다. 하나는 기술자로서 기계를 익히고 사용법을 준수하며 머리로 이해하고 눈으로 알아볼 수 있으며 손으로 조작할 수 있는 사람이다. 이른바 지혜로운 자가 만든 방법을 기술이 뛰어난 자가 전수한다는 것을 말한다. 중국의 제조국과 공장의 좋은 기술자들은 기계를 잘 이해하고 있지만, 화학·수학에 밝지 않으니 물건의 재료가 좋지 않고, 기본 원리를 이해하지 못하며 기계가 맞지 않아도 융통성을 발휘하지 못한다. 또한 그 기술을 비밀로 하여 많은 사람에게 전수하려고 하지 않고 물건을 틀어쥐고 값이 오르기를 기다리며 군중을 부추겨 문제를 일으켜서 이익을 얻으려고 한다. 이 때문에 『예기』「왕제」에서 "기술로 윗사람을 섬기는 사람은 선비와 동료가 될 수 없다"라고 말한 것이다. 오늘날 공학자를 가르치려면 서양 공장에 파견하여 공부를 시키거나 공업학당을 설립하는 것이다. 선비가 공학을 배우게 하고 공학도라고 부르며, 장래 학업을 마친 후에는 공학자라고 부르고 기술자를 가르치게 한다. 더 나아가 공장 설립을 권장해야 한다. 모든 요충지 항구에 그 성에서 만든 각종 물품을 모아서 진열하고 사방의 장사꾼들이 와서 물건의 등급을 매기고, 물건이 좋고 나쁨을 평가하게 하면 정교한 것은 많이 팔릴 것이고, 졸렬한 것은 잘 팔리지 않을 것이니 이것 역시 공업을 권장하는 핵심 방법이다.

상학의 핵심은 무엇인가? 공업을 잘 이해하는 것이다. 무릇 회계에 정통하고 돈을 잘 굴리는 것은 상업의 말단이지 상업의 근본이 아니다. 외국의 공업과 상업은 서로 도움을 주며 성장하여 공업에서 물건을 만들면 상업에서 운송 판매한다. 바로 공업이 '체'요, 상업이 '용'인 것은 쉽게 알 수 있는 것이다. 상술에 정통하면 상인이 먼저 계획을 세우고 공업에서 물건을 만든다. 먼저 어떤 물건이 요긴하게 사용되며, 어떤 물건이 쉽게 팔리고, 어떤 물건을 새로운 방식으로 바꿔야 하는지, 어떤 방법으로 원가를 줄일 수 있는지, 나라마다 어떤 물건을 좋아하는지, 어떤 기술이 다른 나라와 경쟁에서 승리할 수 있는지를 파악해야 한다. 이후 공학자에게 지시하여 새로운 방법을 생각하고 새로운 기계를 만들어 상인의 요구에 맞춰 공급하니, 상업이 주체가 되고 공업이 그에 맞춰 운용되는 것이다. 이것을 아는 사람이 드물다. 두 가지는 서로 도움을 주며 고리가 끊어지지 않는다. 중국의 상업은 오직 자연에 따를 뿐으로, 추측으로 이익을 추구하는 것은 도

박에서 돈을 따는 것과 같이 운이 따라야 한다. 좌판의 조그만 이익을 나누는 것은 거북의 등에서 털을 깎는 것과 같아 이익이 많지 않다. 화물을 풍부하게 쌓아두고 하루에 천금을 번다고 하더라도 모두 서양 상인의 하수인이 될 뿐이다.

상업을 권장하는 요점은 세 가지가 있다. 하나는 상법을 번역하는 것이다. 상업은 회사가 크지 않으면 안 되고, 회사는 상법이 갖추어지지 않으면 안 된다. 중국의 상인이 자본을 모집할 때 사기를 치는 경우가 있으나 주관 관청이 추궁을 거의 하지 않으니 자본을 모집하기가 어렵다. 서양 국가의 상법은 정밀하여 관민이 함께 지키기 때문에 자본을 모집하기 쉽다. 하나는 자치이다. 근래 차 시장이 쇠락했으나 여전히 싹이 부드럽고 매콤한 자극이 없는 것은 가격도 높고 빨리 팔리지만, 곰팡이가 피고 물기가 남아 있는 것이 뒤섞여 있거나, 견본을 바꿔친 것은 가격도 낮고 팔기도 어렵다. 만약 자율적인 방법을 추구하지 않고 총행(總行)을 만들어 여럿이 단합하여 가격을 유지하려고 한다면, 서양 상인은 그에 따르지 않고 여러 소상인들 역시 따르려고 하지 않을 것이다. 하나는 해외 시찰이다. 각 성에 상회를 설립하고 상해에 총상회를 설립한다. 상회에서 수명을 선출하여 해외로 시찰을 보내어 시장 상황과 화물의 모양을 살펴보고 수시로 전보로 알려 제조와 판매의 기준으로 삼는다. 이것이 서양에 회사를 설립하는 것보다 쉬울 것이다. 무릇 공부에서 중요한 것은 직접 체험하는 것보다 좋은 것이 없는데, 각국의 개항지는 바로 상업의 대학당이다.

대개 농·공·상 세 가지 일은 서로 표리를 이루고 얽혀 있다. 농업이 흉작이면 공업을 병들게 하고, 공업이 침체하면 상업이 잘 안 돌아가고, 공업과 상업이 막혀버리면 농업이 손상을 입는다. 농·공·상이 모두 병들면 국가가 제대로 돌아가지 않는다. 낙타와 양의 털, 닭과 오리의 깃털은 모두 버리는 물건이고, 소와 말의 피혁은 모두 천한 물건이었는데, 서양 상인이 싣고 가서 물건을 만들어 돌아오니 가격은 세 배가 되었다. 진흙물(서양은 시멘트라고 부르고 중국인은 서양인 진흙이라고 부른다), 내화벽돌(중국의 백토와 벽돌 가루를 구워서 만든다), 성냥, 기름, 서양 담요, 서양 종이, 양초, 서양 설탕, 서양 바늘, 서양 못은 가격은 낮고 쓰임새는 많으며 제조하기 쉬운 것이다. 하나하나마다 외국인의 공급에 의존하니, 해마다 소모되는 비용을 계산할 수 없을 지경이다. 그러하니 이상의 여러 일을 신사가 연구하고, 관리가 권장하지 않으면 안 되는 것이다. 순경(荀卿, 순자)은 유학자의 역할을 아주 극찬했지만 유학자가 농민·공인·상인의 지식을 알 필요가 없다고 말했다. 이는 말세에 과거 시험 문장에 매달리는 유학자일 뿐으로, 이들에게서 어찌 도움이 될 만한 것을 찾을 수 있단 말인가?

제10장 군사학 / 兵學

'군인은 반드시 공부해야 한다'는 말이 있다. 『논어』에는 "백성을 가르치지 않고 싸우면 이는 백성을 포기하는 것이다"라고 한다. 제갈충무(諸葛忠武, 제갈량)는 "8진이 만들어졌으니 지금부터 출병하면 패하지 않을 것이다"라고 말했다. 이는 군대에는 병법과 교육이 있다는 말이다. 군인은 배울 필요가 없다는 말도 있다. 곽거병(霍去病)은 "계책이 어떠한가를 살펴볼 뿐이지 이전의 병법을 공부하지 않는다"라고 말했다. 악무목(岳武穆, 악비)은 "운용의 묘는 마음이 일치하는 것에 있다"라고 했다. 이는 군대에 병법과 교육이 없다는 것이다. 이는 모두 성현과 명장의 말인데, 어떤 것을 따라야 하는가? 나는 네 가지 설을 통괄하고자 한다.

대개 군사학의 정수는 오늘날 서양 국가에서 절정을 이루었다. 무기가 있어도 좋지 않거나 좋은 무기가 있어도 능숙하게 사용할 수 없다면, 손이 없는 것이나 마찬가지이다. 작업이 능숙하지 않고 교량이 불편하고 군수품이 갖추어져 있지 않으면, 발이 없는 것이나 마찬가지이다. 지리에 어둡고 측량을 정확하게 하지 않으며 정탐을 제대로 하지 않으면, 눈과 귀가 없는 것이나 마찬가지이다. 손, 발, 눈과 귀가 없는 1000만의 사람을 모은들 어찌 군대라고 할 수 있으리오? 먼저 전쟁에 사용하는 무기를 사용할 수 있도록 병사를 가르치고, 패하지 않는 방법을 본받도록 한다. 군대가 만들어지고 나서야 계책을 시행하고 운용을 말할 수 있다. 계책과 운용은 반드시 서양의 방법을 사용할 필요가 없으며, 마찬가지로 옛날부터 전해오는 방법을 고집할 필요도 없다. 『한서』 「예문지·병가」는 책략, 형세, 음양, 기교의 네 부류로 나뉘어 있다. 서양의 군사학은 음양은 사용하지 않지만, 나머지는 모두 겸비하고 있다. 총포, 뇌전, 철도, 포대, 해자와 성벽, 교량은 기교이다. 지도와 측량은 형세에 해당한다. 공격과 수비 책략은 중국과 서양이 같은 점이 있다. 그런데 무기가 정밀하고 기술이 많으며, 방법이 다양하고 세밀하기 때문에 책략 부분도 중국의 군사학에 비해 치밀하다.

육군은 보병, 기병, 포병, 공병, 군수부대로 나뉜다(공병과 군수 두 부대는 모두 보병이 감당할 수 있는 것이다). 군대마다 이를 모두 갖추는데, 사지가 갖추어진 이후에 사람이 되는 것과 같다. 공병대는 진지와 교량의 일을 주관하고 군수부대는 무기, 화약, 의복과 식량에 관한 일을 주관한다. 서양의 군사학에서는 보병부대와 포병부대가 가장 중요하고 기병대는 포위공격과 정탐할 때만 사용한다. 공병과 군수 두 부대는 옛사람들은 만들지 않은 것인데, 화기가 맹렬하여 큰 부대가 서로 대치하거나 정탐으로부터 요충지를 지키려면 신속하게 진지를 구축하고 참호를 파야 하며, 만약 강이나 늪지를 만나면 제때에 강을 건너기 위하여 공병대를 만들었다. 요즘은 연발총과 속사포를 사용하기 때문에 탄약이 아주 많이 필요하며(한 번에 다섯 발을 장전하거나 열 발로 꿰어진 탄알을 발사하는 것을 연발총이라 하고, 포탄은 총탄식과 같아 탄약이 서로 연결되어 1분에 수십 발을 쏠 수 있는 것을 속사포라고 한다) 전쟁에 대비할 물건이 아주 많아 군수부대를 설립했다. 여러 차례로 나누어 순차적으로 운반하기 때문에 진격해도 오용하는 일이 없고, 후퇴해도 전부 상실하지는 않는다(『회남자』 「병략훈」에서는 다섯 참모를 수족으로 둔다고 했는데, 하나는 위관(尉官)으로 군대를 지휘한다. 하나는 후관(侯官)으로 정탐을 담당한다. 하나는 사공관(司空官)으로 공(空)은 오늘날의 공(工)에 해당하니, 즉 공병대의 장교를 말한다. 하나는 여관(輿官)으로 군수부대의 관리이다. 하나는 설명이 빠져 있다. 여관은 후방에서 물자를 저장하고 부대의 이동이나 주둔 시에도 분리되지 않아 수레와 군수품이 부족하지 않게 하는 것이라고 설명했다. 지난 요동 전투에서 대부분은 이 부대가 없었기 때문에 고통을 받았다).

전쟁 준비를 잘하려면 세 가지를 해야 한다. 하나, 전쟁이 일어나기 전에 미리 지도를 그린다(적국과 전쟁을 하려고 한다면 먼저 1년이나 2년 전에 적국의 국경 지도를 상세히 그려야 한다). 둘, 기마대가 정탐을 충분히 해야 한다(정탐은 기마대를 사방으로 내보내고 교대하면 돌아와서 보고한다). 셋, 전방에 군의관이 있어야 한다(따라가는 후방부대는 의약품을 모두 갖추고 있어야 한다. 서양의 방식에는 군악대가 있어서 작전의 사기를 북돋는 역할을 하는데 지금은 잠시 보류한다).

병사를 잘 대우하려면 네 가지를 해야 한다. 하나, 급료를 후하게 한다. 둘, 장교가 봉급을 지급하는 일을 하지 않고 별도의 관리가 그를 주관한다. 셋, 병사는 스스로 취사를 하지 않고 관에서 공급한다. 넷, 전장에서 죽은 자는 그 가족의 생활을 종신 보장한다.

군사학교의 교육 방법에는 세 가지가 있는데, 학당 교육, 연병장 훈련, 야외훈련이다. 학당 교육은 군사기계 사용법, 지도 측량, 공격과 수비의 방법, 전쟁사를 강의한다. 연병장 훈련은 체조, 제식, 화기를 연습한다. 야외훈련에서는 부대의 집산, 공수, 정탐을 연습한다(어떤 때는 언덕, 혹은 계곡, 혹은 평지에서 두 부대의 대적 상황을 만들어 장교가 지휘하는 데 정해진 형식은 없다. 단지 학교 연병장에서 옛 진법을 연습하는 것으로 끝내서는 안 된다).

장군의 부장 교육법은 두 가지로서, 하나는 모의 전쟁[兵棋]이고, 하나는 작전도 교육이다. 모의 전쟁은 지도에 산과 하천, 도로, 숲, 촌락을 상세히 그려 넣고 나무 장기 알로 기병, 보병 각 부대를 만들어 장교가 둘러앉아 각자 의견을 내놓으면서 공격과 방어, 진격과 후퇴의 방법을 상의한다. 작전도 교육은 서양 국가에서 예로부터 전해온 큰 전쟁에 관한 여러 지도를 구해서 그 승패의 이유를 탐구한다.

훈련 기간에는 세 가지가 있다. 병사 훈련은 연병장에서만 실시하는데 뒤처진 자는 1년, 빠른 자는 6개월이면 될 것이다. 하급 장교[弁]를 양성하는 교육(녹영의 파총(把總), 외위(外委), 외위천총과 외위파총), 액외(額外, 액외외위), 용영의 초관(哨官), 초장(哨長)은 모두 하급 장교이다)[23]에는 학당 교육을 실시한다. 보병과 군수

---

[23] 녹영(綠營)은 한족으로 편성된 정규 군대로서, 녹색 깃발을 사용하여 팔기(八旗)와 구별했다. 청 중기 이후에는 팔기군에 소속되어 있던 기인(旗人)을 녹영에 파견하여 중·고급 군관을 맡겨 통제를 강화했다. 한족이 중심이던 녹영은 건륭제 후기부터 점차 기인이 주도하는 군대로 변화했다. 용영(勇營)은 옹정제와 건륭제 연간에 출현했지만, 일반적으로 전시에 병사를 모집하고 전쟁이 끝나면 해산하여 영향이 한정적이었다. 그러다가 증국번이 상군(湘軍)을 창건하면서 용영의 역할이 두드러지게 되었다.

급별	직위(관병, 녹영 계통)	직위(상군, 용영 계통)
대장 (大將)	제독: 한 성의 육군이나 수군 통괄. 녹영 최고 책임자 총병: 제독 아래에서 진(鎭)을 관할. 총진(總鎭)이라고도 부름	통령(統領): 몇 개의 영 혹은 수십 개의 영을 통솔.
상급 장교 〔將官〕	부장: 진 아래의 협(協)을 담당. 천총: 녹영의 기본단위인 영(營)을 지휘	분통(分統): 통령 아래 설치 관대: 영을 통솔. 1영은 4초, 500명으로 구성
하급 장교 〔弁〕	파총: 정7품, 외위천총: 정8품, 정식 정원 외로 임명된 천총. 외위파총: 정9품, 정식 정원 외로 임명된 파총 액외외위: 종9품, 녹영의 최하급 군관. 외위 정원 이외로 임명된 군관.	초관: 영 아래 둔 초의 지휘자. 초장: 초관 아래 설치한 단위의 장

부대의 하급 장교는 14개월, 기병의 하급 장교는 16개월, 포병과 공병의 하급 장교는 18개월을 실시하며 모두 부대 훈련을 겸한다(14세 이전에 입학했던 소학당은 이 학당 교육에 포함하지 않는다). 상급 장교(將官)를 양성하는 교육은 학당 5년, 부대 훈련 2년을 실시한다(예컨대 녹영 천총(千摠) 이상에서 부장(副將), 용영의 관대(管帶) 이상에서 분통(分統)은 모두 상급 장교이고, 그 이하가 하급 장교로서 그 경계는 아주 엄격하게 한다). 대장(大將)을 양성하는 교육은 학당 5년, 부대 훈련 2년을 거친 후 다시 대학당에 입학하여 2년 공부하도록 한다(제독(提督), 총병(總兵)과 대통령(大統領)). 상급 장교가 된 자는 지휘관이지만 공부를 폐지하지 않고 본인이 관할하는 장령에게서 수시로 교육을 받으며 대장이 되어야 (이런) 교육을 받지 않는다. 처음에 학당에 입학하는 자는 20세를 넘지 않도록 한다. 총괄하면 병사의 교육은 간략히 하고 장교 교육은 상세히 하는 것이 그 요지이다. 장교에서 하급 장교에 이르기까지 교육을 받지 않는 사람이 없으며 하급 장교에서 병사에 이르기까지 글자를 모르는 사람이 없고 계산을 명확히 하지 못하는 사람이 없으며 육체 훈련을 받지 않는 사람이 없고 지도를 이해하지 못하는 사람이 없는 것이 군사훈련의 통례이다.

해군은 둘로 나뉘는데 기관(管輪)과 조종(駕駛)이다. 기관은 기선의 엔진, 측량을 중심으로 하며 조종은 총포 공격을 중심으로 하는데, 우선 학당에서 대략 5년을 공부한다. 배운 것을 선상에서 다시 가르치고, 각국의 항구를 견문하여 바람과 파도를 익히고 해로를 측량하며 전쟁사를 관찰하는 데 대략 3년을 사용한다. 이 일은 육군에 비하여 더욱 정밀하게 해야 한다(장령 이외에 군사와 관련한 가장 중요한 직책은 세 가지가 있다. 하나는 참모관으로 작전 수립, 인력과 물력 배치를 주관하고 지리를 고찰하며 적정을 살핀다. 군주의 참모로 볼 때 송나라의 추밀원, 명나라의 병부상서와 같으며 장수의 참모로 볼 때 오늘날의 영무처(營務處)와 같으나 그보다는 높다. 다른 하나는 회계관으로 군대의 무기, 의복과 식량, 수송 수단을 담당한다. 차량을 이용하여 운반하는 물건과 한 대당 수송량, 말을 이용하여 운반하는 물자와 한 필당 수송량, 마차를 이용해

운반하는 물자와 한 대당 수송량을 평상시에 미리 계산해 두는데 지금의 양대(糧臺)와 같다. 두 항목의 군관은 모두 학당에서 양성하며 참모가 더욱 중요하다. 금일 영무처와 양대가 있으나 이 업무를 위한 교육이 없다).

병사는 세 등급으로 나눈다. 병영에 있는 자는 상비군으로 3년간 훈련을 받는다. 훈련을 마치면 본래 살던 곳으로 돌아가 예비병이 되는데 월급을 주지 않으며 매년 소집하여 한 번 훈련하고 포상을 준다. 또 3년이 지나고 나면 후비군(后備軍)으로 삼는다. 큰 전쟁이 일어나 상비병이 부족하면 예비병으로 충당한다. 대체로 매년 상비병에서 예비병으로 물러나는 자가 약 3분의 1이고 신병으로 그 3분의 1을 보충하니 신구 병사가 순차적으로 바뀐다. 이처럼 20년간 시행하면 전국의 사람들이 군사 기술을 배우지 않은 사람이 없어, 군비는 더욱 절약되고 병력은 더욱 늘어나며 병사의 기예는 항상 숙련되어 있고 병사의 사기는 항상 충만할 것이다. 이 제도는 독일에서 처음 창안하여 유럽에서 그를 본받고 일본이 그 방법을 따라갔다(유럽의 큰 전쟁에서는 걸핏하면 20~30만의 병력을 움직이기 때문에 병사가 많아야만 한다). 그런데 이 방법을 실행할 수 있었던 이유는 외국이 군사를 중시하고 그 국민이 군인이 되는 것을 영광으로 생각하며 국가를 위하여 복무하는 방책으로 여기고 일신의 호구지책으로 생각하지는 않았기 때문이다(중국의 병사는 군대에 들어오는 것이 생계를 위한 것이기 때문에 노쇠한 사람이 많고 감축도 어렵다). 또한 공·상업이 발달하고 일거리가 없는 사람이 적으며 병사들 모두 기술을 지니고 있어 군대를 제대해도 직업을 찾을 수 있기 때문에 실행할 수 있었다. 중국이 만약 이를 모방하려고 한다면 3년의 훈련을 마친 병사에게 증명서를 발급하고, 퇴역하여 예비병이 되어 본적지로 돌아오면 절반의 급여를 지급하며 그 현의 포졸 인원으로 활용할 수 있다. 직업을 바꾸어 멀리 떠나버린 자는 급여를 지급하지 않는다. 3년 후에는 다시 서양의 방법처럼 후비군으로 삼아 유사시에 소집하면 절반의 인원은 얻을 수 있을 것이다.

장교와 사병에게 두 가지 본분을 가르쳐야 하는데, 하나는 충애를 아는 것이고 다른 하나는 염치를 지키는 것이다(서양의 장군이 무비학당의 학생을 가리키며 "너희들은 먼저 너희가 중국인임을 알아야 하며 장래 학업을 마친 후에 오로지 나라에 충성을 다해야 한다. 만약 전쟁에 임하여 용기가 없다면 바로 국가의 치욕이며 일신의 치욕이다. 만약 이런 마음이 없다면 훈련을 마쳐서 서양의 병사와 동등한 재능을 갖추더라도 아무런 쓸모가 없다"라는 등등의 말을 했는데, 서양의 군사학 서적의 말도 의미는 이와 대략 비슷하다. 일본의 장교는 정부에서 발간하여 지급한 책을 몸에 휴대하고 다녔다. 호북에 온 사람이 있어 그 책을 얻어 보니 실린 내용이 모두 중국에서 오래전부터 전해오던 충의에 관한 글이었는데,「출사표(出師表)」「정기가(正氣歌)」와 같은 종류였다). 따라서 장교와 사병 모두가 충애를 알고 염치를 지키는 것, 그 길은 하나로서 무공을 숭상하는 것이다. 국가의 군주가 제독의 복장을 하고, 이웃 나라의 군주와 서로 무장의 직함을 교환하며 전쟁 때의 기근과 추위에 대비하고 전몰자의 가족을 부양하고 군인이 사망하면 군주가 친히 조문하고, 군인이 부상을 당했을 때는 정성껏 치료한다. 따라서 장교의 존귀함이 문신을 뛰어넘고 병사의 자존감이 일반 백성보다 높으니 강국이 된 이유가 여기에 있는 것이다.

오늘날 조정과 민간이 모두 군사훈련이 가장 큰 일이라는 것을 알고 있다. 그러나 학당에서 이를 가르치지 않으니 기능이 좋을 수가 없으며, 외국에서 배우지를 않으니 좋은 기능이 있더라도 배워서 자신의 것으로 만들지를 못한다. 윗사람이 발분하여 싸우려는 마음이 없으면서 군사력을 제창한다면 병사가 있더라도 무력할 것이다.

혹자는 말하기를 옛날의 손무, 오기, 한신, 악비, 척계광, 최근의 강충원(江忠源), 탑제포(塔齊布), 나택남(羅澤南), 이속빈(李續賓)·이속의(李續宜) 형제, 다륭아(多隆阿) 등을 서양인과 싸우게 한다면 승리할 수 있을까? 승리할 수 있다. 마찬가지로 서양의 방법을 배워야 하는가? 반드시 배워야 한다. 규율을 가지고 전쟁을 치러야 한다는 것은 성인의 명확한 가르침이다.

남을 알고 나를 아는 것은 군사의 좋은 법칙이다. 나중에 흥기한 자가 이긴다는 것은 고금의 통용되는 이치이다. 군사가 유학에서 가장 정교한 부분인 것은 호문충(胡文忠, 호림익)이 체험하여 얻은 격언이다(『손자』「화공(火攻)」편은 바로 서양 군사 기술에서 말한 선제 공격이며, 「모공(謀功)」편에서 "차선책은 외교로 치는 것이다" 「구지(九地)」편의 "제후국의 계략을 알지 못하면 그와 친교를 맺을 수 없다." "천하의 외교를 쟁취하여 천하에서 권력을 키우는 것"은 모두 서양 전쟁 기술의 핵심이다. 『오자(吳子)』에서 말한 "땅이 말을 가볍게 하고, 말이 수레를 가볍게 하며, 수레가 사람을 가볍게 하면 사람은 전쟁을 가볍게 한다"라는 것은 서양의 행군 도로 정비와 합치한다. "한 사람이 군사를 배우면 열 사람을 양성할 수 있고, 만 명이 군사를 배우면 3군을 양성할 수 있다"라는 말은 서양 제도에서 학당이 장령을 교육하는 데 중점을 두는 것과 합치한다. 사람이 탈 가축을 다룬다는 것은 서양 제도에서 말을 기르는 것과 합치한다). 충애와 염치를 안다면 공부해야 하며, 공부하지 않으면 충애와 염치를 알지 못할 것이다. 여러 명장을 지금의 세상에 되살려 놓으면 일찌감치 그 기계를 배우고 그 방법을 이해했을 것이며, 중국의 상황을 참조하니 그대로 모방하지 않더라도 그 뜻은 부합했을 것이며, 새로운 방법을 내놓아도 취지는 같았을 것이다. 또한 충의의 기개로서 고취하고 교전과 매복의 전략을 운영한다면 어찌 승리하지 못하겠는가? 오늘날의 무신은 게으르고 엉성하며 모든 것이 해이해지는데도 중국의 제도만을 탓하고 있으니, 국가를 위해 죽기로 충성을 다할 마음이 없다는 것을 볼 수 있을 뿐이다.

오늘날의 군사제도와 교육 방법은 동양과 서양이 대체로 간다. 아주 좋은 것만을 추구하기 때문에 각국이 본보기로 삼아 배우며 바꾸는 것이 없다. 속담에 이르기를 "관리로서 해야 할 일을 모른다면 이전에 해왔던 일을 보라"라고 했다. 그런데 군인으로서 갖추어야 할 재능도 익히지 않고, 이미 만들어진 일도 보지 않는다면 어찌 위태롭지 않겠는가?

제11장 광업학 / 礦學

광업학은 지구과학·화학·공학 세 분야가 결합해 있다. 광업의 이익은 아주 크지만 일하기는 아주 어렵다. 흙과 돌 등이 섞인 혼합물에서 광물의 존재 증거를 발견하고 그 광물질의 우열, 광물 매장 층의 두께, 광맥의 기울기, 시공의 난이도를 측량하는 것이 담 너머 건너편에 있는 사람을 보는 신비한 기술과 무엇이 다른가? 서양 국가의 광업전문가 가운데 우수한 자는 인건비가 아주 높아 중국에 오려고 하지 않으며, 중국에 온 사람은 중하급의 사람일 뿐이다. 지금 이익을 내는 방법 중에서 이보다 더 시급한 것은 없다. 그런데 중국의 상인들은 수백만의 거대한 자금이 없으며(광산 가운데 개발이 쉬운 것도 한 광산에 수십만은 필요하다), 수십 년 동안 축적된 광업학도 없으니, 어찌 서양 기술자의 말 한마디를 믿고 거대한 자본을 모을 수 있겠는가? 어떤 광산이든지 깊이 파야 좋지만, 물이 나오는 곳이 한두 곳이 아니며 돌로 가로막히는 곳이 한두 곳이 아니니, 자금을 모조리 소모하면 중도에 그만둘 수밖에 없다. 만약 미약한 자금을 대충 마련하여 임시로 재래식 방법을 사용하다가 물을 만나거나 바위를 만나면 폐기하고 돌아서야 하니, 광업의 이익이 종래 흥할 수 없었다. 먼저 실제 학문을 연구하고 빨리 성과를 얻으려 했던 것을 천천히 추진해야 한다.

지금 산동의 광산은 이미 외국 사람이 차지하고 있으며, 산서의 광산도 서양 상인이 노리고 있다. 동삼성의 금, 호남·사천·운남 그리고 사천과 운남의 경계 지대, 소수민족 거주지는 오금(五金, 금, 은, 동, 주석, 철. 이하 금속)과 석탄이 아주 풍부하며, 다른 성도 적지는 않다. 광물이 있는 성은 신사와 상인이 함께 의논하여 광산학회를 수립하여 여비를 모집하고 몇 명을 공동으로 추천 선발하여 외국으로 유학을 보내 광업학당에서 공부하게 한다. 수년 후에 공부를 마치고 돌아오면 채굴을 다시 의논한다. 광물의 성질을 파악하고 난 후에 기계를 구매한다. 하천으로 운송할 수 있는 수로가 열려 있어야 하며 육지의 크고 작은 철도로 연결될 수 있는 방법이 있어야 한다. 이후 광산을 채굴하는 데 서양 기술자를 고용하지 않아도 되면 아주 좋고, 여전히 예전처럼 서양인 기술자를 고용해도 우리도 시비를 판별할 수 있으니 기만을 당하지는 않는다. 이렇게 하여 한 발 한 발 성취를 얻어 가는 것은 상망이 우연히 구슬을 찾은[24] 일과 다르다.

생각건대, 오늘날 만사의 근본은 석탄에 달려 있으니 탄광이 다른 광산보다 더욱 시급하다고 할 수 있다. 석탄 채굴은 깊이 파지 않으면 성과를 얻을 수 없다. 지면에 가까운 석탄은 석회가 비교적 많고 공기 함량이 비교적 높아 석탄의 질이 아주 단단하지 않다. 재래 방식의 문제점은 비스듬하게 파고 들어가 깊이 들어갈 수 없고, 물을 만나면 빨리 빼낼 수 없다는 것이다. 침수되거나 선반이 무너지거나 석탄 가스로 막히거나 지하에서 불이 나는 네 경우, 모두 탄광을 망친다. 간혹 얕게 파고도 좋은 석탄을 얻을 수 있지만 얻는 것이 많지 않아 그 탄광은 얼마 후에 고갈된다. 몇 달이면 광산 하나를 버리고 1년이면 다른 산으로 옮겨가야 하니, 인력은 고갈되고 좋은 석탄은 사용할 수 없다. 중국의 모든 산을 파헤쳐도 단연코 쓸만한 탄광을 얻을 수 없을 것이다(증기보일러는 유연탄과 무연탄만을 사용한다. 제철과 제강에는 코크스가 필요한데, 좋은 석탄이 아니면 코크스를 만들 수 없고 서양식 보일러, 서양식 제련법이 아니면 정밀하게 할 수 없다. 이것 또한 탄광과 서로 관련되어 등급에 영향을 끼치는 것이다). 영국이 부강해진 이유를 살펴보면 바로 탄광 때문이었다. 따리서 서

---

24 『장자(莊子)』「외편(外篇), 천지(天地)」가 이야기의 출처이다. 황제가 적수(赤水)의 북쪽에서 노닐 때 곤륜산(崑崙山)에 올라가 남쪽을 바라보고, 돌아오다가 검은 구슬을 잃어버렸다. 지(知), 이주(離朱), 끽후(喫詬)에게 찾게 했으나 찾지 못했다. 상망(象罔)에게 찾게 했더니 상망이 그것을 찾아 왔다는 이야기이다. 상망은 모호하고 명확하지 않은 것을 뜻하는데, 즉 아무 생각이 없는 상망이 우연히 구슬을 찾은 것이다.

양인들은 탄광이 국가와 백성을 이롭게 하는 것이 금속[五金] 이상이라고 말한다. 금속이 부족하면 다른 물건으로 대체할 수 있지만 석탄은 무엇으로 대체할 수 있는가? 석탄 공급이 중단되면 기계는 즉시 멈추고 모든 일이 쇠락하니 부강의 방책이 있다고 해도 어찌 착수할 수가 있는가?

대체로 서양에서 일을 처리하는 방법은 기술을 먼저 배우고 나중에 일에 착수하는 것이 요지이다. 장교를 가르치고 난 후에 병사를 가르치며, 해군을 교육한 후에 전함을 구입하며, 기술자를 양성한 후에 제조하고, 광산 전문가를 가르친 후 광산을 채굴한다. 시작은 늦은 것처럼 보일지 모르지만, 나중에 속도가 빨라지고 비용도 줄어든다. 혹자는 말하기를 "학문을 끝마친 후를 기다려서 광산을 개발한다면 시간은 없고 효과는 한참 후에나 나타나니 어째야 하는가"라고 말한다. 달리 방법이 없고, 임시변통 방법을 사용하는 것이다. 바로 그 성(省)에서 한 광산을 선택하고 서양 사람으로 일찍이 광산을 경영한 경험이 있는 자를 초빙하여 청부를 주는 것이다. 서양 사람이 모든 고용과 기계 구입을 주도하도록 하여 방해를 하지 않고, 약정한 생산량을 다 채우고 난 후 남는 이익을 지급하며, 계약 기간이 다 되었는데도 성과를 내지 못하면 책임을 묻는 것이다. 그리고 국(局) 내에 광업학당을 설립하는데, 광산이 이익을 남기며 생산하고 있을 정도가 된 이후에는 우리 학생과 위원, 기술자 모두가 학업을 마치게 될 것이다. 이것이 광산을 광업학당으로 사용하는 방법이다(그러나 엄격하게 제한을 두어 한 곳만을 개방한다. 만약 성 전체를 청부한다면 그 피해는 아주 커서 시행할 수 없다).

『예기』에는 "땅은 그 보물을 아끼지 않으며 사람은 그 정을 아끼지 않는다"라고 적었다. 사람이 깊이 생각하지 않고 일관된 뜻이 없이 오로지 신령과 토지 신의 도움에 의존하여 편안히 앉아 지시하며 요행으로 큰 이익을 얻기를 바라는 것은 대개 이루어질 수 없는 운명이다.

또 다른 방법이 있는데, 서양인과 함께 투자하여 광산을 채굴하는 것이다. 원금과 이익은 지분에 따라 나누는데, 서양인의 투자 원금은 30~40퍼센트로 하며 과반을 넘을 수 없다. 더욱 간단하고 폐해가 없으니 광산 전체를 서양인이 점거하거나, 좋은 광산이 있으면서도 개발할 수 없는 것과 비교할 때 훨씬 낫지 않겠는가? 이 방법은 3년 전에는 여론에 의해 막혔을 것이지만 지금은 가능할 것도 같다.

제12장 철도/ 鐵路

한 가지 일로써 선비·농업·공업·상업·군사 다섯 분야의 학문을 개발할 수 있는 것이 있는가? 있다. 철도가 그것이다. 선비의 이익은 견문을 넓히는 데 있고, 농업의 이익은 토지의 생산물을 막힘없이 소통시키는 것이고, 공업의 이익은 기계를 사용하는 것이고, 상업의 이익은 여정을 빠르게 하고 운송비를 절감하는 것이며, 군사의 이점은 인원과 물자의 징집을 신속히 하고 양식과 무기를 준비하는 데 있다. (하·은·주) 삼대에 도로가 국가의 중요한 정책이었다는 것은 『주례』, 『월령』, 『좌전』, 『국어』 여러 책에서 보인다. 서양의 부국방책은 여기에 근거를 두고 있다. 중국의 도로 정책은 이미 오랫동안 방치되어 산길은 바위가 많고 험하고, 물가의 길은 진창이고 도시는 난잡하여 정리가 안 되어 있고 향촌 벽지는 교통이 끊어졌다. 이 때문에 사람들은 마을을 떠나기를 꺼려하고 물자는 먼 곳으로 유통되기 어려웠다. 선비는 철도가 있다면 여행을 떠나기 쉽고, 좋은 벗이 오기 쉽다. 농업에 철도가 있다면 두엄이나 썩은 흙 하나도 버리는 것이 없으며, 상업에 철도가 있다면 긴급한 수요에 제때 맞출 수 있으며 심각한 체증은 나타나지 않을 것이다. 공업에 철도가 있다면 기계가 전해지지 않는 곳이 없으며 광산물이 보급되지 않는 곳이 없으니 석탄이 충분하게 된다. 군사에 철로가 있다면 삼십만의 정예병을 양성하여 사방 어디에서든 거침없이 싸워 지킬 수 있다.

　(철도가) 위에서 언급한 다섯 분야의 학문에 전체적으로 두 가지 좋은 점이 있다. 하나는 힘을 더는 것이다. 하루에 열흘치의 일을 처리할 수 있으니, 관청은 부족함이 없으며 백성은 고생하지 않고 시기를 놓치지 않는다. 하나는 기풍을 계발하는 것으로, 이전의 모든 쇠약하고 나태한 습관은 자연스럽게 진작될 것이고 어리석게 남의 말을 쉽게 믿고 따르는 풍조는 저절로 없어져서 다시 일어나지 않을 것이다. 관리의 공무집행은 막힘이 없고 민생고는 발생하지 않으며, 우편은 지체됨이 없고 요역이 어지럽혀지는 일도 없다. 재난을 걱정하지 않으니 모두가 서로 영향을 주며 좋아진다. 이러하기 때문에 천하는 한 집과 같고 중국 전체가 긴밀하게 연계되니 70만 평방 리의 땅이 모두가 같은 땅이요, 4억의 사람이 모두 (문화를 공유하는) 같은 사람이 된다. 사람의 몸이 기맥이 잘 통한 이후에 운동을 할 수 있으며, 이목이 총명해진 이후에 지각이 있으며 두뇌가 민첩하게 돌아가야 계획을 세울 수 있는 것과 같다.

　이목은 외국의 신문이고, 두뇌는 학당이며, 기맥은 철도이다. 만약 철도가 만들어지지 않으면, 다섯 분야 학문의 개발은 이루어지지 않을 것이다. 철도가 가지 못하는 곳에는 먼저 도로나 손수레가 다닐 수 있는 조그만 철로를 놓아야 한다. 백성을 풍족하게 하고 정치에 노력하는 것은 그다음의 일이다. 동서양 각국을 두루 살펴보면, 최근 30년 동안 모두가 철도 건설을 급선무로 여겨서 날마다 늘어나고 달마다 달라지니 촘촘하기가 거미줄과 같다. 큰 나라는 철도가 수십만 리이고 작은 나라는 2~3만 리이다(동서양 각국은 철도회를 설립하여 철도의 문제점과 새로운 방법을 고찰 추구하며 3년에 한 차례 회의를 연다). 오늘날 중국의 간선 철도는 북쪽의 노구교(盧溝橋)에서 시작하여 남쪽의 광주(廣州)에 도달하는 것으로 총공사가 건설을 책임진다. 이후 지선을 나누어 건설하면 힘을 절약하면서 이익은 더욱 많을 것이다. 더욱 편리한 것은 서양 차관은 모두 담보가 필요한데, 오직 철도 건설 하나만은 이 철도를 담보로 삼고 다른 물건이 없어도 된다는 것이다. 상인이 이런 방식을 사용하면 상인이 이익을 보고, 국가가 이런 방식을 사용하면 국가에 이익이 돌아간다. 그런데 현재 동해의 권한을 우리가 이미 서양의 여러 나라와 공유하고 있으니, 문호가 막힌 것이 마치 생선가시가 목에 걸린 듯하다. 만약 국내에 철로가 없다면 모든 길이 끊어지니 꽉 묶인 채로 꼼짝없이 앉아 있게 되는 것이다. 다른 사람들은 바다를 누비며 돌아다니는데 우리는 방안에서 위축되고 마비되어 있으니, 중국에 어찌 생기가 있을 수 있으리오?

예전에 북위의 태무제는 남조의 유유(劉裕)가 건국한 송나라를 발 없는 나라라고 조소했다. 이것은 양국의 승부수를 비교하여 북조는 말이 많고, 남조는 말이 없는 것을 말한 것이다. 만약 오늘날의 형세에서 바다에 군함이 없고, 육지에 철도가 없다면 역시 발이 없는 나라이다. 지금 철도를 만들려고 하는데 이미 많이 지체되었다. 만약 다시 우물쭈물하며 망설이면 아마도 다른 사람이 우리를 제치고 철도를 다 건설할 것이다.

제13장 회통 / 會通

『역전(易傳)』에서 통(通)을 언급한 것이 수십 번인데, 학문을 좋아하고 깊이 생각하며 마음에서 그 뜻을 아는 것을 통이라 말한다. 견해가 얕고 이치를 아는 것이 적어 어려움에 빠지는 것을 불통이라고 한다. 오늘날 새로운 학문과 옛 학문은 서로 헐뜯고 비난한다. 만약 그 뜻이 서로 통하지 않으면 옛 학문은 새로운 학문을 미워하고 어쩔 수 없이 임시로 사용하는 것이라고 여기며, 경시하고 당장 모두 없애버릴 수 없어서 잠시 남겨두는 것이라고 생각한다. 네모난 자루를 둥근 구멍에 끼울 수 없듯이 영원히 서로 어울리지 못한다. 소위 "미심쩍은 상태로 행동하니 성공할 수 없고, 일 처리에 의심스러운 점이 남았으니 효과를 보기 어려운" 것이다. 『중용』에서 천하에 최고로 지극한 정성을 가진 사람이 사물의 본성을 다 발휘하게 하여 천지의 만물을 양육한다고 한 것이 바로 서양 학문의 격치의 뜻이다(『대학』의 격치(格致)와 서양인의 격치는 절대로 서로 연관된 것이 아니다. 서양 서적을 번역하는 사람이 그 글자를 빌렸을 뿐이다). 『주례』의 토화지법(土化之法, 비료 등을 사용하여 토양을 개량하는 방법), 화치사시(化治絲枲, 실과 섬유를 만드는 것), 칙화팔재(飭化八材, 각종 재료를 다듬어 용구를 만드는 것)는 화학과 관련된 의미이다. 『주례』의 일역(一易)·재역(再易)·삼역(三易),[25] 초인(草人)과 도인(稻人)[26]이 관장하는 것은 농학과 관련된 의미이다. 『예기』「예운」에서 "화물은 땅에 방치되는 것을 싫어한다"라는 말과 『중용』에서 "산이 광대하니 보물을 저장한 것이 많다"라는 말은 광산 개발의 의미이다. 『주례』에 산우(山虞), 임형(林衡) 같은 관리가 있는 것은 서양 국가가 산림부를 따로 설치한 것과 관련된 의미이다. 『중용』에서 "각종 공인이 모이니 재물의 쓰임이 풍족하다"라는 말은 상업으로 재물을 풍족하게 할 수 있는 것이 아니라 공업이 재물을 풍족하게 한다는 것으로, 공업을 중시하고 국산품을 많이 만드는 것과 연관된 의미이다. 『논어』에서 "장인은 그 기계를 예리하게 한다"라는 말과 『서경』에서 "기계는 옛것을 추구하지 않고 새것을 추구한다"라는 말은 작업은 반드시 신식 기계를 얻어야 한다는 의미이다. 『논어』의 "온갖 공인이 시장에 있다"라는 말

---

25 일역은 농사지은 땅을 1년 놀리는 1년 휴경법, 재역은 2년 휴경법, 삼역은 3년 휴경법을 말한다.
26 주대의 관직명으로, 초인은 토지 관리를 담당하며, 도인은 곡식의 재배를 담당한다.

은 공인이 농촌에 거주하지 않고 시장에 거주해야 한다고 한 것이다. 이는 『관자』의 "장인은 관부에서 일한다"라는 것과 같은 의미로서 공장 설립을 권장하는 의미이다. 『주례』의 훈방씨(訓方氏)가 사방의 인민에게 훈계하고 새로운 물건을 관찰한다는 것은 박람회와 경진회의 의미이다. 『대학』에서 "생산자는 많고 먹는 자는 적다"라는 것은 서양인의 부국책으로서 이익을 남기는 자는 많고 이익을 나누는 자는 적어야 한다는 말이다. 『대학』에서 "재물을 모으는 큰 도는 생산을 신속하게 하는 것이다"라고 했고, 『논어』에서 "민첩하면 공이 있다"라고 했으니, 공상업, 백관의 정치, 군대의 일은 모두 신속한 것을 소중히 여기고 느리고 둔한 것을 중시하지 않았다는 것을 알 수 있다. 이것은 공업에는 기계가 있어야 하고 상업에는 철도가 있어야 한다는 의미이다. 『주례』 「사시(司市)」에서 "없는 것은 있게 만들고, 적은 것은 풍부하게 하며, 해로운 것은 없애고 사치스러운 것은 적게 한다"라는 말은 상학을 의미하는 것으로, 수출 화물에는 세금을 물리지 않고 수입 화물에는 세금을 부과하며 수입세는 수시로 무겁거나 가볍게 한다는 의미이다. 『논어』에서 "백성을 7년 가르치면 전쟁을 치를 수 있다", "백성에게 전쟁을 가르치지 않는 것은 그들을 버리는 것이다"라는 말은 무비학당의 의미이다(『사마법(司馬法)』에 '병사를 만나더라도 맞서 싸우지 않으면 적으로 삼지 말며, 적이 부상을 입었으면 약으로 치료하고 돌려보낸다'라는 것은 서양인이 전쟁할 때 의료 적십자회를 두는 것과 같다). 『한서』 「예문지」의 "9류 백가의 학문이 모두 고대 관리의 직책에서 나왔다"라는 말은 관직을 임명하고 사람을 쓸 때 전문학당에서 선출하라는 의미이다. 『좌전』에서 "중니가 담자(郯子)를 만나서 배웠다"라는 것은 외국으로 유학을 가라는 의미이다. 「내칙(內則)」의 "13세에 무작(舞勺)[27]을

---

27 궁정의 악무는 문무와 무무로 나누어졌는데, 천지와 종묘 제사와 궁중 연회 때에 사용했다. 무작은 문무로서 주나라 때 이 명칭은 없었으나 남북조시기에 역사책에 등장하기

배우고 청소년이 되면 무상(舞象)²⁸을 배우고 활쏘기와 말타기를 배운다"라는 말과 「빙의(聘義)」의 "용감하고 강력하니 예의를 실행한다"라는 말은, 체조(제식훈련)의 의미이다. 「학기(學記)」에서 "기예를 즐거워하지 않으면 (정현의 주를 따름) 학문을 즐겁게 할 수 없다"라는 것은, 서양인 학당에 성정에 따라 갖고 놀 수 있는 여러 놀이기구를 갖추어 둔다는 의미이다. 「여형(呂刑)」의 "여러 사람에게 대조 확인하여 함께 처리해야 한다"(모(貌)는 『설문해자』에서 묘(緲)와 세(細)라 했다)라는 말과 『예기』 「왕제」의 "죄의 (유무가 명확하지 않은) 피의자는 여러 사람과 함께 의논한다"라는 말은, 소송은 객관적인 증거에 따라야 한다는 의미이다. 『주례』에서 "경과 사에게 의견을 구하고 서민에게 의견을 구하는데, 따르고 거스르면 각기 길흉이 있다"라고 한 것은 상원과 하원이 서로 원조한다는 의미이다. 『논어』의 "대중이 좋아하는 것을 꼭 살펴보고, 대중이 싫어하는 것도 반드시 살핀다"라는 말은 군주가 의원을 해산할 수 있다는 의미이다. 『예기』 「왕제」의 "사관에게 민간의 시가를 수집하여 보고하도록 하여 백성의 풍기를 보고, 시장의 가격을 조사하여 백성이 좋아하는 것을 본다"라는 말과 『좌전』의 "선비는 말을 전하고 서민은 비방하며, 상인은 시장을 돌아다니고 공인은 기예를 바친다"라는 말은 신문사의 의미이다. 이 모두가 성인 경전의 오묘한 뜻이며 서양 제도의 핵심 가르침과 통할 수 있다. 사물의 명칭과 문자가 우연히 합치하거나 자질구레하게 부합하는 것은 논하지 않았다(예컨대 '신비한 기류[神氣], 광풍과 폭뢰[風霆]'를 전자학으로 보거나 "만물을 품어 그를 양성하여 광대하게 하였다[含萬物而化光]"를 광학으로 보는 것과 같은 것이다). 그런데 성인의 경전에서 이미 그 이치를 표현

시작했다. 문무는 제왕의 문덕을 칭송하며 태평을 노래했다.

28 주나라 때 청소년이 배웠던 무무(武舞)이다. 전쟁 때 칼로 찌르는 동작을 모방하여 무공을 칭송하던 악무이다.

하고 제도를 창시했다고 말하는 것은 옳지만, 성인이 이미 서양인의 기술을 익히고 서양인의 기계를 갖추고 서양인의 제도와 같게 했다고 말하는 것은 옳지 않다.

예전에 공자가 "내가 듣기에 '천자가 자신의 직무를 잃으면 그 직무와 관련된 학술은 사방의 오랑캐에게 흩어진다'라고 했는데 믿을 만하다"라고 한 바 있다. 이 말은 춘추시대 이전부터 전승되어 오던 말이다. 『열자』는 화인(化人)을 서술하면서 "주나라 목왕(穆王)이 멀리 여행을 떠났다"라고 했는데, 서역과 점차 통하게 된 것이다. 추연(鄒衍)은 적현(赤縣, 중국을 가리킴)이 동해에 임해 있다고 말했는데, 상인의 선박이 소식을 전파했다. 따라서 이집트의 상형 문자가 대전(大篆)과 유사하고 남미의 비석 글자가 중국인에서 유래하게 된 것이다. 이리하여 중국의 학술과 정치, 교리가 동쪽에서 서쪽으로 퍼져나갔는데, 모두 (하·은·주) 삼대 시대에 일어난 것이다. 주인(疇人)이 흩어지고[29] 노자가 서쪽으로 가기 이전에 이미 일어난 일이다. 이후 서한 시대에 감영(甘英)이 서해로 나아가고, 동한 때 채음(蔡愔)과 진경(秦景)이 천축국에 사신으로 갔으며, (인도의) 마등(摩騰) 스님이 동쪽으로 오고 법현(法顯) 무리가 서쪽으로 간 일이 있었다. 대진(大秦, 로마제국)에 공죽장(邛竹杖, 사천성 공래산에서 나는 대나무로 만든 지팡이)이 있었고, 사자국(師子國: 스리랑카의 옛 국가명)에 진(晉)나라의 백단선(白團扇, 손잡이가 달린 원형의 부채)이 있었다. 중국과 서쪽의 승려, 바다와 육지의 상인 왕래가 갈수록 늘어나면서 성인의 가르침이 더욱 널리 퍼져나가, 처음에는 불국(佛國)을 교화하고 다음으로 유럽에 영향을 준 것이 점차 명확하게 드러났으니 거짓말이라

---

29 주인은 천문역법을 관장하는 사람으로 직무를 세습했다. 『사기』에는 주나라가 쇠퇴하자 주인들이 여러 곳으로 흩어졌다고 쓰여 있다. 그런데 장지동은 주인이 주나라가 쇠퇴하여 흩어지기 이전에 이미 중국 주나라의 문명이 여러 곳에 영향을 끼쳤다는 의미를 강조한 것이다.

할 수 없다. 그런데 학술과 통치가 시간이 지나면서 더욱 우수해지거나 혹은 잘못된 방향으로 변질되는 것은 피할 수 없다. 또한 지혜가 개발되기 시작하여 사유가 동등해진 이후에 더 뛰어난 것이 나타나는데, 당연히 옛날의 법과 부합하는 것도 있고 선인의 것을 넘어서는 것도 있다. 즉 중국의 재능으로 말하자면 수학과 역법의 여러 일, 도자기와 야금, 조각과 직조와 같은 여러 수공업에서 현재가 옛날보다 낮지 않은 것이 어디 하나라도 있는가?(일식이 일정한 주기가 있다는 것은 진나라 사람이 이미 추정해서 알아냈다) 성인이 창시했다고 말할 수는 있지만, 중국의 오늘날 공예가 당우삼대(唐虞三代)보다 못하다고 말할 수는 없다. 오랜 세월 사용될 기술을 성인이 모두 내놓을 수 없으며, 만세의 변화를 성인이 전부 예측할 수는 없다. 그러니 서양의 제도와 학문에 중국보다 유익하며 성인의 가르침을 훼손하지 않는 점이 있다는 것은 비록 과거에서 증거를 찾을 수 없다고 하더라도 의심할 수 없는 것이다. 나아가 이것을 경전을 통해 헤아려 보면 분명하게 믿을 수 있는 것이다!

지금 서양의 제도를 싫어하는 자는 육경과 역사서에 명확한 내용이 없다는 것을 알고서 그 옳고 그름, 손해와 이익을 살피지도 않고 모두 거부한다. 예컨대 서양의 제식 훈련을 나쁘다고 비방하면서 정작 재래식 방법으로 필승의 병사를 양성하지 못하고, 철도와 군함은 비용이 많이 든다고 비방하면서 민간 선박을 이용한 해안 방어 대책을 내놓지 못하니, 이는 스스로 폐쇄하는 것이다. 스스로 폐쇄하는 자는 자신을 고정된 생각에서 벗어나지 못하고 오만하게 만들어 스스로 위험에 빠지게 한다.

서양의 제도를 조금 아는 자는 경전의 말씀을 대충 취하여 억지로 끌어붙인 뒤 이 모든 것은 중국 학문에 이미 있는 것이라고 생각한다. 예컨대 방정식이 동양에서 유래한 방법이라고 허풍을 떨면서 수학을 공부하지 않으며, 화기는 원 태조가 서역을 정벌할 때 남겨준 것이라고 우쭐대면서 총포 제조를 연구하지 않는다. 이는 자신을 속이는 것이다. 자신을 속이는 자는 헛된 말로 우월함을 주장하며 실제 일을 추구하지 않는다.

서양의 제도에 푹 빠진 자는 중국과 서양의 학문을 뒤섞어서 중국과 서양은 다른 점이 없다고 생각한다. 예컨대 『춘추』는 바로 국제법이고 공자의 가르침은 예수와 합치한다고 하니, 이는 스스로를 교란시키는 것이다. 자기 혼란에 빠진 자는 사람을 현혹하고 정신을 혼란시켜 무엇을 지켜야 하는지 모르게 만든다. 이 세 가지 폐단을 종합해 보면, 모두가 그 통함을 보지 못했기 때문이다. 불통의 폐해는 입으로 끝없이 지껄여대며 말만 하고 실행에 힘쓰지 않은 것으로, 의논을 마치지도 못하고 병사가 강을 건너는 꼴이다. 그렇다면 어떻게 해야 하는가? 그 대답은 중국 학문을 내학으로 삼고, 서양 학문을 외학으로 삼는 것이다. 중국 학문으로 심신을 도야하고 서양 학문으로 세상사에 대응한다. 경전의 글에서 (부합하는) 모든 것을 찾을 필요는 없지만, 경전의 뜻에 어그러져서는 안 된다. 그 마음을 성인의 마음과 같게 하고 성인의 행동을 실천하며, 효제충신(孝悌忠信)을 덕으로 삼고 군주를 섬기고 백성을 보호하는 것을 정치로 삼으면, 비록 아침에 기선을 타고 저녁에 철도로 달린다고 해도 성인을 따르는 사람에게 해는 없을 것이다. 만약 어리석고 게을러서 뜻을 세우지 않고, 헛된 말을 지껄여서 아무런 쓸모가 없고, 꽉 막혀 통하지 않고, 교만하여 고치지 않아 국가가 무너지고, 성인의 가르침이 끊어지도록 그대로 좌시한다면, 비록 모자를 겸손하게 쓰고 말을 우아하게 하며 손으로 주(注)와 소(疏)를 달고 입으로 성리를 말한다고 해도, 천하가 대대로 원망하고 욕하며 이들이 요·순·공자와 맹자의 죄인이라고 말할 것이다.

제14장 군축론 비판/ 非弭兵

국가에서 군대는 사람에게 공기와 같다. 간장이 혈액을 조정하고 혈액의
양을 조절하여 호흡을 돕기 때문에『황제내경(黃帝內經)』은 간을 장군의 장
기라고 했다. 사람은 공기가 없으면 살 수 없고, 국가는 군대가 없으면 생
존할 수 없다. 오늘날 세상의 변화를 알고 대응할 지식과 계략이 있다는
선비들은 시대의 형세가 날로 매서워짐을 목도하고 싸워서 지킬 수 있는
방도가 없다는 것을 개탄한다. 이에 서구의 군사 협약에 가입하여 동양의
평화를 보존하려는 의견을 제시했는데, 이는 아주 무의미하고 모욕을 부
르는 것이다. (춘추시대 전쟁으로 소국이 시달리자 송나라의) 향술(向戌)이 (전쟁 중지를
제안하여) 전쟁을 중단시키자 자한(子罕)은 그가 제후를 속여서 진실을 은폐
했다고 비난했는데,[30] 하물며 오늘날 지구의 여러 강국을 누가 속일 수 있
으며 누가 은폐할 수 있겠는가?

　　오스트리아 - 헝가리 제국이 군사 협약을 체결[31]한 지 얼마 지나지 않아

30　춘추시대 진(晉)나라와 초(楚)나라의 싸움이 극심하여 그 주변의 소국도 전쟁에 휘말려
　　들어갔다. 소국은 전쟁의 위험에서 하루도 편한 날이 없었고 중원의 국가가 받는 피해
　　는 컸다. 또한 진과 초의 세력은 비슷하여 전쟁에 대한 피로감은 날로 높아져서 휴전을
　　생각할 분위기가 형성되었다. '전쟁 중지[弭兵]'는 송나라의 대부 향술(向戌)이 기원전
　　546년에 제안한 것으로, 열네 명의 제후가 송나라에 모여 진나라와 초나라 두 대국을
　　맹주로 삼고, 제(齊)와 진(秦) 이외의 나라는 진ㆍ초에 복종하며 진ㆍ초가 부과하는 의무
　　를 받아들이기로 했다. 이후 향술이 미병회의의 성공 대가로 상을 청하자 송나라의 평
　　공이 60개의 읍을 하사했다. 향술이 자한에게 상을 받게 된 것을 말했다. 자한은 이에
　　대해 "국가의 안정, 성인의 흥기와 혼란을 일으키는 자의 소멸 모두가 무력이 있기 때문
　　에 가능한 것인데, 지금 무력을 없애고 잘못된 말로써 제후를 기만하니 이 죄는 무엇에
　　도 비길 수 없는 것이다"라고 말했다. 향술은 이 말을 듣고 상을 사양했다.
31　1880년대 오스트리아 - 헝가리 제국이 맺은 오스트리아 - 독일 - 이탈리아, 오스트리아 -
　　독일 - 러시아, 오스트리아 - 루마니아, 오스트리아 - 세르비아 등의 일련의 군사동맹을

러시아가 튀르키예를 공격한 것을 시점으로 독일이 아프리카를 공격했고, 얼마 뒤 영국이 이집트를 공격하고, 뒤이어 티베트를 침공했다. 이어 프랑스가 마다가스카르를 공격했고, 그 뒤 스페인이 쿠바를 공격하고 튀르키예가 그리스를 공격했는데, 오스트리아 - 헝가리 제국의 군사동맹이 노련자(魯连子)[32]와 같이 (전쟁을 중단시키는) 역할을 했다는 말을 듣지 못했다. 독일이 마침내 군사를 동원하여 우리 교주(膠州)를 점령하고, 러시아가 군사를 이용하여 여순(旅順)을 점령했다. 최근 20년 동안 이 국가에서는 군함을 늘리고, 저 국가에서는 새로 군자금을 조달하여 패권과 우열을 다투었다는 소리를 들었을 뿐 정지했다는 말은 듣지 못했다. 우리가 군대가 있다면 약한 국가는 우리를 두려워할 것이고 강한 국가는 우리와 가까이 지낼 것이니, 유럽과 함께 움직이면 유럽이 승리하고 아시아와 연합하면 아시아가 승리할 것이다. 이러하면 전쟁에 승리하는 것도 가능하고 전쟁을 중지하는 것도 역시 가능하니, 권한은 우리에게 있는 것이다. 우리가 군대 없이 다른 사람이 전쟁을 멈추기를 바란다면 다시 만국의 웃음거리가 되지 않겠는가? 『효경』을 낭독하여 황건적을 해산시키려 해도 황건적은 듣지 않고, 추우기(騶虞旗)[33]를 들어 싸움을 멈추려 해도 싸움은 멈추지 않는다. 진실로 전쟁을 중지시키려면 군사를 훈련시키는 것보다 나은 것이 없다. 바

말한다.

32 전국시대 제나라 사람으로 계략이 뛰어났다. 진나라가 조나라 수도 한단을 공격할 때 노련자는 조나라와 위나라의 제후를 유세로 설득하여 진나라가 철병하도록 만들었다. 또한 제나라가 연나라와 막바지 전투를 벌이고 있을 때 유세로써 전투를 중지시켰다.

33 추우(騶虞)는 중국 고대신화에 나오는 동물로, 머리는 사자이고 몸은 호랑이 형상으로 흰 바탕에 검은색 줄무늬가 있다고 한다. 성품은 인자하여 풀조차 차마 밟지를 못했다고 한다. 『산해경』에는 "임씨국(林氏國)에 진귀한 동물이 있는데, 대체로 호랑이와 같으며 몸에 다섯 색채의 문양이 있고 꼬리는 몸보다 긴데 추우라고 부른다. 하루에 1000리를 달린다고 한다"라고 나와 있다.

다에 전함 50척, 육지에 정병 30만이 있고, 병사가 날로 강해지고 선박이 날로 많아지며, 포대가 날로 공고해지고 무기가 날로 풍부해지고 철도가 통하는 곳이 날로 늘어나면, 각국은 서로 쳐다보며 먼저 움직이려고 하지 않을 것이다. 맹약을 폐기하는 나라가 있더라도 전쟁을 치르며 전쟁에 질 것을 불안하게 걱정할 필요도 없고 구차하게 목숨을 이어갈 방도를 찾을 필요도 없다. 이러하니 일본은 질서를 잡는 것을 도울 것이요, 서양은 평상시에 일을 일으키지 않을 것이니 동방 태평의 국면이 이루어지게 된다. 관자는 "전쟁을 중지하자는 설이 우세하면 요새를 지킬 수 없고, 생명을 보존하자는 설이 우세하면 창피한 줄 모르게 된다"라고 했다. 전쟁 중지의 의견이 한번 일어나면 조정과 민간의 각계각층 사람 모두가 이 회의가 성립하기를 앉아서 기다리며, 다시는 위기를 우려하고 안정을 도모하려는 마음이나 항시 무기를 곁에 두고 적을 대비하는 일을 하지 않을 것이다. 성마다 몇몇의 군대를 두고 감축한 군대를 다시 회복하지 않으며 남아 있는 군대마저도 훈련하지 않으니, 기계는 썩어 문드러지고 진지는 텅 빌 것이다. 문무 관료는 거나하게 취해 희희낙락하며 하급 관리들은 욕심을 부리고 백성은 곤궁해지며, 충언은 받아들여지지 않고 쓸 만한 인재도 찾지 않으니, 언관은 입을 닫고 인재는 없어질 것이다. 여러 나라가 우리가 이처럼 어리석고 뜻이 없는 것을 보고 일거에 우리를 분열시키니, 이것이 바로 빠르게 망하는 것이다. 산에 가는데 무기도 가지고 가지 않으면서 호랑이가 사람을 잡아먹지 않기를 바라는 것 역시 헛수고가 아니겠는가?

또한 공법의 설을 깊이 믿는 사람은 공법이 믿을 만하다고 말하는데, 그 어리석기는 이와 마찬가지이다. 무릇 권력이 서로 비슷해야 공법이 있는 것이지, 강약이 서로 다른데 법이 어디 있겠는가? 옛날부터 여러 나라가 서로 대치하는 시대에는 힘이 균등하면 용기로 다투고 용기가 비슷하면 지혜로 다툰다는 말은 들었지만, 법이 그들을 구속한다는 것은 들어본 적이 없다. 금일 오대류의 교류는 소국과 대국의 교류가 동등하지 않고, 서양 국가와 중국의 교류 역시 동등하지 않다. 예컨대 수입세는 주인이 결정하는 것이지만 중국은 그렇지 않다. 외국계 상인은 그 나라 법의 통제를 받지만, 중국은 그렇지 않다. 각국의 통상은 해안의 항구에서만 이루어지고 내륙의 하천으로는 들어오지 않지만, 중국은 그렇지 않다. 중국 상인과 서양 상인이 서로 다투어 하나는 중상을 입고 하나는 경상을 입으면 이 사안을 서양인이 모여서 심판하는데, 각국에는 없는 일이다. 만국공회에 참여할 수 없으니 어찌 우리와 공법을 이야기하려고 하겠는가? 전쟁 중지가 웃음거리가 되는 것을 알고, 공법이 기만적인 말이란 것을 깨닫고도 자신이 헤쳐 나갈 방법을 찾지 않으면 어찌할 것인가?

제15장 종교적 관용 / 非攻敎

다른 교파끼리 서로 공격하는 것은 주나라부터 진나라 사이에 이미 있었다. 유가와 묵가가 서로 공격하고, 도가와 유가가 서로 공격했다. 장자는 도가이지만 도가의 다른 분파와 서로 공격했다. 순자는 유가이지만 생각이 다른 유가와 서로 공격했다. 당나라 때에는 유가와 불교가 서로 공격했고, 북위와 북송에서는 도가와 불교가 서로 공격하고 유가가 다른 교파를 공격하면서 흑백을 가리었다. 다른 교파는 서로 비판하면서 성석을 디투었다(유럽은 신교와 구교의 다툼 때문에 수십 년 동안 전쟁을 치르며 서로 죽이고, 성직자들은 권세를 다투어 혼란스러웠다). 오늘날에야 시비가 아주 명백해져, 우리 공자와 맹자가 전한 성스러운 가르침은 아주 공정하고 지극히 옳아 태양과 달이 중천에 떠 있는 것처럼 밝게 빛나고 있다. 도리는 순수하고 인륜은 지고해서 풍속이 다른 먼 지방의 사람도 비난하는 것이 없다. 그러하니 이 시기에 성인을 따르는 사람들이 성인의 도가 쇠퇴하는 것을 우려하며 보호하고 발전시키려 한다면, 정치를 정돈하는 데 힘을 쏟아야지 교파 싸움을 할 필요가 없다. 이것이 과거와 현재 상황의 차이이다.

중국과 외국이 크게 소통한 이래로 서양의 교회가 중국에 가득 찼다. 조약으로 선교를 허용하고 황제는 교회 훼손 금지를 명령했다. 산동의 선교사 살해 사건[34]을 구실로 독일이 마침내 교주(膠州)를 점거하고 각국이 기회를 틈타 요구 사항을 내놓으니, 중국의 변란은 날이 갈수록 심해졌다. 뜻이 있는 선비들은, 학문을 연구하고 충의를 불러일으키며 우리 중국의 존친의 대의를 밝히고 우리 중국의 부강의 핵심 기술을 강구해야 한다. 그러면 국가의 힘은 날로 강성해지고 유학의 효용이 날로 자리를 잡아가면서 서양인의 종교는 사원이나 도관 정도로 떨어질 것이기 때문에 그냥 내버려 두어도 좋을 것인데, 왜 해를 가하려고 하는가? 여전히 의기소침하여 뒤처진 채로 자기만족에 빠져, 공자와 맹자의 학술과 정치를 힘써 실천하지 않아 세상을 다스릴 만한 학식은 없고 국위를 신장할 만한 능력과 지혜도 없으면서 헛되이 다른 사람의 허물을 비방하면서 이기기를 바란다면 무슨 이익이 있겠는가? 어찌하여 아무런 이익이 없는데도 배운 자들은 교회 공격을 제창하고 어리석은 백성은 그에 부응하며 질 나쁜 백성은 편승하고, 도적떼와 유민은 꼬투리를 잡아 약탈을 자행하여 아무런 이유도 없이 분쟁을 일으켜서, 위로는 황제의 근심거리를 남기고 아래로는 침략의 화를 불러일으킨단 말인가? 국가의 안위를 걱정하는 사람은 어찌하여 모른 척하고 묵인하고 있단 말인가? 이뿐만 아니라, 외국인의 여행이 점차 쉬워져서 중국과 서양이 분리되어 있던 것이 점차 변하고 있다. 만약 내륙을 돌아본다면, 우매한 사람과 어린아이들이 서양 의복을 입은 사람을 보

---

34 1897년 산동의 거야교안(巨野教案). 독일인 선교사 두 명이 피살당했다.

면 시끄럽게 떠들며 쫓아다니며 돌을 던져 때려서 몰아낸다. 우르르 몰려 일어나서 왜 몰아내는지 이유도 모르고, 그 사람이 선교사인지 아닌지, 유럽인인지 미국인인지 묻지도 않는다. 아무런 이유 없이 비방하고 때리는 것은 예의가 없는 것이다. 서양인이 모두 똑같은 것은 아니어서, 세관에서 일하는 사람, 관청에서 뽑아 온 사람, 여행하는 사람, 선교하는 사람이 있다. 그런데 아무런 생각도 없이 멍한 채로 분별을 하지 않고, 모두를 원망하며 해치니 똑똑하지 못한 것이고, 황제의 명령을 받들지 않으니 불법이며, 수백 명이 한두 사람을 공격하니 무인답지 못하며, 공적 전투에서는 겁을 먹고 사적인 싸움에 용맹하니 염치를 모르는 것이다. 이 때문에 외국인은 걸핏하면 중국인은 교화가 안 되었다고 말한다. 이런 미친 사내들을 어떻게 해야 스스로 깨닫게 할 것인가?

교회에서 매번 황당하고 잔인한 일이 일어나고 있다는 말이 항간에 떠돌아다닌다. 사람의 안구를 떼어내어 약을 만들고 강산(強酸)을 만든다거나 납을 녹여 은을 만든다고 하는데, 이는 모두 잘못된 말이 퍼져나간 것으로 결코 믿을 수 없다(광서 17년 의창(宜昌) 교안이 일어나기 전에 교회에서 기르던 유아 70명을 데려다 조사하니 모두 눈이 없었다는 말이 항간에 떠들썩하게 전파되어 모든 사람이 그렇게 말했다. 위원을 보내어 부·현의 지사와 함께 하나하나 눈을 검사하니 모두 아무런 일도 없었다. 오직 한 사람만이 한쪽 눈이 멀었는데 눈 주위가 안으로 오그라들었지만 아직 볼 수는 있었다. 그 아이와 부모는 모두 천연두 때문에 생긴 상처라고 말하니 군중의 의심이 비로소 풀렸다. 또한 광서 22년 강음(江陰) 교회의 사건은 나쁜 생원이 교회를 상대로 사기를 친 것이었다. 죽은 아이를 매장하여 모함하려고 한 것으로 그 지방 사람들은 모두 알고 있었고 그 사람 역시 즉시 자신의 죄를 인정했기 때문에 신문을 끝냈다. 이 모두는 최근의 증거이다). 기독교가 탄생한 후 1000여 년 동안의 일과 지구상 수십여 국가에 퍼진 것을 살펴보면, 신교와 구교가 권력 다툼으로 싸움을 일으킨 적은 여러 차례 있었지만 잔인한 일을 구실로 삼았던 적은 없었다. 만약 교회에서 잔인한 일이 일어났다면 서양 국가의 사람들은 일찌감치 교회에 잔혹하게 당해서 온전한 피부를 가진 사람이 없고 종족도 남아나지 않았을 것이다. 만약 서양 사람은 죽이지 않고 중국 사람만을 잔혹하게 해쳤다면 중국과 교류가 있기 이전 1000여 년 동안에 약품, 강산, 은괴는 어찌 얻을 수 있었겠는가? 또한 오늘날 서양 각국이 필요로 하는 약품, 강산, 가지고 오는 은괴는 하루 내에 셀 수가 없을 정도인데, 중국 각 성에 교회가 있다고 해도 어찌 매일 수천만의 교민을 죽이고, 매일 수천만의 눈동자를 도려내어 그들의 수요에 맞추어 공급할 수 있단 말인가? 속담에 "구르는 구슬은 구덩이에 빠져서 멈추고, 떠도는 말은 지혜로운 자에게서 멈춘다"라고 했다. 관리와 서생 유학자들은 모두 어리석고 무지한 자를 계몽할 책임이 있다. 무지해서 외국 사람들의 비웃음을 사는 일은 절대로 일어나지 않도록 해야 할 것이다.

제3부

계묘학제의 「학무강요」
癸卯學制　　學務綱要

장백희·장지동·영경 지음

이병인 옮김

장백희(張百熙, 1847~1907)　　장지동(張之洞, 1837~1909)　　영경(榮慶, 1859~1917)

학무강요
광서 29년 11월 26일(1904년 1월 13일)[1]

일. 전국 학당 총요

수도와 지방의 크고 작은 문무 각 학당은 모두 황제의 명령을 받들어, 품행을 단정하게 하고 능력 있는 인재를 양성하는 것을 목적으로 삼으니, (하·은·주) 삼대의 학교, 선거가 도덕·품행·학문·기예 네 가지를 같이 중시했던 뜻에 바로 부합한다. 각 성의 학당 설립은 이 뜻을 깊이 체득해야 한다. 아동이 초등소학당에 입학한 것을 시작으로, 교원이 된 자는 교과 수업을 할 때에 수시로 지도하는 데 힘써 부모·조상 숭배의 도리로서 학생을 깨우치고, 예법에 맞는 생활로 이끌어야 한다. 모든 그릇되고 간사한 논설과 편파적인 말은 엄히 막아내고 힘써 물리친다. 학생이 후일 성과를 내어 사·농·공·상에서 무엇이 되든지 관계없이 모두 위로는 애국을 알고

---

1 「奏定學務綱要(1904.1.13), 璩鑫圭·唐良炎 編, 『中國近代教育史資料匯編: 學制演變』(上海教育出版社, 2007), pp. 494~515.

아래로는 자립을 할 수 있어야, 비로소 조정이 교육 사업을 일으킨 뜻을 저버리지 않는 것이다. 외국학당은 지육(智育)·체육 이외에 덕육(德育)을 더욱 중시하니, 중국과 외국이 본디 이치가 다른 것은 아니다.

일. 대·소 각 학당은 각기 설립 취지가 있다

대·소학당의 원리는 하나로 관통되어 있으나, 각 학당은 각기 그 의미가 있다. 가정교육·몽양원(夢養院, 유치원에 해당)·초등소학당은 전국의 백성〔民〕이 빈부귀천을 막론하고 모두 본성을 맑게 하고 예를 알아 선량하게 만드는 데 뜻이 있다. 고등소학당·보통중학당은 이 학당에 입학한 자가 사민(四民) 모두가 알아야 할 요점을 완전히 이해하게 하여, 관리가 되려는 자에게는 진학의 계단이 되게 하고 직업을 얻으려는 자에게는 생계를 도모할 수 있는 지식과 기능이 있게 하려는 것이다. 고등학당·대학당은 국정과 민사의 각종 전문 지식을 연구하고 국가가 임용할 인재를 모아서 양성하는 것이다. 통유원(通儒院, 대학원에 해당)은 전문적이고 심오한 함의를 연구하여 스스로 새로운 이치를 깨닫고 새로운 법을 창안하여 전국 학업을 위한 더욱 좋은 방법을 힘써 구하는 것에 그 뜻이 있다. 아울러서 중국의 옛 학문을 전문으로 공부하는 대학을 설립함으로써 옛 학문과 옛 서적을 보존하는 곳으로 삼으려는 것이다. 실업학당은 전국 인민이 각종의 생계를 도모할 수 있는 재능·지혜·기예를 갖추게 하여 부국부민(富民富國)의 근본으로 삼으려는 데 뜻이 있다. 역학관에서는 각국 어문을 통달해 스스로 외국의 책을 읽을 수 있게 하여, 한편으로는 교섭의 재능을 쌓고 한편으로는 각 학교에서 각국 어문을 가르치는 교원이 될 수 있도록 준비하여 외국 교사에게 계속해서 의지하는 것을 없애려는 것이다. 진사관[2]은 이미 과거에 합격해 관리가 된 자가 각종 실학의 큰 핵심을 이해하게 하여 시대의 다급한 문제를 해결하도록 하는 데 그 뜻이 있다. 사범학당은 전국 중·소 학당마다 교사를 있게 하려는 것으로, 이것이 각종 학당의 근원이니, 교육 사업을 일으키는 일에 착수하는 가장 근원적인 진리이다.

일. 수도와 지방 각 학당은 모두 새 장정(章程)에 따라 일치시킨다

이번에 성지(聖旨)를 받들어 개정한 각 학당장정은 충효를 가르침의 근 본으로 삼고, 예법을 풍속 교화의 방법으로 삼으며, 기능을 연습하여 실제 에 응용하고 생계를 유지하는 수단으로 삼는다. 그 근본 취지는 작년에 발 표한 대학당에 관한 원 장정[3]과 본질적인 차이는 없다. 그러나 학당을 창 립하려 하는 데 이전 장정은 아직 미비한 점이 있었다. 이에 다시 최근의 상황을 세심하게 살피고 심사숙고하여 개정한다. 조목은 더욱 상세하고 세밀하게 하고, 과정은 더욱 완비하며, 금지 계율은 더욱 근엄하게 한다. 이전에 상주를 거쳐 결정된 호북 등 성(省)의 학당장정은 모두 참작 수정하 여 일치하게 한다. 이전 장정(임인학제의 장정)에서 정한 준수해야 할 사항은 모두 본 장정으로 통합하였다. 이후로 수도와 지방 관신(官紳)의 각종 학당

---

2 진사관(進士館)은 1904년에 개관한 경사대학당(京師大學堂)의 부설 기관이다. 1902년 12월 청 정부는 과거에 합격한 새로운 진사를 대상으로 정치, 법률과 경제 등을 교수하 기 위하여 진사관을 설치하라고 지시했다. 1904년 개교하여 계묘 진사(1903년 회시 합 격) 80여 명과 갑진 진사(1904년 회시 합격) 30여 명을 받아들여, 내와 외 두 개 반으로 나누어 3년 과정으로 운영하였다. 1905년 과거를 폐지한 후 계묘 진사는 졸업이 얼마 남지 않아 진사관에 남아 학습을 계속하도록 했으나, 갑진 진사는 일본 도쿄법정대학에 유학을 보내 1년에서 1년 반 동안 공부하도록 했다. 후에 독립하여 1907년 경사법정학 당이 되었다.

3 여기서 말하는 원 장정은 1902년 8월에 발표한 『흠정학당장정(欽定學堂章程)』(속칭 임 인학제)을 말한다.

설립은 관립, 공립, 사립을 막론하고 모두 현재 정한 각 학당장정 과목에 따라 성실하게 수행하며, 사사로이 과정을 고치거나 스스로 기풍을 만들어서는 안 된다.

일. 우선 사범학당을 시급히 세워야 한다

학당에는 모름지기 교사가 있어야 한다. 현재 대학당·고등학당과 성도(省都)의 보통학당은 여전히 동서 각국의 교원을 초빙하여 교사로 삼을 수 있다. 만일 각 주·현의 소학당 및 부(府)의 중학당이라면 어찌 수많은 외국 교원을 초빙할 수 있겠는가? 지금 각급 사범학당을 시급히 설립해야만, 초급사범이 초등소학과 고등소학의 학생을 가르치고, 우급(優級)사범이 중학당의 학생 및 초급사범학당의 사범생을 가르친다. 성도의 사범학당은 외국인을 초빙하여 교원으로 삼거나 혹은 일찍이 외국의 사범학당에서 공부하고 졸업한 사범생으로 보충한다. 부(府)의 사범학당은 중국에서 공부한 사범생만을 교원으로 초빙할 수 있다. 국민 지식을 개화시키고, 교육을 보편적으로 시행하는 데 소학당이 가장 중요하다. 초급사범학당은 소학에서 가르치는 사범생을 양성하는 것이니 학당을 운영하려는 자가 착수해야 할 첫 번째 일이다. 특히 각 성도에 이미 설립된 많은 중학당·고등학당이 자기 마음대로 하도록 내버려 두어 장래 인재가 될 학생을 잘못 이끌게 해서는 안 된다. 우급사범학당은 중국의 현재 정세에서 가장 중요하니, 계속하여 빠르게 설립해야 한다. 각 성은 현재 정한 초급사범학당·우급사범학당 및 간이사범과·사범전습소 각 장정의 방법에 의거하여 신속하게 거행해야 한다. 이미 사범학당을 설립한 곳은 교과를 수준에 맞게 고쳐야 한다. 아직 사범학당을 설립하지 않은 곳은 사범교원을 초빙하여 빠른 시간 내에 설립 운영해야 한다. 만약 초청할 만한 사범교원이 없는 곳은, 신속히 외국에 사람을 파견하여 사범교육의 교수·관리의 각 방법을 배우게 하는데, 속성 사범과정을 배울 약간 명과 정규 사범과정을 배울 약간 명으로 나누어 현재의 사범장정이 공포, 시행될 수 있도록 한다. 속성사범생이 귀국하면 그에 의거하여 학교를 설립하는 데 긴급한 수요를 맞출 수 있는 규모로 설립한다. 정규 교육과정의 사범생이 귀국하면 속성 사범생에게 전수하고 각 부·현에 파견하여 계속해서 교체함으로써, 교수법을 몰라 손을 대지 못하는 지경에 이르지 않도록 해야 한다. 우선 신속히 거행하고 점차 확대하여 조금이라도 지체하지 않기를 바란다.

일. 각 성에서 학당에 관한 사무를 처리할 관리는 먼저 해외에 파견하여 고찰하도록 한다

학당에서 중요한 것은, 교원뿐만 아니라 학당을 관리하는 사람이 있는 것이다. 모름지기 교수법·관리법에 밝은 자가 학당 일에 진심으로 종사하면, 아직 학당을 설립하지 않은 자는 설립이 쉬워질 것이고, 이미 설립한 자는 일이 순조로울 것이다. 그렇지 않으면 성과는 기대하기 어렵고, 폐해는 늘어난다. 각 성은 관신 중에서 품행과 학업이 모두 훌륭하며 성정이 성실하고 또 평소 교육에 관심을 가질 수 있는 자를 추천·선택하여, 비용을 지원하여 해외로 계속 파견하는데 인원수는 많을수록 좋다. 길게는 1년, 짧게는 수개월 동안 외국 각 학당의 규모·제도 및 일체의 관리·교수법을 고찰하고 순방·체험한 것을 상세히 덧붙이게 한다. 외국 교사는 어떻게 가르치고 학생은 어떻게 공부하며 관리는 학당을 어떻게 관리하는가를 관찰하고, 귀국 후에 학무처와 각 학당에 각각 파견하여 일을 보게 하면 실제 효과를 거둘 수 있고 비용 낭비도 없다. 구미 각국은 거리가 멀고 비용이 많이 들어 많이 갈 수 없으니 일본으로 가지 않을 수 없다. 이 일은 학당을 설립하는 입문법이니 비용을 절대로 줄일 수 없다. 변경의 재정이 적은 성도 적어도 두 명을 파견해야 한다. 만약 일본에서 반년 동안 고찰한다면 비용이 아주 많이 들지는 않을 것이다. 이러한 방법으로 일을 시작하지 않는다면, 아마도 3~4년 동안 운영하면서 수만금을 소모하고도 여전히 혼란하고 잡다하여 질서가 없어 실제 얻는 것은 조금도 없을 것이다. 변경의 성이 학무를 고찰하러 해외에 나갈 관신을 많이 파견할 수 없으면, 강(江)·초(楚) 등의 성(省)[4]이 이미 번역하여 간행한 교육학·학교관리법·교육행정법·학교위생학·사범 강의·학무 신문·교육총서 등의 종류를 많이 구입하여 각 소속기관에 하달하여, 학무에 종사하는 사람이 연구하게 해야 한다. 그래야 설립한 학당이 어지럽거나 무질서하지 않고, 또 교사와 학생의 공력을 낭비하지 않으며, 사리를 깨닫지 못하고 무턱대고 일을 하여 그르치는 것보다는 나을 것이다.

일. 소학당을 향신·부자에게 널리 설립하도록 권유해야 한다

초등소학당은 올바른 교육의 기초로서, 각국은 모두 국가의 의무교육으로 한다. 동서 각국의 법률과 규칙은 무릇 어린아이가 취학할 나이가 되었는데도 소학에 입학하지 않으면 그 부모를 처벌하며 강제교육이라 부르는데, 입국의 근본이 온전히 여기에 있음을 잘 알고 있는 것이다. 현재 각 성(省)의 경비가 부족하여 관청에서 많이 설립할 수 없는 상황이다. 사범 지식을 익힌 사범생이 나날이 많아지면 바로 지방관에 지시를 내려 향신(鄕

---

4 강·초 성은 양강 총독과 호광 총독이 담당하던 성을 가리킨다. 양강 총독이 총괄 관리하던 지역은 상해시를 포함한 강소·안휘·강서성이고, 호광 총독은 호남·호북성의 군정과 민정을 총괄했다.

紳)·부자가 자금을 모아 학교를 많이 설립하도록 사리에 맞게 권유하도록 한다. 몽양원과 가정교육은 또한 예비교육의 근원이다. 다만 중국과 서양의 예속이 같지 않아 여자학당 및 여자사범학당을 설립하기에 적당하지 않다. 현재 몽양원과 가정교육은 하나로 통합하여 전문 장정을 마련했다.

일. 각 성은 실업학당을 신속히 설립해야 한다

농·공·상 각 실업학당은 학문을 배운 후에 각기 생계를 유지할 방법을 얻는 것에 중심을 두니, 국가의 근본에 가장 도움이 되는 것이다. 그 수준 역시 고등·중등·초등의 구분이 있으니, 각 지방에 지시하여 지방의 상황에 따라 적합한 것을 선택하여 조속히 많이 설립하도록 한다. 예를 들어 통상이 번성한 지역은 상업학당을 설립해야 한다. 생산이 풍부한 지역은 공업학당을 설립해야 한다. 해산물이 풍부한 지역에는 수산학당을 설립한다. 나머지는 유추할 수 있다. 그러나 지금 각 성은 자금 모으기가 쉽지 않으며 교원 역시 적당한 사람을 얻기 어려우니, 각 항목의 실업 중에서 해당 성에서 긴급하고 중시할 것을 선택하고, 우선 학생을 선발 파견하여 외국에 나가 공부하게 해야 한다. 이 항목의 실업은 두 반으로 나누어, 한 반은 중등학을 배우게 해 속성을 기대하고, 한 반은 고등학을 배우게 해 완비하기를 기대한다. 중등실업학생이 졸업하여 성으로 돌아오면 즉시 학당을 창설하여 먼저 간단하고 쉬운 기술을 가르친다. 고등실업학생이 졸업하여 귀국하면 다시 고등 수준의 학당을 늘려 정밀하고 깊은 원리를 가르침으로써 점차 발판을 넓혀간다. 소요 비용은 많지 않고 실행 방법은 비교적 장악하기 쉬우니, 각 성은 1년 내에 실제로 계획, 운영할 상황을 먼저 보고하라.

일. 각 학당은 학생 품행을 심사하는 것에 무게를 두어야 한다

인재 양성은 반드시 품행을 우선으로 삼아야 한다. 각 학당의 학생 평가
는 각 학과 외에 품행 과목을 별도로 두어야 하는데, 역시 점수 누적제를
사용하여 각 교과와 함께 점수를 기록해야 한다. 그 평가 방법은 언어, 행
동거지, 예의, 일하기, 교제, 외출의 여섯 항목으로 나누어 도처에서 관찰
하고 그 순위를 정한다. 강의실에서는 교원이 순위를 정하고, 기숙사에서
는 학생감〔監學〕 및 검찰관이 순위를 정한다. 학생의 품행을 중요하게 생각
하니, 선발 파견하는 교원 모두 품행 단정한 사람을 추천하여 모범이 되도
록 한다.

일. 중·소학당은 경서 읽기〔讀經〕를 중시하여
성인의 가르침〔聖敎〕을 보존해야 한다

외국학당에는 종교 과목이 있다. 중국의 경서는 곧 중국의 종교이다. 만
약 학당에서 경서를 읽지 않는다면, 요·순·우·탕·문·무·주공·공자의
도인 소위 삼강오상(三綱五常)이 모두 황폐해지고 끊어져서 중국은 결코 나
라를 번성하게 할 수 없다. 배움이 그 근본을 잃는 것은 곧 배움이 없는 것
이고, 정치가 그 근본을 잃는 것은 곧 정치가 없는 것이다. 그 근본을 이미
잃었다면 곧 애국과 동족 사랑의 마음도 그에 따라 쉽게 바뀐다. 어찌 부
강의 희망이 있겠는가? 그러므로 학생이 장래에 어떤 일에 종사하게 될지
를 막론하고, 학당에 있을 때 경서를 읽고 해석해야 한다. 각 학당에서 읽
어야 하는 양이나 해석의 깊이를 억지로 일치시켜야 하는 것은 결코 아니
다. 소학에서 공부하는 자는 경서의 핵심적인 말을 암기하고 성인 가르침
의 요지를 개략적으로 들어 그 심성을 다잡고 그 본원을 바르게 하면 충분

하다. 그런데 경학은 오묘하고 넓어서, 춘추(春秋)·한(漢)·당(唐) 이래로 학자는 본디 전문적으로 연구하는 경전이 있고 하나나 두 개의 경전을 함께 익혔다. 우리나라 건륭제 이전에 향시와 회시의 고시관은 경전을 나누어 선비를 뽑았다. 즉 경학의 여러 큰 스승들도 여러 경전의 정수를 겸한 자는 드물다. 사림(士林) 중에서 13경을 읽은 자는 본래 적고, 대체로 오경과 사서만 읽었다. 『예기』·『좌전』도 발췌본을 읽은 자가 대부분이다. 현재 중·소학당은 과목이 비교적 많고 시간이 정해져 있다. 만약 일률적으로 13경을 전부 읽게 한다면 정력과 시간이 결코 미치지 못하니, 읽었다 해도 기억할 수 없고 기억했다고 해도 이해할 수 없으니 어떤 이로운 점이 있겠는가? 또 넘치나 실속이 없으니 또한 경전을 연구하는 방법이 아니다. 이에 각 경전의 핵심을 가려내어 중·소학당에 배정한다. 예를 들면 책의 내용이 많고 무거운 『예기』와 『주례』는 단지 경서에 통달한 학자(通儒)의 발췌본을 선택해 읽는 것으로 끝낸다. 『의례』는 가장 중요한 한 편을 선택해 읽는다. 초등소학당 1학년부터 매일 약 40자를 읽는 것을 시작으로, 중학당에 이르러 매일 약 200자를 읽는 것으로 그친다. 대체로 소학당은 매일 한 시간은 독경, 한 시간은 암기와 간단한 해석으로 하여(암기는 자질이 비교적 우둔한 몇 명을 임의로 선택하여 몇 마디 말을 암기했는지 시켜보아 시간과 노력을 절약한다. 간단한 해석은 평이하고 확실한 대의를 강의하는 정도로 그친다) 합쳐 두 시간이니 매주 경전 학습은 열두 시간이다. 중학당은 매주 여섯 시간 독경과 세 시간 암기·해설이니, 매일 독경 한 시간과 격일로 암기·해설 한 시간으로, 매주 경전 학습은 아홉 시간이다. 경전의 복습(溫經)은 소학·중학에서 모두 매일 30분씩 하는데, 자습할 때 공부하도록 재촉하고 수업 시간은 차지하지 않도록 한다. 매일 경전을 공부하는 시간을 참작하여 정하니 학생은 과로하지 않고 경전을 읽고 해설하고 복습하는 데 여유가 있으며 서양 학문을 공부하는 시간과 노력에 지장을 주지 않는다. 고금의 해석에 대해 폭넓은 고찰과 정교하고 심오한 함의를 연구하고자 하거나 자원하여 여러 경전에 정통하려는 자는 모두 대학당의 경학 전문과에서 경전을 연구하도록 하면, 여러 경전과 옛 학문[古學]은 계속해서 보존되어 없어지지 않을 것이다. 중학당을 졸업하면 이미『효경』·사서·『역경』·『서경』·『시경』·『좌전』 및 『예기』·『주례』·『의례』의 발췌본을 읽어, 모두 합쳐 10경(사서 안에『논어』·『맹자』 2경이 있다)을 읽게 되며 대의를 이해하게 된다. 종래의 서숙·서원에서 읽고 이해한 것과 비교하여 더 많아진 것이다. 종합하자면, 학업을 꾸준히 하기만 하면 매일 시간을 많이 들이지 않아도 경서는 버려지지 않는다. 대체로 수십 년 동안의 과거시험에서 사람들은 9경을 읽었지만, 이해한 자는 열 명 중 두세 명에 지나지 않았다. 만약 이 장정에 의거해 처리한다면 학당에서 경전 공부를 방치하는 사람은 결코 한 사람도 없을 것이고, 성인의 경전이 폐기되는 데 이르지 않을 뿐만 아니라 경학은 이로써 다시 번영할 것이다. 그 독경의 방법은 별도의 전문 장정을 보라.

일. 경학 과정은 간단명료하게 하여 서양 학문 공부를 방해하지 않도록 한다

소학·중학 모두 경전 읽기와 경전 강론 과목이 있고, 고등교육은 경전 강론 과목이 있다. 그런데 연간 수업시수로 치면 여유가 있지만 하루의 수업 시간은 많지 않으니, 오로지 요점을 설명하고 해박함은 추구하지 않는다. 대학당·통유원은 심오한 경학으로 전문과를 만들고, 스스로 선택하게 하며 이를 여러 사람에게 요구하지 않는다. 서양 국가들이 가장 중시하는 옛 학문 보존 역시 전문가가 스스로 연구하는 것이다. 옛 학문에서 가장 귀한 것으로 경서만 한 것이 없는데, 식견이 없는 무리가 새로운 것을 좋아하고 옛것을 업신여기고 방종을 즐기고 규제를 싫어하면서 경서가 하루라도 빨리 없어지지 않는 것을 두려워하는 것은, 진실로 서양 학문과 서양 제도[西法]를 알지 못하는 것이다.

일. 학당은 중국 문사(文辭)가 폐기되지 않도록 하여 예전부터 이어져 내려온 경적(經籍)을 읽을 수 있도록 해야 한다

중국의 각종 문체와 문장은 각기 쓰임이 있다. 고문(古文)[5]은 도리를 밝히고 사적을 기록하여 덕을 진술하고 정감을 표현하는 것이기 때문에 가장 귀중하다고 할 수 있다. 변려문(駢儷文)[6]은 국가 의식과 황제의 명령 작성에 필요한 곳이 아주 많아 없앨 수 없다. 고체시(古體詩)[7]와 금체시(今體詩),[8] 사부(辭賦)[9]는 심성을 함양하며 가슴에 품은 것을 드러낸다. 중국 악학(樂學)은 오랫동안 미약했지만, 이 때문에 옛사람이 음악교육에 남긴 뜻

---

5 산문체의 문장을 말한다. 변려문이 실속 없이 표면적인 아름다움을 꾸미는 데 치중하자 진·한 시대 이전의 산문체를 대비하여 말한 것에서 유래했다.

6 변문, 변체문, 변려문, 변우문이라고도 부른다. 대구를 대치시켜 가며 문장을 만드는 것으로 통상 네 글자의 구와 여섯 글자의 구를 사용했기 때문에 '사육문' 혹은 '변사려육'이라고 하는데, 문장이 화려하고 음률의 리듬을 중시했다.

7 고체시는 시가 체제로서 고시 혹은 고풍이라고도 한다. 시구의 글자에 따라 사언시·오언시·칠언시 등이 있는데, 당대 이후에 형성된 시가 체제인 근체시에 상대하여 부르는 시체이다. 당대 이후의 근체시는 통상 오언과 칠언 두 가지로 나누어지기 때문에 오언 고체시는 오고, 칠언 고체시는 칠고라고 하며, 3·5·7을 겸용한 것도 칠고라고 한다.

8 금체시는 당나라 이후에 형성된 시가 체제로서 근체시, 격률시라고도 부른다. 평운과 측운, 대구, 압운을 중시하여 구수(句數), 자수(字數), 평측(平仄), 압운(押韻)에 대해 엄격한 제한이 있었다. 대표적인 시인으로는 이백, 두보 등이 있다.

9 중국 고대 문체의 하나로서 산문에 가까운 운문이다. 전국시대부터 시작되어 한나라 때 발전했다. 한나라 사람들은 굴원 등이 지은 부(賦)를 모아 초사(楚辭)라고 했는데, 후에 부 형식의 문학을 범칭하여 사부라 불렀다.

을 조금 보존할 수 있었다. 중국의 각종 문체는 대대로 서로 이어져 실로 오대륙 문화의 정화가 되었다. 중국의 각종 문제를 알아야 경전과 사서, 옛 서적을 이해하고 성현의 핵심 도리를 전달할 수 있다. 문학이 없어진다면 옛 서적을 읽을 수 있는 사람은 없을 것이다. 외국학당은 국수의 보존을 가장 중시하는데, 이것이 국수를 보존하는 핵심이다. 가령 학당의 사람들이 모두 문장을 제대로 지을 수 없다면, 장래에 관리가 된 이후 모든 상주문·공문서·서찰·사건 기록·군령은 누가 만든단 말인가? 공문을 짓는 것이 유창하지 않은데 어찌 요직과 중임을 맡길 수 있겠는가? 다만 근대 문인은 오로지 글의 화려함만을 익히고 실학을 중시하지 않아 글을 다듬고 꾸미는 것 이외에 시세와 경제에 대해서는 막연하여 아는 바가 없다. 송유(宋儒)가 문인이라고는 말할 수 있지만 족히 볼만한 것이 없으니 문인이라는 그 말이 진실로 아깝구나! 대체로 글을 화려하게 쓰는 것을 배척하고 실질을 숭상하는 것은 옳지만, 이렇게 바로잡으려고 이전의 모든 문체를 없애는 것은 안 된다.[10] 지금 대학당에 문학 전문과를 설치하여 연구하는 것을 제외한다면 각 학당의 중국 문학 과목은 하루에 공부할 시간을 분명히 정하여 다른 학과에 지장을 주면 안 된다. 더불어 덕성 교화에 유익한 고시가(古詩歌)를 암송하게 하여, 외국학당의 노래와 음악을 대신한다. 각 성의 학당은 모두 이 일을 소홀히 하면 안 된다. 무릇 교원의 학과 강의와 학생의 교과 질의는 말이 비속하고 거칠고 경솔해서는 안 된다. 중국 문학 과목은 수시로 논설과 문자를 시험 보고, 평이한 서신·기사·문법을 가르쳐 공적으로나 사적으로 실제 사용할 수 있도록 한다. 다만 뜻과 말이

---

10 이 부분의 원문은 "蓋黜華崇實則可, 因噎廢食則不可"로서 "대체로 화려함을 몰아내고 실질을 숭상하는 것은 옳지만, 목이 멘다고 식음을 전폐하는 것은 옳지 않다"로 되어 있지만, 문맥과 의미에 맞춰 바꾸어 설명했다.

명확하면 충분하고 경전과 역사를 많이 인용할 수 있으면 좋으며, 문구를 지나치게 꾸미거나 화려하게 하는 데 힘을 쏟지 않으며 문장 길이도 장황하게 하지 않도록 한다. 교수법은 쉬운 것에서 시작해 어려운 것으로, 짧은 글에서 긴 글로 나아가, 학생들을 어려운 것으로 고통스럽게 하지 말라. 중·소학당은 중국 문사를 명확하게 이해하는 것으로 충분하다. 고등학당 이상은 중국 문사를 점차 막힘없이 서술할 수 있도록 하나, 여전히 명쾌하고 올바른 것을 으뜸으로 삼고 기이하거나 예스러운 것을 지나치게 추구하지 않으며 헛되이 겉만 화려한 것을 숭상해서는 안 된다.

일. 외국의 적절치 않은 단어를 답습하는 것을 경계하여, 국문을 보존하고 사풍(士風)을 바로잡는다

옛사람이 말하기를, 글은 도를 담는다고 하였다. 오늘의 상황에서 글은 정치를 전달하는 용도까지 겸유하고 있다. 그러므로 외국은 통치를 이야기하고 학문을 논할 때 대체로 언어와 문자가 소통되는 범위를 가지고 권력의 교화가 미치는 범위를 검증한다. 화학·제조나 모든 전문 학문에는 새로운 사물과 새로운 방법이 있기 때문에 새로운 글자를 만드는데, 그 본뜻을 따르는 것 이외에 일상적으로 사용하는 모든 명사는 표절하거나 잡다하게 뜻이 뒤섞여서는 안 된다. 일본의 각종 단어에는 품위 있고 타당한 것이 많긴 하지만, 중국 문사와 서로 맞지 않는 것도 적지 않다. 요즘 젊은 이들의 습성은 문자 사이에 외국 명사와 속어를 사용하는 것을 좋아하는데, 예를 들면 단체·국혼·팽창·무대·대표 등의 글자로서 우아함이 부족하다. 희생·사회·영향·기관·조직·충돌·운동 등의 글자는 모두 중국에서 흔히 보이는 것이지만, 그 의미는 중국의 해석과 판이하게 달라 이해하기 어렵다. 또 보고·곤란·배당·관념 등의 글자는 비록 뜻은 이해할 수 있으나, 이 글자들이 반드시 필요한 것은 아니다. 익숙한 것을 버리고 새로운 것을 사용하면 쓸데없이 읽는 사람들의 해석 차이를 만들어 일하는 데 장애가 많다. 이런 단어들이 셀 수 없을 정도로 많다는 것은 유추할 수 있을 것이다. 사실 이런 종류의 단어는 외국에서도 습관적으로 계속 사용해 왔던 것에 지나지 않아, 스스로도 정교한 이치나 간추린 말로 여기지는 않는다. 오늘날 일본의 학식 높은 사람들의 저술과 문사는 모두 한문을 사용하고 있는데 지극히 품격이 있으며, 중국의 경사자집(經史子集) 내에서 제재를 고른 것으로 이러한 글자를 함부로 넣은 적이 없다. 외국 문체를 보면, 그 개념이 분명한데 어찌 애매하게 표절할 수 있겠는가. 대개 기이한 문자를 추구하는 사람은 반드시 괴팍하고 바르지 않은 선비이다. 문체가 불량하면 사풍(士風)도 그렇게 된다. 무릇 사건을 서술하고 도리를 설명하는 것에는 중국에 통용되는 단어가 있는데, 어찌 남이 한 말을 주워 쓰겠는가. 만일 외국 문법을 따르면 의미 없는 말과 의미 있는 말이 뒤집히거나 서술이 번잡하고 복잡하게 얽혀 사람이 이해하기 어렵게 하니 마땅히 경계해야 한다. 만일 중국과 외국의 문법을 참조하여 사용하면 서로 뒤엉키게 되고, 그것이 오래되다 보면 중국의 문법과 글자 뜻이 모두 변하게 되고 중국의 학술과 교육도 이에 따라 모두 없어질 것이다. 이후로 공문서, 사문서와 모든 저술은 모두 신중히 주의를 기울여 점검하고 멋대로 남을 흉내 내어 문체(文體)를 망가뜨리고 공연히 외국인에게 비웃음을 사서는 안 된다. 만약 교과서·일기·시험문서 내에 이 같은 단어가 있으면 반드시 내칠 것이다.

일. 소학당은 외국어(洋文)를 함께 익힐 필요가 없다

초등·고등소학당은 국민이 국가에 충성하고 성인의 가르침을 받드는 마음을 양성하는 것을 중심으로 한다. 각 학과는 모두 한문으로 가르치고,

외국어를 일절 따로 배울 필요가 없도록 하여 중국 학문의 근본이 방치되지 않게 한다. 중국어가 매끄러우며 명확히 이해해야 하고, 중학당에 입학하고 난 후에야 비로소 외국어를 함께 공부하는 것을 허락한다. 학생이 중학당에 들어왔을 때 나이가 16~17세를 넘지 않으니 말이 유창하지 못할 것을 걱정할 필요는 없다. 각 성의 관립·사립 초등·고등소학당은 모두 명령대로 처리하여, 외국어 수업을 편성하지 말아야 한다. 다만 고등소학당은, 예를 들어 통상항구 부근에 설립된 곳은 학생 중에 자질이 뛰어나나 가정이 곤궁하여 장차 농·공·상 실업을 배우는 것으로 생각을 바꾸고 중학당 이상의 각 학당에 진학하려고 하지 않는 자가 간혹 있는데, 그가 생계를 하루빨리 도모할 수 있게 고등소학당에 다닐 때 학당의 과정 시간 외에 스스로 외국어를 함께 배울 수 있도록 각 지방의 상황에 따라 참작하여 처리한다. 그러나 소학당 학생은 아직 어린아이이니, 성인 경전의 근본을 익히는 것을 중심으로 삼아 절대로 경전 읽기와 경전 해설 및 중국 문자 학습 시간을 줄이는 것을 절대로 허락하지 않는다. 초등소학당에 다닐 때는 절대로 외국어를 함께 익혀서는 안 된다.

일. 중학당 이상의 각 학당에서는 반드시 외국어를 열심히 배워야 한다

현재의 형세에서 외국어를 할 수 없는 자는 교섭·유력(遊歷)[11]·유하에

---

11 유력이란, 한 지방에서 멀리 떨어진 곳으로 가서 모종의 사물이나 사건을 경험, 고찰하여 지식을 습득하고 깨우치는 과정을 말한다. 청조는 새로운 지식과 경험을 습득하기 위하여 신정 시기에 관리를 외국에 파견하여 고찰하게 했다. 청 말에 많은 관리가 일본으로 유력을 떠났고, 현지 조사의 범위는 군사와 공업에서부터 교육, 정치, 법률, 실업, 상무, 매체 등이었다.

장애가 없을 수 없다. 외국어를 조금 아는 자는 종종 외국어를 이용해 이익을 보려고 한다. 교활하고 도리에서 벗어난 자는, 외국 서적과 신문에서 중국 예법과 대단히 다르고 중국 정체(政體)에 부합하지 않는 것만을 끌어다가 앞뒤를 생략하고 번역한다. 게다가 간혹 자신의 개인적인 의견을 덧붙이고, 늘리고 줄여 자신의 말을 그럴듯하게 둘러맞춘다. 비유하자면 일본의 후쿠자와 유키치는 유신지사(維新志士)로서 그 저술이 수십 수백 종인데, 정교한 이치와 명언은 기록할 수 없을 정도이다. 그러나 중국 번역자들은 그의 남녀평등권 등의 문장만을 취하여 번역하고, 그가 교육의 근본을 말하고 정치의 근원을 말한 것은 생략했다. 이와 같은 일들은 일일이 열거할 수 없을 정도로 많다. 그 이유는 두 가지이다. 하나는 번역하는 데 오래 걸리지 않고 인쇄 자금이 적게 드니, 쉽게 팔아서 이익을 얻을 수 있기 때문이다. 하나는 중국에는 외국어에 통하는 자가 적었기 때문으로, 단순하고 단편적인 말을 잘라내어 세상을 기만하고 사람을 미혹시키길 바라니 비속하고 교활하기가 심한 것이다. 가령 중국에 외국어에 통하는 자가 많아지면, 이런 황당무계하고 사리에 맞지 않는 번역은 결코 그 잔꾀를 퍼뜨릴 수 없다. 그러므로 중학당 이상의 각 학당은 외국어를 열심히 배워 완전하게 해야 하며 대학당의 경학·이학·중국문학·사학 각 과는 외국어에 정통한 이후에 그 쓰임은 최대가 될 것이니, 이것이 실로 중국과 외국이 통하고, 혼란시키는 적을 없애고, 사설을 멈추게 하며, 편파적으로 행하는 것과 거리를 두게 하는 핵심이다.

일. 서양 국가의 정치와 법률을 참고하려면 전문을 보아야 한다

외국이 부강한 까닭은 일 하나하나마다 모두 관련된 정치와 법률이 있기 때문이다. 그런데 중국에서 현재 서양 학문을 도용하는 자는 줄곧 민권과 자유 등의 말을 그 본질로 삼고 있다. 본질이 변하고 더욱 왜곡이 심해져서 본래의 자리로 돌아오질 못하고 떠돌고 있다. 민권·자유라는 네 글자가 외국 정치·법률·학술에서 반쪽짜리의 말이며 정치와 법률의 전체가 아님을 전혀 알지 못한다. 그 전문을 보지 않고 단지 그 한두 개의 글자와 한두 개의 명사를 가지고 그에 의탁하여 억지로 끌어다 붙여, 천하의 이목을 어지럽혀 인륜을 없애고 황제를 없애는 지경으로까지 나아간다. 부강이 바로 여기에 있다는 것인데, 올바른 이치인가? 서양인들 또한 어찌 그 모함을 받겠는가? 외국의 소위 민권이라는 것은 의무와 대응하는 명사이다. 소위 자유라는 것은 법률과 대응하는 명사이다. 법률상의 의무라는 것은 신민이 마땅히 다해야 할 직무이다. 권리상의 자유라는 것은 신민이 마땅히 누려야 할 복이다. 법률상의 의무가 없는데, 어찌 자유 권리를 얻겠는가? 그런 까닭에 일본 「헌법」 제2장의 제목은 '신민의 권리와 의무'이고, 그 제1조는 다음과 같다: 일본 신민이 되는 요건은 마땅히 법률에 의거해야 한다. 이토 히로부미는 그것을 다음과 같이 해석했다: "일본 신민은 각기 법률 중의 공권(公權)과 사권(私權)을 누리기 때문에 신민의 요건은 반드시 법률로써 정한다." 공권과 사권을 말하는 것은 반드시 법률에 근거해야 하니, 법률을 위배한 자는 공권과 사권을 누릴 수 없다. 따라서 제2조에서 일본 신민으로 법률과 명령이 정한 자격에 부합하는 자는 문무관이 될 수 있다고 한 것이다. 이것은 법률의 의무를 다해야 관직에 복무할 권리가 있디고 말한 것이다. 그 의무 중 가장 중대하고 두드러진 것은 군역과 납세만 한 것이 없다. 그래서 제3조는 일본 신민은 법률에 따라서 병역에 복무할 의무가 있다고 했다. 제4조는 일본 신민은 법률에 따른 납세의 의무가 있다고 했다. 의무를 다하면 반드시 자유의 권리가 있다는 것이다. 그러므로 자유가 있지만 법률에 근거하지 않는다면, 개개인이 모두 교화가 없는 상태가 되어 천하는 혼란해진다. 그런 까닭에 제5조는 일본 신민은 법률의 범위 내에서 거주·이전의 자유가 있다고 한 것이다. 제11조는 일본 신민으로 함부로 치안을 해치지 않고 질서를 혼란하게 하지 않으며 신민의 의무를 저버리지 않는 자는 신앙의 자유가 있다고 했다. 제12조는 일본 신민은 법률의 범위 내에서 언론·저작·간행 및 집회, 결사의 자유가 있다고 했다. 이 세 자유를 현재 황당무계한 사람이 많은 사람들에게 퍼뜨리고 여러 신문에 전파하여, 제멋대로 할 수 있는 세상으로 보게 했다. 그러나 묻건대, 법률의 범위에서 벗어난 것이 있는가? 종합하여 말하자면 권리는 의무에 근거해야 하며, 해야 할 의무를 다해야 마땅한 권리를 누릴 수 있다. 자유는 반드시 법률에 근거해야 하며, 본분에 속한 법률을 지킬 수 있으면 본분에 속한 자유를 얻는다. 일본의 이토 히로부미가 말한 법률 중의 자유는 신민이 마땅히 가져야 할 권리이기 때문에 본분에 속한 자유는 이제 제한할 필요가 더는 없다. 이것이 생계와 지식 발달의 근원이니 모든 사람이 법률이 허락한 범위 내에서 자유를 누리게 하여 여유가 있고 절박하지 않을 수 있다는 등의 말은 이것을 말하는 것이다. 그런데 이것은 입헌군주정체의 일본이 그러하다는 것이다. 공화민주정체의 미국에서 이를 검증해 보면 전 세계 각국의 이치와 정치가 다르지 않다는 것을 더욱 잘 볼 수 있다. 미국은 1791년에 헌법을 수정했는데, 제5장에서 사건을 신문함에 법률에 의거하여 처벌하는 것을 제외하고는 그 자유를 막을 수 없다고 했다. 이 말은 가장 핵심을 찌른 것이다. 그 나머지 조례도 상당히 많은데, 법률이 규정한 것을 제외한 것이라고 말한 것이나, 일반 법률판결·판례에 따른 범죄 심판을 제외한 것과 같은 말이 있는데, 이와 같은 종류는 하나가 아니고 아주 많다. 현재 간사한 사람과 반역의 무리[逆黨]는 민주정체에는 각종 자유가 있다고 열렬히 칭송하지만, 법률에 근거하지 않은 것이 있단 말인가? 법률의 범위를 지킨다면 소위 자유라는 것은 본분을 다하고 법을 지키는 사람이 마땅히 가져야 할 즐거움과 이익을 누릴 수 있게 하는 데 지나지 않으니, 어찌 제멋대로 함부로 하는 것을 말하는 것이겠는가? 가령 외국의 정치와 법률(政法)이 모두 반역의 무리가 말한 바와 같다면 국가는 아마 하루도 버틸 수 없을 것이다. 어찌 부강을 논하겠는가? 게다가 근래 낭설을 만드는 자가 있어서, 학당이 정법과(政法科)를 설치하면 아마도 자유·민권을 점진적으로 깨우칠 것이라고 말하는데, 이것은 서양 서적을 보지 않고 하는 말이니 실로 큰 잘못이다. 무릇 서국의 정법에 대한 책은, 절대로 기강을 파괴하지 않으며 윗사람을 범하고 혼란을 만드는 일을 가르치는 않는다는 것은 앞에서 이미 상세히 썼다. 학당 내에서 정법의 과정을 강습함은 중국과 서양을 함께 고찰하여 좋은 것을 택해 따르는 것이다. 중국에 유익한 것은 채택하고 중국에 적합하지 않은 것은 내버려 두는데, 이 것이 바로 넓게 배우며 고정된 방침을 정하지 않고 상황에 맞추어 적절한 조치를 취하는 방법이다. 여러 차례 황제의 명령으로 아주 상세하고 분명하게 했다. 이번 장정 역시 심히 명백하다. 정법과는 오직 대학당에만 설치한다. 고등학당에서는 대학 정법과에 입학을 준비하는 자가 배운다. 이들은 인재가 되어 관직에 나아갈 사람이니 어찌 정법을 몰라서야 되겠는가? 만일 전국 인민이 모두 정치가 있고 법률이 있다는 것을 안다면, 외국의 한두 글자와 한두 단어를 주워서 인심을 현혹하는 황당무계하고 터무니없는 지경에는 결코 이르지 않을 것이다.

일. 사립학당에서 정치와 법률을 전문적으로 배우는 것을 금지한다

근래 나이 어린 성급한 무리에 민권·자유 등 도리를 벗어난 터무니없는 황당한 말을 하는 자가 있는데, 모두 서양 학문과 서양 정치(西政)가 어떤 것인지 알지 못하고 또 서양 서적을 많이 보지 않았기 때문이다. 남의 말을 그대로 받아들여 멋대로 생각하고 황당무계한 말을 퍼뜨린다. 그 병은 서양 국가의 과학을 중시하지 않고 서양 국가의 정치·법률을 말하는 것을 좋아해서 시작된 것이다. 대체로 과학은 모두 실용 기술이지만, 정치와 법은 공허한 이야기에 쉽게 관련되는데, 실용적인 것을 숭상하고 공허한 것을 경계하는 것이 근심을 막고 풍속을 바르게 하는 가장 핵심이다. 일본의 교육 대가가 내세운 이론도 이와 같은 것이다. 이번 장정은 경사대학당과 각 성도의 관립 고등학당을 제외하고 나머지는 모두 보통교육과 실업교육의 두 길을 중시한다. 사립학당은 모두 정치·법률을 가르치는 전문과를 두는 것을 허락하지 않아 헛된 말과 망언의 유폐를 방지한다. 마땅히 학무대신이 공문을 보내 각 성이 절실하게 살펴 금지하도록 한다.

일. 사립학당에서 군사훈련을 사사로이 배우는 것을 금지한다

무릇 민간의 사설 학당은 허락을 받지 않으면 군사 훈련을 가르쳐서는 안 된다. 군사 훈련을 가르치는 것을 허락받은 자도 목총을 사용하는 것만 허용하고, 진짜 총을 사용하지 못하게 제한을 둔다. 마땅히 학무대신이 각 성에 공문을 보내고 민간에게 명확히 설명하여 따르도록 한다.

일. 학생이 국정에 함부로 간섭하는 것과
소속 학당의 규정을 거스르고 바꾸는 것을 허락하지 않는다

공자가 말씀하시길, "그 지위에 있지 않으면 정치를 도모하지 않는다"라고 하였다. 또 말씀하시길, "군자의 생각은 그 지위를 벗어나지 않는다"라고 하였다. 지위라는 것은 본분을 말하는 것이다. 학규를 철저히 지키고, 학업에 전념하는 것이 학생의 본분이다. 참으로 애국의 마음을 갖추고 보국의 뜻이 있다면, 자신의 재능을 늘리려는 기대를 가지고 분발하여 힘써 배워야 한다. 장래에 학업에 성과가 있어 세상에 기용되어 자강을 도모한다면, 어느 누가 그를 존중하고 중시하지 않겠는가. 근래 선비들이 공허하고 방자한 것을 배우고 혹은 황당무계한 말을 퍼뜨리며 국정에 간섭하는 제멋대로의 행동을 한다. 혹은 무리를 모으고 우두머리가 되어 학당 규칙을 거스르고 바꾼다. 함부로 말썽을 일으키는 이런 종류의 무리는 결코 성취하는 바가 있을 수 없다. 현재 '각 학당 관리통칙' 내에 '학당금령' 1장이 들어가 있는데, 만약 이를 어긴 자가 있으면 각 학당은 금령에 의거하여 즉시 징벌해야 하는데, 관련된 것이 적다고 잠시 용서하여 유폐가 늘어나게 해서는 안 된다.

일. 교사와 학생·직원·잡역부는 모두 나쁜 기호를 금지한다

학무는 어렵고 치밀하다. 학당에서 일하는 관리와 각 교과 교원은 반드시 정력적이고 강건하며, 절실하고 성실하게 일을 처리하며, 나쁜 기호에 물들지 않은 자를 심사하여 선택해야 교육에 도움이 될 것이다. 아편은 독주보다도 더욱 나쁘니, 각 성의 학당은 모두 엄격하게 금지해야 한다. 관리와 교사, 학생, 잡역부를 막론하고 이를 어기는 자가 있으면 즉시 쫓아내고 조금이라도 관용을 베풀어서는 결코 안 된다.

일. 학당의 교원은 직위를 정함으로써 적절히 통솔하고 임기도 정한다

외국학당의 교원은 모두 공무원(職官)이다. 일본은 교수·훈도라고 부르며 교관이라고도 부른다. 이후 수도와 지방의 각 학당 교원은 모두 공무원에 포함하여 교원이라 부르고, 학당 감독과 당장(堂長)의 통할과 통제를 받으며 때때로 그 공적과 과오를 심사하여 승진시키거나 퇴출시킨다. 이전

서원 산장(山長)이 초빙 스승으로 자처하여 많은 장애를 야기했던 그런 예를 따라서는 안 된다. 그러나 감독 또한 교원에게 예의를 갖추어 대해야 한다. 학당 교원은 직책을 지닌 공무원에 편입되었으니 당연히 임기가 있는데, 2년 혹은 3년을 임기로 하거나 소속 학당의 졸업 때까지의 학업 기간을 임기로 한다. 능력이 없는 자는 수시로 해고하고, 유능한 자는 임기가 차면 다시 유임하고 평범한 자는 임기가 다 되면 교체하는데, 임기가 다차지 않았는데도 스스로 사직하고 다른 직장을 구할 수 없다. 학당의 사무원 또한 마찬가지이다(유고 시에는 이 예를 따르지 않는다).

일. 외국 교원의 권한을 정해야 한다

각 성의 중학당 이상에서 외국교원을 초빙하여 쓰는 곳이 있으면 모두 계약서 내에 다음과 같은 것을 명시해야 한다.
- 반드시 해당 학당의 총판·감독의 통제를 받아야 한다.
- 교실에서 해당 교과를 가르치는 것을 제외하면, 모든 학교 사무는 총판과 감독이 주관하고 해당 교원은 월권하여 간섭할 수 없다.

일. 외국 교원은 종교를 강의할 수 없다

현재 학당을 운영하는 데 교원이 부족하다. 사범학당과 보통 중학당 이상을 처음 설립하여 운영하기 때문에 서양인 교사를 초빙하여 쓰지 않을 수 없다. 만약 초빙한 서양 교사가 선교사 출신이라면 반드시 계약서 내에 다음을 명시해야 한다.
- 교과를 가르치면서 구실을 만들어 종교에 관련된 말을 전도하고 보급해서는 안 되며, 이를 위반한 자는 즉시 해고한다.

일. 각 학당 학생의 복장과 모자는 하나로 통일해야 한다

학생의 옷, 갓, 장화, 띠, 침구는 모두 학당에서 만들어 준비한 것을 지급하여, 하나로 통일하여 가지런하고 엄숙함을 보이고 또한 학생이 짐을 많이 가져와서 학사가 어수선해지는 것을 막는다. 설령 각 곳을 돌아다니더라도 사람들이 한 번 보면 바로 알 수 있어 스스로 자중하고 단정히 할 수 있고, 다른 사람의 존중을 받을 수 있다. 등급이 다른 각 학당은 당연히 차이를 두어 점차 등급이 높아지는 것을 드러내도록 한다. 바르지 못한 복식은 엄격히 금지하고, 아울러 학생 외의 사람이 모방해 입고 혼란을 일으키는 것을 엄격하게 금해야 한다. 학당에서 만든 각 물건에 대한 학생의 비용 납부 여부는 각 학당의 1년 경비를 계산하여 상황에 맞추어 실행할 수 있다.

일. 각 학당은 모두 관음(官音)을 배운다

각 나라의 언어는 전국이 모두 일치했기 때문에 같은 나라의 사람은 그 정이 쉽게 융합했는데, 소학당에서 자음과 모음, 발음을 가르치는 것에서 시작한다. 중국 민간에서는 각각 사투리를 쓰고 있어서, 다른 성의 사람과 서로 언어가 통하지 않아 사무를 처리할 때 많은 장애를 일으켰다. 이에 (관청에서 사용했던 말인) 관음으로써 천하의 언어를 통일하려고 한다. 따라서 사범학교 및 고등소학당부터 중국어 과목 속에 관음을 한 과목으로 넣는다. 관음을 연습할 때, 각 학당은 모두 『성유광훈직해(聖諭廣訓直解)』를 사용하도록 한다. 장래 각 성 학당의 교원은 학과목을 가르칠 때 모두 관음으로 강의하며, 비록 수도에서 성장한 사람만큼 원숙할 수 없지만, 반드시 글을 정확하게 읽고 성조는 명쾌해야 한다.

일. 소학당의 일과는 5~6교시로 끝내어 힘들지 않게 한다

외국의 고등소학은 5교시를 넘기지 않으며 초등소학은 4교시를 넘기지 않는데, 아동의 정신과 체력을 양성하고 쉬게 하려는 까닭이므로 그 의도가 좋다. 중국 학당에서는 경전을 읽기 때문에 어쩔 수 없이 몇십 분을 늘려서 초등소학은 5교시, 고등소학은 6교시까지로 한다. 초등소학은 매일 수업을 하는데, 전부 두 시진 반(다섯 시간)으로 중국의 (민간에서 아동을 가르치던) 사숙(私塾)에서 책을 읽는 것보다 결코 길지 않다. 각 교과목 강의는 항상 바꾸어가며 한 권만을 고집하지 않기 때문에 전념해서 공부할 수 있어 정신을 활발하게 하기에 충분하다. 초등소학에서는 하루에 경서 수십 글자만을 읽고 점차 늘려서 100글자에 이르면 그친다. 고등소학에서는 160글자까지 늘리고 끝낸다. 학생들은 결코 이 때문에 힘들지는 않을 것이니, 학생이 황폐해지는 폐단은 없을 것이다. 이는 실로 근본을 배양하는 핵심이니, 과목이 많다고 핑계를 대서는 안 된다. 일본 소학당 역시 높은 목소리로 암송하여 숙련되기를 바라는데, 역시 자질이 비교적 우둔한 자가 있고, 날이 저물어야 겨우 끝나는 사람도 있다. 육군 학생은 두 시간마다 1000~2000자를 강의하는데, 전부를 기억해야 합격점을 받으니, 외국의 공부가 암기를 요구하지 않는다는 것은 올바른 말이 아니다.

일. 각 학당의 교과목은 간단하며 어렵지 않아 모두 제때에 졸업할 수 있다

이 교육과정의 각 학당 교과목은 모두 학생의 나이, 정신, 체력을 헤아려 정한 것으로 실로 문제가 생길 염려는 없다. 고등소학당 이상에 이르면 각 교과의 과목 수가 상당히 많지만, 그중에는 선택 과목이라 부르는 것이 있어 여력이 있으면 듣는다. 선택과목의 수강 여부는 학생이 자신의 능력을 고려하여 결정하도록 하며, 강제로 시키지 않는 것이 또한 외국의 일반적인 사례이다. 중국은 처음으로 학당을 설립하여 학생이 급작스럽게 모든 것을 다 갖추도록 요구할 수 없기 때문에, 선택 과목의 양을 적게 하고 첫 회 졸업, 혹은 2~3기가 졸업할 때까지 유보한 후, 학생의 수준을 살펴서 점차로 늘린다. 일본이 최초로 학당을 설립했던 초창기 10여 년을 보면, 과목이 완비되지 않아 여러 해에 걸쳐 끊임없이 늘렸는데, 이것이 처음 창설한 자들의 일정한 진행 과정이었다. 이 교육과정은 외국의 방법을 따를 뿐만 아니라 중국의 상황을 세심하게 살폈는데, 외국 학당의 과정과 비교하면 이미 많이 생략했다. 각 교과에서 가르치는 책은 한두 권에 지나지 않고 3~4년 과정 중에 매일 가르치는 시간은 정해져 있으므로, 복잡하고 어렵다고 말할 수는 없다. 대개 외국 학문은 계산이 가장 정밀하며, 위생이 가장 중요하다. 그 정해진 학당 교육과정은 대략 보통 사람의 자질과 능력으로 충분히 할 수 있다. 현재 매일의 강의는 적은 것은 네댓 시간, 많아도 여섯 시간에 지나지 않으며, 공부와 휴식이 각기 그 시간이 정해져 있다. 또한 매주 하루는 휴식을 취하니, 종래의 사숙이 평생 쉬지도 않고 야간에도 쉬지 않던 것과 비교하면 편안함이 많다.

일. 교과목을 서로 번갈아가며 강의하는 것이 각국의 관례로서 깊은 의미가 있다

각 교과목을 번갈아 가며 강의하는 것이 동·서 각국 학당의 관례로서 모두 이렇게 한다. 매일 이 과목을 몇 각(15분) 강의하면 다시 다른 과목을 몇 각 강의하여 하루에 대여섯 시간을 강의하니, 보기에 복잡하고 어려워 보이지만 사실 깊은 뜻이 있다. 과목의 난이를 서로 배합하여 지나치게 힘들거나 싫증을 느끼게 하지 않는 것이며, 각종 교과목을 동시에 강의하여 서로 도움을 주는 장점이 있다.

일. 각 학당 과목과 학습 연한은 각국 학당을 참작하여 고친 곳이 있다

중국의 예법, 도덕, 정치, 풍습은 각국과 같지 않다. 현재 학당은 실용을 추구하는데, 모든 학과목은 각국에서 도움을 얻은 것이 상당히 많다. 그러나 중국은 종래의 학문이 있고 각국에는 없는 것이므로, 당연히 배우는 것에 추가해야 한다. 각국이 중시하는 것이 있지만, 중국과 맞지 않는 것은 잠시 없는 상태로 처리해야 한다. 교과목에 이미 변통한 것이 있으니 연한도 참작하여 고쳐서 장래 학생 수준이 어떠한가를 보고 수시로 개정해야 한다. 풍속을 바꾸는 것에 음악만큼 좋은 것이 없다. 진(秦)·한(漢) 이전에는 상서(庠序)[12]에서 배우지 않은 사람이 없었다. 현재 외국 중학당·소학당·사범학당은 모두 노래, 음악 한 과목을 배치하고, 그 외에 전문 음악학당을 개설하니, 옛사람의 뜻에 아주 부합한다. 그러나 중국은 고대 음악이 전해 내려오지 않은 지 이미 오래되었다. 지금 학당의 음악 과목은 잠시 천천히 설치하여 장래에 방법을 깊이 생각하여 다시 보완하도록 한다.

일. 중·소학당은 연한을 적절히 고려하여 고쳤지만, 총연한은 (임인학제의) 장정과 부합한다

(임인학제의) 장정을 보면 다음과 같다. 소학은 3급으로 나누는데, 몽학 과

---

12 학교, 향교(鄕校)를 주(周)나라에서는 상(庠), 은(殷)나라에서는 서(序)라고 부른 데서 나온 말이다.

정은 4년이며 초등소학·고등소학 과정은 각각 3년이고 중학 과정은 4년으로, 중·소학당 총 14년이 되면 졸업한다. (임인학제의) 장정에서 정한 몽학 과정은 실제로는 외국 소학당 과정이기 때문에, 초등소학에 합쳐서 5년 과정으로 고친다. 이러한 학당에서 국가는 학비를 받지 않아 국민교육을 의무로서 담당한다는 뜻을 보인다. 그리고 몽양원 및 가정교육을 합쳐 장정을 따로 정하여, 유아를 기르는 핵심을 명확히 하여 학당체계와 취학연령 내에 편입되지 않도록 했다. 고등소학은 4년으로 늘리고 중학은 5년으로 늘려서, 학생이 경서 교육을 받을 때에 여유 있게 익힐 수 있도록 했다. 하루가 여유가 있으니 공부해야 할 보통 각 교과목 수업 시간에 방해를 주지 않는다. 소학 학기를 합산하면 (임인학제의) 장정보다 1년이 짧아졌고 중학 학기는 1년이 늘어났는데, 합해서 14년으로 증감이 없다.

일. 이학은 분명히 논의되어야 하지만, 실천을 중시하고 쓸데없는 헛된 말을 기피한다

이학(理學)은 중국 유가의 정수이며, 그 학습 목적은 힘써 실천하는 것으로 명교의 주축이라고 할 수 있다. 이번 장정에서는 특별히 '품행' 과목을 만들고 점수를 엄격하게 정하도록 했다. 또한 수신과 경전 읽기에서의 중점은 곳곳 모두 이학을 근본으로 삼았다. 자공(子貢)은 (공자가) 성(性)과 천도(天道)에 대해 말하는 것을 들은 적이 없는데, 성명(性命)에 대해 알지도 못하는 자가 과장되게 떠벌리는 것 역시 큰 병이다. 따라서 대학당에 이학을 연구하는 전문과를 설치하고, 또한 고등학당과 우급사범학당에 인륜도덕 한 과목을 설치하여 송·원·명·청의 유학을 강연하고, 한·당 여러 유가가 경전을 해석하고 이를 논한 말이 이학가와 서로 합치하는 것은 요점을 선택하여 강의하도록 한다. 그러나 몸과 마음, 일상 생활에 꼭 필요한 참된 도리를 상세히 밝히는 것까지만 하고, 아득히 높고 먼 공담으로 흐르지 않도록 하여 단계를 뛰어넘어 허공을 밟는 폐단을 막아야 한다. 신중히 행동하고 성실하고 정직한 것이 바로 진짜 성리학의 가르침이다.

일. 각 학당은 군사학을 같이 배운다

중국은 평소 선비가 군사에 관한 것을 몰랐으니, 오랫동안 쇠퇴했던 이유가 진실로 원인이 없던 것이 아니었다. (하·은·주) 삼대 학교에서 활쏘기와 말 타기를 같이 익혔던 것을 생각해 보면, (후대에) 그와 부합하지 않았던 점이 있었다. 수도에 해·육군 대학당을 설립하는 것 이외에 각 성에 고등·보통·전문 군사학당을 설립해야 한다. 그러나 해군·육군 대학당은 곧바로 설치하기 어렵다. 이에 각 학당은 모두 제식훈련을 연습하여 군사를 배우고, 문과 고등학당에서는 군사제도·전쟁사·전술 등의 핵심을 강의한다. 대학당의 정치학 분야에 각국 해·육군 군정학(軍政學)을 추가하여, 문과 학생도 어느 정도 군사전략에 숙련되게 한다. 이 학생들은 관료가 되고 난 후, 군사의 개요를 잘 알고 있으니 군사학당을 운영하는 사람이 될 수 있으며, 병영과 장교·사병을 고찰하는 사람이 될 수 있다.

일. 교과서는 목차를 공포하고, 지방의 관료기구와 민간이 힘을 합쳐 편집하여 책을 만든 후, 상세 항목을 정해 강의한다

외국의 중·소학당은 각 교과목 모두 교수상세항목(상세항목이라는 것은 무슨 분야, 어느 과목을 어떤 책으로 수업할 때 1년에 강의를 모두 마치거나 혹은 몇 월 며칠까지 강의를 마치는데, 일주일에 강의할 분량을 어디에서 시작하여 어디까지 가르친다는 것을 말한다)이 있기 때문에, 각 곳의 동등한 학당의 수준을 고르게 하여 교사가 이것에 따라 교과목을 가르치는 순서를 정하는 것으로 방법이 아주 좋다. 현재 수도에 편역국을 설립하여 교과서 편집을 도맡아 하고 있다. 그러나 각 교과서를 편성하는 것은 너무 많고 복잡하고 어려워 결코 몇 년 안에 끝낼 수 있는 것이 아니고, 한 편역국이 홀로 담당할 수 있는 것도 아니다. 마땅히 수도와 지방의 각 학당이 각 과목 교사 가운데 학식이 높고 소질이 뛰어난 자를 선택하여, 중국 학문은 중국 교사를 활용하고 서양 학문은 서양 교사가 쓰도록 해야 한다. 현재 정한 각 학당의 연한과 수업시수를 고려해서, 이 교과서를 며칠 동안 수업해서 마칠 것이며, 쪽수는 어느 정도로 해야 하며 강의할 내용에서 어떤 것을 상세히 하고 어떤 것을 소략히 할 것이며, 무엇을 먼저하고 무엇을 나중에 할 것인지를 1권의 목차로 편성하여 3개월 내에 만든다. 학무대신이 심의하여 결정하고, 각 성에 교부하여 지방에 있는 편역국이 어떤 분야, 어떤 종류를 담당할 것인지 나누고 목록에 따라서 신속하게 편집한다. 책이 완성되면 학무대신에게 보내 심사하여 결정하고 각 성에 반포하는데, 중복되어도 관계없이 그 가운데 가장 좋은 책을 선택한다. 학당의 수준을 고려하여 교과서의 내용 깊이를 정하고, 학당의 연한을 고려하여 교과서의 많고 적음을 선택하니, 교과서는 자연히 활용하기에 적합할 것이다. 그 후 이 책을 상세 항목으로 나누어 매년 얼마나 강의할 것이며 매주 얼마나 수업할 것인지, 어디에서 시작해서 어디에서 끝내서 모두 며칠 수업하면 마칠 수 있는지를 정한다. 처음에는 편역국이 반포한 목차에 따라 책을 편집하고 그 후 각 교원이 그 책에 근거하여 항목을 나누므로 각 학당은 모두 일치하지 않는 것이 없으며 차이도 없다. 그러나 관국(官局)이 나눠서 편집하려면 시간이 필요하니, 특별히 민간이 편찬에 힘쓰도록 하여 취사선택한다면 더욱 넓은 곳에서 원하는 것을 얻을 수 있을 것이다. 만일 각 성의 문인이 관청이 발급한 목록에 의거하여 만든 것이 있다면 역시 학무대신에게 보내 감정을 받고 모두 통용하여 판권을 주고, 책의 저자에게 스스로 인쇄 판매할 수 있도록 허락하여 고취하도록 한다.

일. 각 학당의 강의안과 민간이 편찬한 교과서를 골라서 사용한다

정부가 편찬한 교과서는 아직 출판하기 전이므로, 각 성의 중·소학당은 시급히 응용하는 것이 필요하니, 각 학당 각 교과 교원이 교수상세항목에 따라 스스로 강의록을 작성하는 것을 허용한다. 한 학년이 끝날 때마다 작성한 강의록을 종합하여 책으로 만들고, 각 성은 학무대신에게 보내 심사하는데, 그 목적이 올바르고 이치가 명확하며 복잡함과 간단함이 적절하고 문장이 좋은 강의에 적합한 것을 선택하여, 임시로 널리 사용할 수 있는 책으로 허용한다. 민간에서 편찬한 학당 교과서는 학무대신에게 보내 심사하여, 교과 수준에 적합한 것은 학당이 임시로 선택하여 사용할 수 있으며, 저자가 스스로 인쇄해 판매하는 것을 허락하고 판권을 준다.

일. 외국 교과서에서 폐해가 없는 것을 선택하여 임시로 긴급한 수요에 충당한다

각종 교과서는 중국이 아직 스스로 편찬한 것이 없다. 간혹 중국의 구서적으로 채용할 만한 것이 있고, 외국인이 편찬하고 중국인이 번역하여 중국의 교수법에 자못 합치하는 것이 있다. 그러나 이런 종류의 책은 아주 적어, 현재 외국인이 만든 책을 차용하여 강의를 하지 않을 수 없다. 현재 정한 각 학당의 교과목 중에는 잠시 외국 교과서를 사용하는 것도 있어 간혹 제목을 이해하기 어려운 것도 있는데, (내용을) 고려하여 적절하게 쉽게 바꾸고 아래에 원 책 제목을 주석으로 명확히 밝혀 유사한 것을 구매하기

편하도록 한다. 장래 중국이 각 교과 교과서의 정본을 스스로 편찬하고 명칭을 정한다면 다시 변경한다. 지금까지 선택해 왔던 외국의 각종 교과서와 중국인이 번역한 교과서는 모두 교사들이 일시적으로 상황을 참작하여 채용한다. 그중 중국과 서로 부합하지 않는 자구는 없애버려 강의에 어떠한 폐해도 없도록 한다. 교과의 목차에 대한 해설을 따로 편찬하여 고찰에 도움을 주게 한다. 상해의 조그만 서적상이 번역한 동문(東文)[13] 서적은, 저자와 역자의 성명을 밝히지 않았으며 원서의 일단락이나 자신의 개인적인 뜻과 서로 합치하는 것을 잘라 번역하여 유포한 것이 대부분이고 원서의 취지는 살피지도 않았으니, 책을 볼 때에 마땅히 신중하게 선택하고 폭넓게 생각하여 오류를 면해야 한다. 또한 수도에서 간행된 중국인 장 아무개가 쓴 『황조장고(皇朝掌故)』는 최근 몇 년간의 정치 상황에 대해 일의 경위를 깊이 알지 못하고 종종 와전되고 억측으로 만들어내어 오류가 매우 많으니, 학당에서 읽지 않아야 한다.

일. 교사는 참고서를 많이 봐야 한다

장정 내에서 지적한 여러 책은 기준을 제시한 것으로, 학당 운영자가 착수할 수 있도록 한 것에 지나지 않는다. 교원이 된 자는 강의할 때 장정 내에 열거한 각 책과 장래 심사하여 발급할 각 교과서 이외에도 널리 읽고 광범위하게 수집하여 참고에 대비해야 한다. 고등학당 이상의 학생 역시 책을 갖추어 자습 시 참고하는 것을 허락한다. 그러나 그 책은 반드시 감독과 기숙사를 관리하는 직원의 검사를 거쳐야 하며, 가르치는 내용과 상충하지 않아야 반입을 허락한다.

---

13 일본어를 말한다.

일. 졸업, 진학, 자격 부여는 모두 시험관이 시험으로 정한다

고등소학의 졸업 증명 발급은 지방관이 시험으로 처리하도록 한다. 중학당에 진학하는 자는 학정(學政)이 시험을 쳐서 증서를 발급한다. 중학당 졸업 증명 발급은 도부(道府)의 고관이 시험을 쳐서 처리한다. 고등학당에 진학하는 자는 독무(督撫)가 학정과 회동하여 시험을 쳐서 증명서를 발급한다. 고등학당 졸업생은 주고관(主考官)을 임명 파견하도록 주청하여, 주고관이 독무, 학정과 회동하여 시험을 본다. 대학당 졸업은 총재를 위임 파견해 줄 것을 주청하고, 총재가 학무대신과 함께 시험을 본다. 시험은 배운 정도에 따라서 분야별로 상세하게 시험을 치는 것을 외장(外場)으로 하고, 아울러 따로 경시(扃試)[14]를 시행하여 논설 시험을 보는 것을 내장(內場)으로 한다. 내장과 외장 시험이 끝나면 내·외장의 점수를 합산하고, 그 가운데 평상시 품행 점수에 합격한 자를 별도의 전문 장정에 의거하여 각 항목의 자격을 부여할 것을 주청하여 각각 기용한다. 이 고시·장려의 법에 따르면 우열, 능력 여부를 모든 사람이 환히 볼 수 있다. 그 학업은 하루 아침의 우열에 의지하는 것이 아니며 또한 평상시의 품행을 고찰하니, 시험관이 억지로 등급 점수를 매기지 않고 교원 역시 편애에 따라 점수를 줄 수 없어, 족히 공부와 품행을 함께 고찰할 수 있기 때문에 요행을 막고 진정한 인재를 얻을 수 있다. 종래의 과거 선발과 비교하여 훨씬 더 그 충실도를 검증하는 것이다.

---

14 과거시험 당시 수험생이 각각 방 하나에 갇혀서 시험문제에 응답했던 시험을 말한다.

일. 학당은 과거 시험의 장점을 같이 갖고 있다

무릇 학당을 욕하는 것은 대개 학당이 서양 학문만 전문적으로 강의하고 중국 학문은 강의하지 않는다고 오인했기 때문이다. 현재 제정한 각 학당과정은 중국 종래의 경학·역사학·성리학·사장학을 결코 편벽되게 없애지 않는다. 게다가 강독과 연구법 모두 정해진 방법이 있어 종래의 과거와 비교하여 더욱 상세하게 갖추어져 있다. 종래 과거의 응시생을 보면, 평상시에 가르침에 정해진 방법이 없어 헛되이 힘을 쓰고 하는 일이 번잡하며 하다 말다 하는 경우가 많고, 과거 시험장의 답안은 기준 없이 때에 따라 달리 선택되었다. 즉 중국 학문을 공부하는 것으로 보자면, 학당의 절차가 있고 지속성이 있는 것에 훨씬 미치지 못하니, 과거 시험이 숭상하는 옛 학문 모두 학당의 학생들이 더 잘할 수 있는 것이다. 학당이 증설한 새로운 학문은 과거 응시생이 갖출 수 없는 것이다. 즉 학당이 배출하는 인재가 과거로 얻을 수 있는 인재보다 훨씬 뛰어나다는 것은 의심할 바 없다.

일. 학무인원은 사안에 따라 표창한다

각 성 학당에 파견한 관리, 교원 가운데 일처리가 합법적이지 못하거나 많은 폐단을 일으키는 자를 수시로 징계하는 이외에, 진심으로 일을 하며 노고를 마다하지 않는 자, 학생으로 도리에 따르고 규칙을 준수하여 직분에 맞게 열심히 공부하며 아무런 폐해도 일으키지 않는 자는 5년마다 이전 동문관(同文館)의 예를 준용하여 우수한 자를 가려내어 포상하도록 한다. 성과가 없는 자에게는 상을 주지 않는다. 이와 같이 장려해야 할 것과 문책해야 할 것을 구분하고 상벌을 동시에 시행하는 것을 학당 경영자가 알고 노력해야 한다.

일. 각 학당은 학생이 학비를 보조하게 한다

각 성의 재정은 모두 심각한 적자이니, 초등소학당 및 우급·초급 사범학당이 학비를 받지 않는 것을 제외하고 이 외의 학당이 만약 학생이 학비를 내지 않는다면 학당의 경비는 조달하기 어려워 학당을 많이 세우려던 희망이 없어지니, 우대하려는 본래의 의욕이 오히려 반대로 교육 진흥의 장애물이 될 것이다. 학생이 스스로 경비를 내지 않으면 태만해져서 소홀히 보아 넘기고, 착실히 공부하려고 하지 않으며 규칙도 지키지 않아 퇴학을 아무렇지도 않게 여기게 된다. 일본의 각 학당 학생을 보면, 매월 내는 학비 외에 식비·기숙사비·서적·의복비 등을 스스로 준비하는 것은 모두 깊은 뜻이 있다. 넓게 은혜를 베풀어 민중을 구제하는 것은 오래전부터 어려운 일이었다. 중국은 지금 처음으로 학당을 설립하여 들어가는 비용이 상당히 많으니 학생이 학비를 내게 하여 관청의 재정에만 기대지 않도록 해야 오래 지속되고 확충을 기대할 수 있을 것이다. 그 학비는 모든 사람이 매월 약간씩을 내야 하는데, 각 성이 성의 재정 조달 상황을 고려하여 학당에 필요한 경상비를 계산하고 수시로 참작하여 결정하며, 납부액을 정해둘 필요는 없다. 그러나 학생이 감당할 수 있는 능력을 반드시 고려해야 한다.

일. 각 성에서 처음 설립된 학당은
학생 정원을 잠시 동안 제한하지 않는다

현재 규정된 각 학당의 학생 정원은 처음 설립되었을 때에 각 성이 지방

형편에 따라 돈의 융통을 고려하여 처리하고 정원에 구속될 필요는 없다. 그러나 교육은 언제나 보급이 중요한 것으로, 언제 어디서나 힘써 확충을 강구해야 한다.

일. 학당에 재학 중인 학생은 향(鄕)·회시(會試)와 세(歲)·과고(科考)에 응시할 수 없다

각 학당의 졸업생은 이미 자격이 정해져 있어 과거와 다를 바가 없으니, 학당에서 수업을 받는 기간에 따로 향·회시, 세·과고 및 각종 항목의 고시에 응시할 수 없도록 하여 한눈을 팔고 마음을 다른 데 써서 학기가 지체되지 않도록 해야 한다. 졸업생이 졸업장을 받고, 학당을 떠난 후 상급학교(소학에서 중학, 중학에서 고등학당, 고등학당에서 대학당으로 승급되는 종류를 말한다)의 입학시험에 합격하지 못한 자가 과거시험이 폐지되기 이전에 향·회시 및 각종 항목의 고시에 응시하기를 원한다면 각기 그 원하는 대로 하게 한다. 학무대신이 각 성에 통지하여 각 학당이 준수하도록 지시한다.

일. 각 학당에서 퇴학시킨 학생은 다른 학당 시험에 응시할 수 없다

각 학당에서 규정위반으로 퇴학당한 학생이 개명하고 호적을 바꿔 다른 학당에 들어가는 것은 모두 허용하지 않는다. 사건의 경위가 가벼운 자는 1년 내에 그가 진정으로 잘못을 뉘우치고 보증인과 본인의 서약서를 각각 제출한다면, 따로 시험을 치러 선발하여 출신지 성의 학당에 입학하도록 하여 스스로 잘못을 깨우쳤을 때 나타날 효과를 보인다. 사건의 경위가 무거운 자는 영원히 학당에 재입학을 허가하지 않아, 옛사람들이 변경지방으로 쫓아 보냈던 벌과 같이 한다. 학무대신은 각 성에 공문을 보내 각 학당은 이후 퇴학 학생이 있으면 해당 학생의 성명, 본적, 사유를 해당 성의 학무처에 상신하고, 총독과 순무에게 본성과 외성의 각 학당에 보내 문서를 보관하도록 청구한다. 만약 퇴학당한 후 개명하여 다른 성의 학당에 섞여 들어간 자가 있다면 마땅히 징벌 규정을 엄격히 정해야 한다. 색출 후 보증인을 심의하여 처벌한다(학생에게 큰 잘못이 있는 것이 아니라면, 단지 과오를 기록하여 경고만 한다. 퇴학시켜야 할 자는 저지른 잘못이 확실히 엄중하거나, 여러 번 타일렀으나 고치지 않는 불량한 무리로서, 결단코 다른 학당에 들어오게 해서는 안 된다. 만약 이러한 사례가 엄격하지 않으면 학생은 단속을 받아들이지 않을 것이다).

일. 학생은 졸업하기 전까지 다른 일에 종사하는 것을 허락하지 않는다

각 학당은 졸업하지 않은 학생이 이유 없이 자퇴하는 것과 다른 지역에서 다른 항목의 관직에 종사하는 것을 허락하지 않는다. 예를 들면 고의로 금지 명령을 어겨 퇴학을 도모하는 것과 방학 기간에 다른 성에 가서 일을 하는 것으로, 색출 후에 그 성이 즉시 쫓아내어 본적지로 압송하도록 하고 학당에 있을 때의 일체 비용을 추징하는데, 보증인이 책임을 진다.

일. 경사대학당은 먼저 예비과를 세워야 한다

경사대학당 분과 대학은 현재 아직 자격을 갖춘 학생이 없으므로 잠시 늦추어 시행한다. 먼저 대학 예비과를 설치한다. 그 교과 과목의 수준은 현재 정한 고등학당장정에 의거하여 처리한다.

일. 진사관에는 수당을 지급한다

새로 뽑힌 진사는 황제의 명을 받들어 학당에 들어가게 되는데, 마음에 얽매임이 없도록 만들어주어야 전념해서 공부하도록 요구할 수 있다. 만약 여비가 충분하지 않으면 근심이 늘고 속으로 걱정하며 안심하고 학문에 종사하고자 해도 어렵다. 이에 지금 진사관에 들어가 배우려는 진사(進士)·한림(翰林)·중서(中書)에게는 매년 보조금으로 은 240냥을 지급하고, 부(部)에 속한 자에게는 매년 은 160냥을 보조금으로 지급하여, 그 처지를 이해하고 있음을 보여준다. 이 항목의 보조금은 새로운 진사의 본적 성이 분담하여 자금을 조달하고, 학무대신에게 보내어 진사관에서 매월 지급하도록 전달한다.

일. 경사대학당의 규모는 이치에 맞게 완비되도록 해야 한다

경사대학당은 본래 고택을 개조한 것으로 하나하나 모두 이치에 맞게 적용할 수 있는 것이 아니다. 게다가 대학당은 각 분과 대학과 통유원 및 부속 관·소(所)·장(場)·원(院)을 갖추어야 하므로 실제 필요한 땅이 상당히 넓은데, 서로 인근 지역에 있어야 관리하고 살펴보기에 편하고 각 교원 역시 서로 소통하며 함께 생각할 수 있으며 경비도 많이 절감할 수 있다. 조속히 넓고 훤한 땅을 선택하여 외국 대학당의 구조를 참조하여 선후를 구별하여 순서대로 건축한다. 반드시 학당 표준 양식에 맞추어 실용적이게 하고, 조사·관리 및 위생 등의 사항이 시행되기 편하게 하여 모든 일이 신속하고 간단하게 처리될 수 있도록 하니, 스승과 제자 사이에 장애가 생겨 헛수고를 하는 폐해가 없고, 관리 조사원 역시 빼먹고 조밀하게 살피지 못할 우려가 없다. 학무대신 및 대학당 총감독이 제때 공사를 시작하여 책임지고 완성해야 한다.

일. 각 성의 학당 건축은 표준 양식에 부합해야 한다

지방 각 성이 대·소 학당의 건물을 세울 때는 표준 양식에 합치해야 비로소 유익할 수 있다. 각국 학당을 보면 그 배치 구조, 강당, 기숙사, 고용원의 방, 화학실험을 하는 장소, 체조하는 장소, 실험하는 장소, 교실의 책걸상, 교실의 크기, 조명의 정도, 좌석의 멀고 가까움, 건물의 이어지는 차례에 모두 규제가 있다. 첫째로 위생에 도움이 되고, 둘째로 강습하기에 편하게 하고, 셋째로 조사 단속에 편리하니, 모두 여러 해 동안 시험과 경험을 거친 후에 심사하여 정한 것이다. 무릇 외국 유학자는 이미 그 규모와 양식을 직접 보았다. 근래 일본이 학당 배치도를 그려 인쇄한 것이 있으니 모방하는 데 도움을 얻을 수 있다. 만약 지방의 경비가 한계가 있다면 참작하여 변통할 수 있다. 비록 그 모양은 본받지 않더라도 반드시 그 방법은 본받아야 한다.

일. 각 성은 마땅히 경찰 교도소에 관한 학문을 중시해야 한다

경찰 교도소에 관한 학문은 공무집행의 중요한 계책으로, 무릇 모든 지방관은 반드시 그 뜻을 이해하고 그 법을 명확히 익혀야 한다. 학무대신은 각 성에 공문을 보내 경찰교도학당을 단독으로 세우도록 하거나, 혹은 사학관(仕學館),[15] 과리관(課吏館)[16]에서 경찰교도과정을 증설하는 것도 가능하다.

---

15 사학관은 1902년 장백희가 만든 「흠정학당장정」(임인학제)에 근거하여 경사대학당에 부설한 것이다. 입학한 학생은 이미 관리가 된 자들이기 때문에 이런 이름을 붙였다. 개

일. 우편전신·철도·광무 등의 학당은 보통교육 과목을 추가해야 한다

전보·철도·우정·광무와 같은 종류의 학당은 실업의 한 부분이다. 이들 학당은 모두 보통교육 교과를 추가해야 한다. 학당과 관련 있는 것은 학무대신의 심사를 받아야 하는데, 그 과목, 장정, 연한, 교사와 학생 인원수를 살펴 이런 학교를 관리하는 해당 관청이 수시로 학무대신에게 알려야 한다. 전보·철도·우정·광무 등 학무와 관계가 없는 것은 관할 관청이 스스로 처리하도록 한다.

일. 각 성의 군사학당은 동일한 과정으로 통일해야 한다

각 성의 군사학당을 최대한 빨리 등급을 나누고 명칭을 정하여, 보통 군사학 혹은 고급 군사학으로 정하거나 육군의 기병·보병·포병·공병, 해군의 기관·조타 등 각 전문 학당으로 하며, 동서 각국의 군사학을 참조하여 학과와 그 수준을 상세히 정하여 각 성이 근거로 삼아 하나로 통일할 수 있게 해야 한다. 장래에 졸업할 학생의 자격은 학교 급별의 차이에 따라 나누어 장려의 등급을 정하고 상소를 올려 처리한다.

일. 해·육군 대학당 건설을 계획해야 한다

각국의 해·육군 대학당은 해군대신과 육군대신의 관할에 별도로 속해

설 과목은 정치, 재정, 외국어, 법률, 수학, 물리, 역사 등이었다.

16 과리관은 각지의 독무가 설치한 것으로 관리의 업무 집행을 정돈하고 인재를 양성하기 위한 것이었다. 1902년 청조가 전국에서 일제히 시행하라고 명령하여, 과리관은 청조의 후보 관리를 훈련하고 심사하는 전문기관이 되었다.

있다. 중국은 아직 육·해군대신을 설치하지 않았으나, 모든 해·육군 대학당은 장교를 양성하는 곳으로서 절대로 소홀히 할 수 없으니, 학무대신이 수시로 상황을 살피고 완급을 구별하여 수도와 지방에 건설하도록 주청한다.

일. 지방의 각 성에서 뽑은 거인(擧人)이 수도의 복시(複試)에서 상응한 성적을 얻지 못하면 그 정도에 따라 나누어 처벌한다

각 성은 주고관이 독무, 학정(學政)과 회동하여 거인을 뽑은 후, 독무가 먼저 증명서를 발급하고 향시록(鄕試錄)[17]과 대조하여 점수 책을 만들어서 수도에 보고하면 학무대신이 복시를 치른다. 만일 시험 점수가 (향시의) 절반을 넘지 못한 자는 거인 자격을 취소한다. 점수가 3분의 1 이상 부족한 자는 대학 입학을 1년 중지하거나, 채용 면접을 1년이나 2년 정지하고 다시 본래의 성으로 돌려보내 점수가 부족한 과목을 보충 공부하게 하여 다시 채용 면접을 시행한다. 그때가 되면 참작하여 구별하여 처리한다.

일. 수도에는 총리학무대신을 둔다

각 성이 학당을 두루 설치했는데, 그 일은 지극히 중요하니 반드시 경사에 총리학무대신을 설치하여 전국의 학무를 통괄하도록 해야 한다. 각 성의 학당 정돈, 학제 제정, 학규 고찰, 전문·보통·실업 교과서의 심사·결정, 교

---

17 향시가 끝난 후에 인쇄한 과명록(科名錄)으로 양식은 기본적으로 비슷한데, 일반적으로 전·후서, 고시관의 이름, 시험 문제, 합격한 거인 명단, 우수한 과거 시험 답안을 포함했다. 전서는 주로 고시관이 작성하여 향시록 앞부분에 게재했고, 후서는 부고관이 작성하여 말미에 실었다.

사 임용, 졸업 학생의 선발 채용, 각 학당 경비의 총괄과 일체의 교육 관련 사항이 모두 그 임무에 속하니, 황제가 대신을 위임 파견하여 관리하도록 청한다. 경사대학당은 따로 전문 관리 인원의 파견을 청해야 한다. 각 성·부·청·주·현에도 두루 학당을 설립했으니 역시 총괄하는 곳이 있어야 관리에 도움을 줄 수 있다. 성도에 각기 학무처 한 곳을 설립하고 독무가 교육에 밝은 사람을 선발 파견하여 성의 학무 전체를 관할해야 하고, 아울러 교육을 연구하는 신사를 파견하여 학무에 참여하여 의논하도록 한다.

일. 학무대신은 그 아래 소속 관청을 설치한다

학무대신은 소속 관청을 6처로 나누어 설치하여 각자 한 부분을 담당하도록 한다. 첫 번째는 '전문처'로서 전문학과 학무를 관리한다. 두 번째는 '보통처'로서 (보통교육에 관한) 보통학과 학무를 관리한다. 세 번째는 '실업처'이며 실업학과 학무를 관리한다. 네 번째는 '심정처(審定處)'로서 각 학당의 교과서, 각종 도서와 각종 실험기구를 심의, 결정하고, 개인 저술을 검사하고 학무와 관련된 서적과 신문을 간행 반포한다. 다섯 번째는 '유학처'로서 해외로 나가는 유학생의 모든 사무를 관리한다. 여섯 번째는 '회계처'로 각 학당 경비를 관리한다. 각 처에는 총판 한 사람, 방판(幇辦) 수명을 두는데 일의 복잡·간단함을 헤아려 결정한다. 학무대신은 소속 관리를 수시로 각 성에 파견하여, 학당의 규칙과 제도 및 교육과정, 교수법이 적당한지 아닌지 시찰하고, 학무대신에게 보고하도록 한다. 만약 각 성 학당의 교과목이 완비되어 있지 않고 교육방법이 적절하지 않은 곳이 있으면, 즉시 해당 성의 독무에게 공문을 보내 학무처가 신속하게 수정하여 각 성의 교과목을 일률적으로 완비하여 타당하게 하고, 이곳과 저곳이 차이가 나는 것이 없게 해야 한다.

일. 학무대신이 소속 관리를 선발하는 방법

학무대신이 등용하는 관리는 모두 교육의 이론을 잘 아는 사람을 선택해야 하니, 장래의 경사대학당, 각 성의 고등학당 졸업생 및 해외에 유학하여 대학당·고등학당을 졸업하고 귀국한 학생으로 선발하여 충원한다. 각 학당에 아직 선발하여 사용할 만한 자격을 갖춘 학생이 없을 때에는 사학관과 진사관 졸업생을 골라 쓸 수 있다. 당장은 학무에 밝은 수도와 지방의 관리를 선발하여 임시로 충당한다.

일. 학당 규정은 때에 맞춰 수정해야 한다

현재 규정한 각 항목의 장정은, 장래 다시 변경하고 증감해야 할 부분이 있을 경우 사안이 중대한 것은 학무대신이 여러 사람의 의견을 널리 모아 다시 심사하여 결정하고, 다시 상주하여 처리한다. 그 규정이 수정할 부분이 적으면 학무대신이 수시로 고려하여 정하고 각 성에 알려 그대로 처리하도록 한다.

편역을 마무리하며

내가 근무하는 사범대학의 특성상 교육에 관심을 가진 학부생, 대학원생이 많다. 역사와 교육 이 두 가지 키워드가 우리 학과의 큰 관심사이고, 이것이 합쳐진 주제 가운데 하나가 교육사일 것이다. 중국현대사를 전공하는 나는 이런 관심에 맞춰 몇 년 전에 대학원생과 중국 근대 교육의 도입 과정을 공부했다. 그리고 교사나 대학원생이 쉽게 볼 수 있도록 『권학편』과 계묘학제의 「학무강요」를 번역하기로 했다.

이 책은 연구를 위한 '사료'로서 근대 중국 교육의 발전을 이해하는 데 중요하다. 학제나 교육과정, 국민교육은 현재의 우리에게 공기처럼 스며들어 있어 어떤 문제의식을 유발하지 못한다. 그런데 학제를 처음 만드는 사람은 고민이었다. 교육은 개인과 국가의 발전에서 어떤 역할을 해야 하는가, 어떤 과목을 어떤 비중으로 편성해야 할까 등 문제는 쌓여 있었다. 『권학편』과 「학무강요」는 학제 도입에 관한 구상과 실천을 이해하는 중요 통로이다. 또한 장지동은 그의 정치적 입장과 관계없이 항상 위기가 닥칠 것을 경계하고 미래를 준비하는 귀감을 보여준다. 장지동은 한 명의 관료이자 지식인으로서 '진보와 보수의 경계'에서 국가의 장래를 고민했다. 우리는 아침저녁이 멀다 하고 바뀌는 세상에서 미래를 위해 무엇을 계획하고 준비해야 하는가. 장지동의 태도에서 배울 점은 없는가. 이 책은 현재 문제에도 시사점을 준다. 중국 정부가 내세우는 '중국 특색의 사회주의' 국가의 발전 과정, '문화 보수주의'를 역사적인 맥락에서 볼 수 있는 단서를 제공할 것이라 나는 생각했다.

이 책은 세 부분으로 구성했다. 처음 계획할 때는 『권학편』과 계묘학제의 「학무강요」만을 옮기고 주석을 달 계획이었다. 그런데 중국 교육사에 익숙한 사람이 적어, 설명과 분석을 곁들인 해설을 덧붙이면서 내용을 3부로 구성했다. 이 책에 묶인 내용 가운데 일부는 이미 학술지에 게재한 것도 있다. 제1부에 실린 『권학편』의 국가 중건 구상은 《청람사학》 제36집(2022.12)에 실었던 내용을 부분 수정하고 축소하여 편성했다. 제2부의 『권학편』을 비교적 긴 시간에 걸쳐 번역하고 역주를 달아 이 책의 중심 내용으로 삼았다. 제3부의 「학무강요」 역주는 《청람사학》 제30집(2019.12)에 실렸던 내용을 수정하여 게재했다. 한 권에 묶일 내용을 여러 차례에 나누어 작업을 하고 그때마다 소개하는 글을 만들다 보니, 내용이 중복되는 것을 피하기 어려웠다. 이번에 한 권의 책으로 묶으며 중복 서술을 피하려고 했지만, 이미 글의 내용 구조가 잡혀 있어 삭제하기 어려운 부분도 있었다. 독자의 양해를 바란다.

책을 번역하고 출간하는 과정에서 주변 사람에게 신세를 졌다. 『권학편』에서 언급된 사람과 책을 조사하는 데 박사생 황정미, 석사생 박준영이 도움을 주었다. 초고를 만든 후에는 태진숙 선생과 대학원생인 이영기, 장수훈, 이현정, 고재빈이 교정에 도움을 주었다. 이 자리를 빌려 감사를 표한다.

그 누구보다 감사의 말을 전해야 할 곳은 중국근현대사학회와 한울엠플러스(주)이다. 이 책에는 중국 역사에 관심이 많은 사람도 생소하게 느낄 역사 인물과 고전, 제도와 사건이 등장한다. 또한 시대 환경과 국가적 과제가 달라 현재 중국을 이해하는 데 관련도 적어 보여 이 책이 대중성과 상업성이 높다고 판단하기 어렵다. 그런데 중국근현대사학회가 번역서임에도 학술총서의 하나로 받아들였다. 그리고 한울엠플러스(주)가 흔쾌히 출판을 허락했으며, 교정 과정에서도 책이 좋은 방향으로 나아갈 수 있도록 여러 의견을 주었다. 깊은 감사를 표한다.

이런 여러 도움에도 잘못된 부분이 있다면 이는 오로지 편역자의 책임이다. 중국 연구자로서 중국식 용어가 익숙하다 보니 다른 분들에겐 어색하고 생소한 용어를 사용한 곳도 많은 것 같다. 지적을 받을 때마다 수정하려고 했으나 여전히 부족한 것 같다. 많은 분들의 지적을 바란다.

2023년 8월
편역자 이 병 인

참고자료 1

『권학편』에서 인용한 서적 소개

『경의술문(經義述聞)』   청나라 왕문간(王文簡: 왕인지)이 경학, 언어학과 교감학의
입장에서 『주역』, 『상서』, 『시경』 등을 연구한 책.

『곡량보주(穀梁補注)』   『춘추곡량전보주』, 청나라 종문증(鐘文烝)의 곡량전 주석.

『공양통의(公羊通義)』   『춘추공양경전통의』. 청나라 공광삼(孔廣森)이 장존여(庄存
與)의 『춘추정사(春秋正辞)』를 이어 지은 공양학 저서.

『공양전(公羊傳)』   『춘추공양전』. 전국시대 제나라 공양고(公羊高)의 저작. 한
나라 금문학의 중심 서적으로, 『춘추』 경문의 대의를 찾고
해석하는 데 중점을 두었다. 청말 강유위와 양계초 등에게
영향을 미쳤다.

『공자가어(孔子家語)』   혹은 『공씨가어』, 간칭 『가어』. 공자와 그 제자의 사상과 언
행을 기록한 유가류 저작.

『공총자(孔叢子)』   공자와 자사(子思), 자상(子上), 자고(子高), 자순(子順), 자어
〔子魚, 즉 공부(孔鮒)〕 등의 언행을 기술한 책. 『연총(連叢)』
이라고도 한다.

『관자(管子)』   선진 시기 정치가가 치국평천하를 이루는 정치의 요체를 설
명한 책. 도가와 법가, 유가 등의 설이 혼합되어 있다.

『근사록(近思錄)』   주희, 여조겸(呂祖謙) 2인의 이학사상 체계에 의거하여 편집

한 저작.

『노자(老子)』   즉 『도덕경道德經)』. 또는 『도덕진경(道德真经)』, 『오천언(五千言)』, 『노자오천문(老子五千文)』이라고 한다. 춘추시대 노자〔이이(李耳)〕의 철학 저작.

『논어(論語)』   공자의 제자와 2대 제자 등이 공자와 그 제자의 언행을 기록하여 편성한 어록집.

『논어정의(論語正義)』 청나라 유보남(劉寶楠)의 논어 연구서.

『논어집해(論語集解)』 삼국시대 위(魏)나라 하안(何晏)의 논어 관련 저술. 『논어』 해석에 노장 사상을 도입했으며, 위나라 이전의 『논어』 해석을 이해하는 데 중요하다.

『논육가요지(論六家要指)』 한(漢)대 사마천의 부친인 사마담의 저술. 음양(陰陽)·유(儒)·묵(墨)·명(名)·법(法)·도(道) 등 육가의 요지와 장단점을 평가한 책.

『대기(戴記)』   『대대기(大戴記)』와 『소대기(小戴記)』의 연합 약칭. 대덕(戴德)이 쓴 『대대기』는 대부분 흩어져 없어져서, 대성(戴聖)이 쓴 『소대기』가 곧 『예기』 혹은 『대기』가 되었다. 『예기』를 보라.

『대청률(大淸律)』 청나라 법전의 총칭. 주로 순치 3년(1646년) 반포한 『대청률집해부례(大淸律集解附例)』와 건륭 5년(1740년) 반포한 『대청률례(大淸律例)』를 포괄한다.

『동숙독서기(東塾讀書記)』 청나라 진풍(陳澧)이 저술한 독서 필기.

《만국공보(萬國公報)》 1868년 9월 상해에서 알렌(Young John Allen) 등의 선교사가 창간한 간행물.

『만국사략(萬國史略)』 고대에서 19세기 말까지 서양을 중심으로 하여 세계 각국의 정치, 군사, 종교 등의 중요 사실을 기록한 책. 내용이 간략하여 주요 역사를 연도순으로 정리한 대사기(大事記)에 가깝다.

『맹자정의(孟子正義)』 청나라 초순(焦循)의 맹자 연구서.

『명유학안(明儒學案)』 황종희가 명나라의 학술사상 변화와 그 유파를 기술한 학술사 저서.

『**명통감**(明通鑑)』 청나라 하섭(夏燮)이 편찬한 명대의 편년사서.

『**모시**(毛詩)』 전국시대 말 노나라 모형(毛亨)과 조나라 모장(毛萇)이 시를 모으고 주를 단 책. 세상에『시경(詩經)』으로 알려졌다.

『**모시전소**(毛詩傳疏)』 청나라 진환(陳奐)의『시경』연구서.

『**묵자**(墨子)』 전국시대 중기에서 후기에 걸쳐 묵가 집단에 의하여 집대성된 저작.

『**문헌통고**(文獻通考)』 간칭『통고』. 송·원 시대 마단림(馬端臨)이 편찬한 문물제도사 저작.

『**문헌통고상절**(文獻通考詳節)』 청나라 엄우돈(嚴虞惇)의『문헌통고』관련 저작.

『**백호통의**(白虎通義)』 또는『백호통(白虎通)』. 오경에 대한 해석 차이를 토론하고 의견을 절충, 정리하여 경전의 의미를 통일한 책. 반고가 토론의 결과를 정리하여 편찬했다.

『**법언**(法言)』 서한(西漢) 말 양웅(揚雄, 기원전 53~기원후 18)이,『논어』의 체제를 모방하고 제자백가의 우수한 점을 계승, 혼합하여 도리를 밝히려 한 책.

『**사마법**(司馬法)』 춘추시대 제(齊)나라의 병법가 사마양저(司馬穰苴)가 저작한 병법서.

『**사주지**(四洲誌)』 청나라 임칙서가 주도하여 편역한 세계지리서.

『**상각**(商榷)』 『십칠사상각(十七史商榷)』. 청나라 왕명성(王鳴盛)이 송·요·금·원·명을 제외한 17사를 교감, 고증하고 역사평론을 겸했던 역사 저작.

『**상서**(尙書)』 『서경』을 보라.

『**상서금고문주소**(尙書今古文注疏)』 청나라 손성연의『상서』연구 저작으로서, 위작인 고문상서 25편에는 주를 달지 않았다.

『**서경**(書經)』 또는『상서』. 최초의 책명은『서(書)』로서, 고대의 정치에 관한 문서를 모아 기술한 책. 「우서(虞書)」, 「하서(夏書)」, 「상서(商書)」, 「주서(周書)」로 나뉜다. 오경 가운데 하나.

『**설문**(說文)』 『설문해자(說文解字)』. 동한 허신이 중국 최초로 한자의 자형(字形)과 글자의 유래를 연구한 언어 사전.

『**설문구독**(說文句讀)』 청나라 왕균(王筠)이 설문학 대가의 설을 모아 옳고 그름을

판별하고 간략하게 만든 책. 『설문』을 공부하는 초학자에게
편리하다.

『설문해자주(說文解字注)』　청나라 단옥재(段玉裁)가 허신(許愼)의 『설문해자(說文解
字)』를 연구하고 주(注)를 단 책. 고음운학 연구의 중요 저작
이다.

『설원(說苑)』　또는 『신원(新苑)』. 서한 유향(劉向)이 춘추전국시대에서 한
나라 때까지의 흩어졌던 글을 모아 편찬했다. 내용은 제자
의 언행과 치국안민, 국가성쇠에 관한 이야기 등이다.

『속통감(續通鑑)』　『속자치통감』, 청나라 필원(畢沅)이 『자치통감』을 이어 960
년부터 1368년까지의 역사를 기록했다.

『송론(宋論)』　청나라 왕부지(王夫之)가 쓴 역사평론서.

『송서(宋書)』　남조 유유(劉裕)가 건립한 송나라를 기술한 기전체 사서.

『송원학안(宋元學案)』　청나라 황종회가 저술한 것을 전조망(全祖望)이 증보 수정
한 송·원 시대 학술사상사 저작.

『수경주(水經注)』　북위(北魏) 때의 역도원(酈道元)이 저술한 중국의 하천지(河
川誌).

『수리정온(數理精蘊)』　청나라 매각성(梅珏成) 등이 예수회 선교사 제르비용과 부
베가 제공한 서양 수학 서적을 해석하여 편찬한 수학서.

『수서(隋書)』　수나라의 역사를 기록한 기전체 정사서. 그중 「경적지」는
수나라 때까지 전래된 서책을 정리하고 열거했다.

『수시통고(授時通考)』　청나라 악이태(鄂爾泰)·장정옥(張廷玉) 등이 정부의 명으로
편찬한 종합 농업서.

『순자(荀子)』　전국시기에 순자와 그 제자들의 언행을 정리, 기록한 책.

『시경(詩經)』　『모시』를 보라.

『시보(詩譜)』　본래 시가를 지을 때에 운율에 참고로 사용하는 일종의 도
구적 성격의 서적을 가리켰으나, 후에 전문 연구 서적이 나
왔다. 동한 정현이 『시경』을 연구하고, 『시보』를 지으며 서
문〔序〕에서는 역사적 시각에서 시가의 탄생과 발전에 관해
개술한 것이 유명하다.

『신서(新序)』　서한의 유향이 비유를 통해 간언하려는 정치적 목적을 갖고

편집한 역사 고사집.

『**십익(十翼)**』　　　　　　『역』의 경문을 해석한 책으로, 「단(彖)」 상·하, 「상(象)」 상·하, 「문언(文言)」, 「계사(繫辭)」 상·하, 「설괘(說卦)」, 「서괘(序卦)」, 「잡괘(雜卦)」의 열 편이어서 『십익』이라 한다.

『**안자춘추(晏子春秋)**』　　또는 『안자(晏子)』. 춘추시대 제나라 안영(晏嬰)의 언행을 기록한 책.

『**어비통감집람(御批通鑑輯覽)**』　청 건륭제의 명령으로 황제(黃帝)에서부터 명대까지 역대 왕조의 사적을 편년체로 편집한 책.

『**여람(呂覽)**』　　　　　　『여씨춘추(呂氏春秋)』. 진나라 여불위가 문객을 모아 편찬한 여러 학설이 혼합된 잡가(雜家) 저작.

『**역경(易經)**』　　　　　　또는 『역』. 『주역』을 보라.

『**역상고성(歷象考成)**』　　하국종(何國宗) 등이 강희제의 칙명을 받아 시헌력을 개정하여 만든 역법서. 튀코 브라헤(Tycho Brahe)의 천문학에 기초하면서 『서양역법신서』의 단점을 보완했다.

『**열자(列子)**』　　　　　　또는 『충허진경(冲虛眞经)』. 전국시대 열어구(列禦寇: 列子)가 서술한 것을 문인과 후세 사람이 보완하여 여덟 편으로 나누어 기술했다. 도가의 주요 경전 중 하나.

『**예기(禮記)**』　　　　　　또는 『소대례기(小戴禮記)』, 『소대기(小戴記)』, 『대기(戴記)』. 한나라 대성(戴聖)이 편찬한 고대의 문물제도에 관한 선집. 선진(先秦) 시기의 예제(禮制)를 주된 내용으로 한다. 장지동이 『권학편』에서 인용한 『예기』 편명은 「왕제」, 「예운」, 「대전」, 「방기」, 「삼년문」, 「학기」, 「월령」, 「내칙」, 「빙의」 등이다.

『**예기훈찬(禮記訓纂)**』　　청나라 주빈(朱彬)의 저작으로, 『예기』 연구의 대표 저작 가운데 하나이다.

『**예위(禮緯)**』　　　　　　저자 불명. 『예기』와 관련지어 유가와 신비사상을 결합한 미래 예언적 내용의 저서.

『**오자(吳子)**』　　　　　　『오기병법(吳起兵法)』 혹은 『오자병법(吳子兵法)』. 전국시대 오기가 쓴 군사 관련 저서.

『**의례(儀禮)**』　　　　　　주나라의 관혼상제 등 각종 예의 제도를 모아 편집한 책.

『의례정의(儀禮正義)』 청나라 호배휘(胡培翬)가 『의례』를 연구하고 남긴 미완의 초
고를 조카 호조흔(胡肇昕)과 제자 양대육(楊大堉)이 보완하
여 완성한 책.

『의상고성(儀象考成)』 청나라 건륭 대진현이 주편하고 26명이 참가하여 완성한 항
성목록〔성표(星表)〕을 기록한 책.

『이십이사고이(二十二史考異)』 청나라 전대흔(錢大昕)이 22개의 정사와 그 주석에
나온 사실, 문자 등을 고증하고 오류를 정정한 책.

『이십이사찰기(二十二史札記)』 청나라 조익이 정사를 읽고 역사저작, 사실, 사건 등
에 대해 생각과 평가를 기록한 독서 필기.

『이아(爾雅)』 작자 미상. 고대 한자 어휘와 유의어 등을 기록한 사전류 서
적이며 유가 13경전의 하나이다.

『이아의소(爾雅義疏)』 청나라 학의행(郝懿行)의 『이아』 주석본.

『이정유서(二鄭遺書)』 북송 때의 정호(程顥)·정이(程頤)가 강술한 내용을 주희가
편집한 책.

『자치통감(資治通鑑)』 또는 『통감(通鑑)』. 북송 사마광(司馬光)이 편찬한 편년체(編
年體) 역사서.

『잠부론(潛夫論)』 동한의 유학자 왕부(王符)가 쓴, 치국안민의 통치술에 관한
내용을 주로 담은 정치 관련 저작.

『장자(莊子)』 또는 『남화경(南華經)』. 전국시기 장자와 그 후학의 글을 모
은 도가 학설 서적.

『전국책(戰國策)』 또는 『국책(國策)』. 서한 유향이 편집한 국가별 역사서로서,
전국시대 책략가들의 유세 내용이 중심이다.

『정씨역전(程氏易傳)』 또는 『주역정씨전(周易程氏傳)』, 『이천역전(伊川易傳)』. 북송
때 정이(程頤)가 『주역』의 내용에 주석을 달고 해석한 책.

『좌전(左傳)』 또는 『좌씨춘추(左氏春秋)』, 『춘추좌씨전(春秋左氏傳)』, 『춘추
내전(春秋內傳)』, 『좌씨(左氏)』. 좌구명(左丘明)이 춘추시대의
역사를 서술한 편년체 사서. 『공양전(公羊傳)』, 『곡량전(穀梁
傳)』과 함께 춘추 3전(三傳)의 하나이다.

『주관(周官)』 『주례』를 보라.

『주례(周禮)』 또는 『주관(周官)』·『주관경(周官經)』. 주나라의 관직제도와

사회제도를 기록하고 해설한 책. 『예기(禮記)』·『의례(儀禮)』
와 함께 삼례(三禮)로 일컬어진다.

『주례정의(周禮正義)』 　청나라 손이양(孫詒讓)이 고증하고 저술한『주례』연구서.

『주역(周易)』 　세상의 모든 현상을 음양 2원으로 설명하며 64괘를 만들어
세상이 변화하는 자연 현상의 원리를 설명하려 한 책. 유가
5경의 하나이다.

『주역집해(周易集解)』 　손성연(孫星衍)이『주역』에 관한 해석을 모아 편집한 책.

『주자어류(朱子語類)』 　주희와 그 제자의 문답 어록을 모아 여정덕(黎靖德)이 분류
배열하여 편찬한 책. 이기·성리·심성정의·인의예지 등의
순으로 배열하여 주자의 사상을 표현했다.

『철위산총담(鐵圍山叢談)』 　송대 채조가 송나라 태조 조광윤 때부터 남송의 개국 황
제 고종 조구(趙構)의 소흥 연간까지 조정의 이야기, 궁중
비사, 역사 사건, 인물 이야기, 금석 비각 등을 기록한 책.

『춘추(春秋)』 　기원전 722~기원전 479의 노(魯)나라 역사를 기록한 책.
『춘추경(春秋經)』,『인경(麟經)』이라고도 한다. 후에『춘추』
에 기재된 역사 사실을 보충하고 해석한 '전(傳)'이 나타
났다.

『춘추곡량전(春秋穀梁傳)』 『곡량전』혹은『곡량춘추』. 전국시대 곡량적(穀梁赤)이 지
은 유가 저작.『좌전』,『공양전』과 함께 춘추 3전의 하나이다.

『춘추공양전(春秋公羊傳)』 『공양전』을 보라.

『춘추대사표(春秋大事表)』 　청나라 고동고(顧棟高)가『춘추좌씨전』을 중심으로 춘추
시대의 사적을 표와 지의 체제를 사용하여 항목별로 정리
한 책.

『춘추번로(春秋繁露)』 　동중서의 저작. 공양학을 추앙하고 음양오행과 천인감응설
(天人感應說)을 내세우며 한(漢)나라의 중앙집권화를 위한
이론적 기초를 만드는 데 기여했다.

『춘추좌씨전(春秋左氏傳)』 『좌전』을 보라.

『통감론(通鑑論)』 　또는『독통감론(讀通鑑論)』. 왕부지가『자치통감』에 기재된
역사 사실을 빌려 역대 왕조의 흥망성쇠와 득실 등을 분석
하고 평론한 책.

『**통전**(通典)』　　　　　당나라의 두우(杜佑)가 편찬한 문물제도사로서, 황제(黃帝) 시대에서 당나라 현종 천보(天寶)까지의 제도 연역을 서술했다.

『**통지**(通志)』　　　　　남송 정초(鄭樵)가 저술한 기전체 역사서로서, 정사의 지에 해당하는 20략(略)이 사학사적 가치가 높다. 『통전』, 『문헌통고』와 함께 삼통(三通)이라 부른다.

『**한서**(漢書)』　　　　　또는 『전한서(前漢書)』, 『서한서(西漢書)』. 동한의 반고(班固) 가 서한의 역사만을 기록한 기전체 역사서.

『**한시외전**(韓詩外傳)』　한나라 한영(韓嬰)이 역사 사실, 도덕 설교 등의 잡다한 내용을 모은 것으로, 각 이야기 말미에 『시경』의 글귀를 인용하여 결론을 냈다.

『**해국도지**(海國圖志)』　청나라 위원(魏源)이 세계 각국의 지리, 역사와 산업, 정치 등을 소개한 종합적 성격의 세계지리서. 서양 국가의 과학기술 학습을 주장했다.

『**황제내경**(黃帝內經)』　또는 『내경(內經)』. 중국에서 가장 오래된 의학 종합서. 도가 이론의 입장에서 중의학의 이론을 제시하여 자연학에 입각한 병리설과 물리요법을 상술했다.

『**회남자**(淮南子)』　　　또는 『회남홍렬(淮南鴻烈)』, 『유안자(劉安子)』. 서한의 회남왕(淮南王) 유안(劉安)이 문객과 방술가를 모아서 집단 편찬한 저술로, 여러 학설의 정수를 종합한 잡가서이다.

『**효경**(孝經)』　　　　　유가(儒家)의 주요 경전인 십삼경(十三經)의 하나. 효가 주된 내용이다.

『**후한서**(後漢書)』　　　남북조시기 송나라의 범엽(范曄)이 후한(동한) 광무제에서 헌제에 이르는 195년 역사를 기록한 기전체 사서.

참고자료 2

『권학편』에서 언급한 인물 소개

▶ 장지동이 언급한 인물이 많고, 자나 호, 혹은 시호를 사용하여 인물을 기록했기 때문에, 각 인물을 명확히 파악하기 위해 자, 호 등을 표기하고, 개인 업적은 가장 특징적인 것으로 소개한다.

가장사(賈長沙)　　가의(賈誼). 기원전 200 ~ 기원전 168. 서한 문제 때의 정치가.

갈관(鶡冠)　　갈관자. 전국시대 초나라의 은거 선비, 도가학파. 저서로 『갈관자』가 있다.

감영(甘英)　　동한 화제(和帝) 때 로마로 파견된 사신.

강충원(江忠源)　　1812 ~ 1854. 자(字) 상유(常孺), 호(號) 민초(岷樵). 태평천국을 진압한 장령(將領).

계복(桂馥)　　1736 ~ 1805. 자 동훼(冬卉), 호 미곡(未谷), 『설문해자』 연구에 전념하여 『설문의증(說文義證)』을 썼다.

고동고(顧棟高)　　1679 ~ 1759. 자 복초(復初)·진창(震滄), 호 좌여(左畬). 경학자(經學者)이자 역사학자.

고정림(顧亭林)　　고염무(顧炎武). 1613 ~ 1682. 본명 고강(顧絳), 자 영인(寧人), 정림진(亭林鎭)에 거주하여 정림선생이라 불렸다. 경세치용학자. 명 말 청나라에 대항하여 의용군에 참가했다.

공광삼(孔廣森) 1751~1786. 자 중중(衆仲), 호 휘약(撝約)·손헌(巽軒). 경학자, 음운학자.

공손룡(公孫龍) 공손용자라고도 한다. 전국시대 조나라 사람. 명가의 대표 인물 가운데 하나이며 '백마는 말이 아니다'라는 논리를 제시했다.

공충원(孔沖遠) 공영달(孔穎達). 574~648. 자 충원(沖遠) 혹은 중달(仲達)·충담(沖澹), 시호 헌(憲). 『오경정의』를 편찬했다.

곽거병(霍去病) 기원전 140~기원전 117. 별칭 곽표요(霍票姚)·표기(驃騎)·곽장군(霍將軍)·관군후(冠軍侯), 시호 경환(景桓). 한 무제 때에 흉노를 토벌했다.

곽태(郭泰) 128~169. 자 임종(林宗). 한나라 말 태학생을 이끌고 환관의 전횡에 반대했다.

구양문충(歐陽文忠) 구양수(歐陽脩). 1007~1072. 자 영숙(永叔), 호 취옹(醉翁), 시호 문충(文忠). 고문 부흥을 주장하며 송대 문학의 기초를 확립했다. 『신오대사』, 『신당서』를 편찬했다.

귀곡(鬼谷) 귀곡자(鬼谷子). 전국시대 초나라 사람이며 소진, 장의를 가르쳤다. 저서로 『귀곡자』가 있다.

나택남(羅澤南) 1807~1856. 자 중악(仲岳), 시호 충절(忠節).

낙병장(駱秉章) 1793~1867. 원명은 준(俊). 37세 때 병장(秉章)으로 개명, 자 약문(龠門), 호 유재(儒齋), 시호 문충(文忠). 상군(湘軍) 장군으로 태평천국운동을 진압했다.

낙양자(樂羊子) 낙양(樂陽). 전국시대 위나라 장수.

노련자(魯連子) 노중련(魯仲連) 혹은 노련(魯连). 기원전 305(?)~기원전 245(?). 존칭 노중연자 혹은 노련자.

다륭아(多隆阿) 1818~1864. 자 예당(禮堂), 만주 정백기 소속. 태평천국운동과 회민(回民) 반란을 진압했다.

단옥재(段玉載) 1735~1815. 자 약응(若膺), 호 무당(茂堂). 경학자·훈고학자. 수십 년 동안 『설문』을 연구하여 문자훈고학을 연구하는 중요 참고서인 『설문해자주』를 남겼다.

도문의(陶文毅) 도수(陶澍). 1779~1839. 자 자림(子霖)·자운(子雲), 호 운정(云汀)·염초(髯樵), 시호 문의(文毅). 청나라의 경세파.

동중서(董仲舒) 혹은 동자(董子)·동부자(董夫子)·동생(董生). 기원전 179~기원전 104. 한 무제에게 유학을 존중하도록 건의했으며 천응감응설을 주장했다.

두여회(杜如晦) 585~630. 자 극명(克明), 시호 성(成). 당나라의 법률과 인사 행정을 정비했다.

마융(馬融) 79~166. 자 계장(季長). 고문경학에 뛰어나 여러 경전에 주를 달며 경학의 발전에 기여했다.

묵자(墨子) 기원전 476 또는 480~기원전 390 또는 420. 이름 적(翟). 묵가의 창시자. 겸애설을 주장했다.

문문충(文文忠) 문상(文祥). 1818~1876. 자 박천(博川), 호 문산(文山). 만주 정홍기(正紅旗) 사람으로, 양무운동 지도자 가운데 한 명이다.

방현령(房玄齡) 578~648. 이름 교(喬), 자 현령(玄齡), 시호 문소(文昭). 당 태종 때의 재상.

범문정(范文正) 범중엄(范仲淹). 989~1052. 자 희문(希文), 시호 문정(文正). 북송 인종 경력(慶曆) 연간에 신정(新政)을 실시했다.

부필(富弼) 1004~1083. 자 언국(彦國), 시호 문충(文忠). 범중엄과 함께 경력 신정을 추진했다.

사마담(司馬談) 기원전 169(?)~기원전 110. 자 백달(伯達). 사마천의 부친. 제자백가의 학문에 능하여 『논육가요지(論六家要旨)』를 저술했다.

사마온(司馬溫) 사마광(司馬光). 1019~1086. 자 군실(君實), 호 우부(迂夫)·우수(迂叟), 시호 문정(文正), 세칭 속수선생(涑水先生). 『자치통감』을 저술했다.

상앙(商鞅) 기원전 390~기원전 338. 희성(姬姓) 공손씨(公孙氏), 이름 앙(鞅). 상(商: 산서성(陝西省) 상현(商縣))을 봉토로 받으면서 상앙이라고 불렸다. 진나라 효공 때 법가 사상을 바탕으로 개혁을 추진했다.

석륵(石勒) 274~333. 자 세룡(世龍). 16국 시기 후조(後趙)의 창건자.

설수(薛收) 591~624. 자 백포(伯褒). 당 태종의 18학사 가운데 한 명이다.

소자첨(蘇子瞻) 소식(蘇軾). 1037~1101. 자 자첨(子瞻), 호 동파(東坡), 시호 문충(文忠). 북송의 문인으로 당송 8대가의 한 명이다. 왕안석의 신법을 반대했다.

손성연(孫星衍)　　1753~1818. 자 연여(淵如), 호 백연(伯淵). 청나라의 장서가이자 목록학자, 경학자.『주역집해(周易集解)』,『상서금고문주소(尚書今古文注疏)』등의 저서가 있다.

손승종(孫承宗)　　1563~1638. 자 치승(稚繩), 호 개양(愷陽), 시호 문충(文忠). 명나라 말기의 군사전략가. 황태극(홍타이지, 청 태종)의 공격을 막아냈다.

손이양(孫詒讓)　　1848~1908. 자 중용(仲容)·중송(仲頌), 호 주경거사(籀廎居士). 뛰어난『주례』연구서인『주례정의(周禮正義)』를 남겼다.

시교(尸佼)　　전국시대 진(晉)나라 사람, 혹은 노나라 사람이라고도 한다. 상앙의 문하에서 식객으로 있었으며『시자(尸子)』를 썼다.

신도(慎到)　　기원전 395~기원전 315. 전국시대 조나라의 대표적 법가 사상가, 세(勢)를 중시했다. 저서로『신자(慎子)』가 있다.

신불해(申不害)　　기원전 385~기원전 337. 전국시대의 법가 사상가. 술(術)을 중시했다.

심문숙(沈文肅)　　심보정(沈葆楨). 1820~1879. 자 유단(幼丹)·한우(翰宇), 시호 문숙. 양무운동의 지도자. 남양수군을 확충했다.

아량(兒良)　　혹은 예량(倪良). 전국시대의 병법가.『예량병법(倪良兵法)』을 저술했다.

악대심(樂大心)　　춘추시대 송나라 사람. 6경의 하나인 우사(右師)에 임명되었으나 쫓겨나 기원전 499년 송나라 반란에 가담했다.

악무목(岳武穆)　　악비(岳飛). 1103~1142. 자는 붕거(鵬擧), 시호 무목(武穆). 금나라와 항쟁한 남송의 장군.

양웅(揚雄)　　기원전 53~기원후 18. 자 자운(子雲). 서한시대의 언어학자.

엄가균(嚴可均)　　1762~1843. 자 경문(景文), 호 철초(鐵樵). 설문을 연구하여『설문장편(說文長編)』을 남겼다.

여문절(呂文節)　　여현기(呂賢基). 1803~1853. 자 희음(羲音), 호 학전(鶴田). 태평천국운동을 진압했다.

여백공(呂伯恭)　　여조겸(呂祖謙). 1137~1181. 자 백공(伯恭), 시호는 성(成)에서 가희(嘉熙) 2년에 충량(忠亮)으로 바꾸었다. 주희와의 공저『근사록』을 남겼다.

염희헌(廉希憲) 혹은 혼도(忻都). 1231~1280. 자 선보(善甫), 호 야운(野雲), 시호 문정(文正). 원 세조 쿠빌라이 때의 대신.

오개(吳玠) 1093~1139. 자 진경(晋卿), 시호 무안(武安). 송나라의 장군. 서하를 공격하고 금나라에 대항했다.

오린(吳璘) 1102~1167. 자 당경(唐卿), 시호 무순(武順). 오개의 동생. 금나라에 저항했다.

오징(吳澄) 1249~1333. 자 유청(幼淸), 시호 문정(文正). 원나라의 유학자. 이학과 심학의 융합을 주장했다.

왕개보(王介甫) 왕안석(王安石). 1021~1086. 자 개보(介甫), 호 반산(半山), 시호 문(文). 북송 신종 시기에 신법을 실시했다.

왕균(王筠) 1784~1854. 자 관산(貫山), 호 녹우(篆友). 문학자, 『설문(說文)』에 정통하여 『설문구독(說文句讀)』을 저술했다.

왕료(王廖) 전국시대의 병법가.

왕맹(王猛) 325~375. 자 경략(景略), 시호 무(武). 16국 시기 전진(前秦)의 대신으로 부견(苻堅)의 책사였다.

왕명성(王鳴盛) 1722~1798. 자 봉개(鳳喈)·예당(禮堂)·서장(西庄), 호 서강(西江)·서지거사(西沚居士). 고증사학자이자 시인. 역사서 『상각(商榷)』을 썼다.

왕무음(王茂蔭) 1798~1865. 자 춘년(椿年)·자회(子懷). 돈을 내고(捐納) 학위를 취득하는 관행에 반대했다.

왕문간(王文簡) 왕인지(王引之). 1766~1834. 자 백신(伯申), 호 만경(曼卿), 시호 문간(文簡). 청나라의 경학자, 훈고학자. 언어학과 교감학의 시각에서 유교 경전을 연구했다.

왕부지(王夫之) 1619~1692. 자 이농(而農), 세칭 선산(船山)선생. 경세치용학자. 청 초의 3대 사상가 가운데 한 명이다. 『통감론(通鑑論)』과 『송론(宋論)』을 썼다.

왕숙(王肅) 195~256. 자 자옹(子雍). 삼국시대 위나라의 경학자.

왕양명(王陽明) 왕수인(王守仁). 1472~1529. 자 백안(伯安), 호 양명(陽明), 시호 문성(文成). 심즉리(心卽理)를 주장했다.

왕중임(王仲任) 왕충(王充). 27~97. 자 중임. 동한의 사상가로 무신론을 주장했다. 저작으로『논형』이 있다.

왕통(王通) 584~617. 자 중엄(仲淹), 호 문중자(文中子). 수나라 때의 교육자이자 사상가.

왕필(王弼) 226~249. 자 보사(輔嗣). 삼국시대 위나라의 현학자.

우근(于謹) 493~568. 자 자경(子敬). 북주(北周)에서 사공(司空)·태부(太傅) 등을 역임했다.

우충숙(于忠肅) 우겸(于謙). 1398~1457. 자 정익(廷益), 호 절암(節庵), 시호 충숙(忠肅). 토목보(土木堡)의 변이 일어났을 때 수도 수호를 주장했다.

원단민(袁端敏) 원갑삼(袁甲三). 1806~1863. 자 오교(午橋), 시호 단민(端敏). 태평천국운동과 염군의 진압에 참여했다.

원숭환(袁崇煥) 1584~1630. 자 원소(元素), 호 자여(自如). 명말 후금의 침략을 격퇴했다.

위원(魏源) 1794~1857. 자 묵심(默深)·묵생(墨生)·한사(漢士), 호 양도(良圖). 청 말의 공양학파.『해국도지』를 저술했다.

위징(魏徵) 580~643. 자 현성(玄成), 시호 문정(文貞). 당 태종 때의 명신. 그의 주장이『정관정요』에 다수 수록되어 있다.

유기(劉錡) 1098~1162. 자 신숙(信叔), 시호 무목(武穆). 금나라와 항쟁한 남송 장군.

유보남(劉寶楠) 1791~1855. 자 초정(초정), 호 염루(念樓). 경학자.『논어정의(論語正義)』를 썼다.

유수옥(鈕樹玉) 1760~1827. 자 남전(藍田), 호 비석산인(匪石山人).『설문해자교록(說文解字校錄)』,『설문신부고(說文新附考)』를 남겼다.

유인(劉因) 1249~1293. 자 몽길(梦吉)·몽기(梦驥), 호 정수(静修), 시호 문정(文靖). 송나라의 이학을 계승하며 심학을 수용했다. 허형, 오징과 함께 원나라 3대 학자라고 부른다.

유향(劉向) 기원전 77~기원전 6. 자 자정(子政). 중국 목록학의 시조로, 저작으로는『별록(別錄)』,『설원(說苑)』,『신서(新序)』,『전국책(戰國策)』이 있다.

윤문(尹文) 윤문자(尹文子). 전국시대 제나라 사람. 명가(名家)에 속하며 저서로는『윤문자』가 있다.

이문충(李文忠) 이홍장(李鴻章). 1823~1901. 자 점보(漸甫)·자불(子黻), 호 소전 (少荃)·의수(儀叟)·성심(省心), 시호 문충(文忠). 회군(淮軍)을 건 설하고, 양무운동을 추진했다.

이사(李斯) ?~기원전 208. 법가 사상가. 진나라가 천하를 통일한 후 승상을 지냈다.

이상지(李尚之) 이예(李銳). 1773~1817. 자 상지(尚之)·사향(四香). 청나라의 수 학자.

이속빈(李續賓) 1818~1858. 자 극혜(克惠), 호 적암(迪庵). 나택남, 중국번을 도와 태평천국운동을 진압했다.

이속의(李續宜) 1824~1863. 자 극양(克讓), 호 희암(希庵). 이속빈의 동생. 형이 전투에서 사망 후 잔여부대를 수습했다. 안휘성 군무(軍務)를 담 당했다.

이응(李膺) 110~169. 자 원례(元禮). 한나라 말기에 곽태와 함께 환관의 전횡 에 대항했다.

이임숙(李壬叔) 이선란(李善蘭). 1810~1882. 자 임숙(壬叔), 호 추인(秋紉). 청나라 의 수학자.

이한(李翰) 당나라 관료이자 시인.

임문충(林文忠) 임칙서(林則徐). 1785~1850. 자 원무(元撫)·소목(少穆)·석린(石 麟), 호 사촌노인(俟村老人)·사촌퇴수(俟村退叟) 등, 시호 문충(文 忠). 아편무역을 단속했다.

자공(子貢) 기원전 520~기원전 456. 단목사(성 端木, 이름 賜), 자 자공. 공자 10대 제자 가운데 한 명으로 노나라와 위나라의 재상을 지냈고, 상업 경영에 뛰어났다.

자산(子産) 공손교(公孫僑). ?~기원전 522. 희성(姬姓), 공손씨(公孫氏), 이름 교(僑), 자 자산(子産)·자미(子美), 시호 성(成). 춘추시대 정나라의 국정을 관장하고, 내정 개혁을 단행했다.

자하(子夏) 기원전 507~기원전 400. 사성(姒姓), 복씨(卜氏), 이름 상(商), 자 자하. 춘추 말기의 사상가로서 공자의 10대 제자 중 한 명이다.

자한(子罕) 낙희(樂喜). 춘추시대, 자성(子姓), 낙씨(樂氏), 이름 희(喜), 자 자 한(子罕).

장경부(張敬夫)　　장식(張栻). 1133~1180. 자 경부(敬夫)·낙재(樂齋), 호 남헌(南軒). 남송의 학자. 주희, 여조겸과 함께 '동남삼현(東南三賢)'이라 불렸다.

전사산(全謝山)　　전조망(全祖望). 1705~1755. 자 소의(紹衣), 호 사산(謝山). 사학자. 절동사학파(浙東史學派)의 거두.

전자(田子)　　전변(田騈). 전국시대 제나라 사람.

전주(田疇)　　169~214. 자 자태(子泰). 삼국시대 위나라의 관리이자 학자. 오환(烏桓)을 평정했다.

전효징(全曉徵)　　전대흔(錢大昕). 1728~1804. 자 효징(曉徵)·급지(及之), 호 신미(辛楣). 역사학에 정통하며 고증을 중시했다. 저서로 『이십이사고이(二十二史考異)』가 있다.

정강성(鄭康成)　　정현(鄭玄). 127~200. 자 강성(康成). 동한의 경학자로서 고문경학과 금문경학 모두에 정통했다.

정문성(丁文誠)　　정보정(丁寶楨). 1820~1886. 자 치황(稚璜), 시호 문성(文誠). 묘족의 봉기와 염군의 봉기를 진압했다.

정이(程頤)　　1033~1107. 자 정숙(正叔), 호 이천(伊川), 시호 정공(正公). 송대의 성리학자. 저서로 『정씨역전(程氏易傳)』 등이 있다.

정호(程顥)　　1032~1085. 자 백순(伯淳), 호 명도(明道), 시호 순(純). 송대의 성리학자.

제갈충무(諸葛忠武)　　제갈량(諸葛亮). 자 공명(孔明), 호 와룡(臥龍), 시호 충무(忠武). 삼국시대 촉나라의 승상.

조영평(趙營平)　　조충국(趙充國). 자 옹손(翁孫), 시호 장(壯). 흉노 토벌에 대한 공적으로 영평후에 봉해져 조영평이라 부른다.

조적(祖逖)　　266~321. 자 사치(士稚). 동진 시기의 군사가로서 황하 이남의 땅을 수복했다.

조종인(趙宗印)　　대금 항쟁을 벌인 남송의 장군. 송이 부평(富平) 전투에서 패한 후 화산(華山)으로 잠적했다.

종문증(鐘文烝)　　1818~1877. 자 전재(殿才)·조미(朝美), 호 자근(子勤)·백미(伯美)·백미(伯微). 경학자. 『곡량전』에 주석을 단 『곡량보주(穀梁補注)』를 남겼다.

종의(鐘儀)   춘추시대 초나라 사람. 미성(芈姓), 종씨(鐘氏). 고금[古琴 또는 칠
　　　　　　　　현금(七弦琴)] 연주자.

좌구명(左丘明)   춘추시대의 역사학자,『좌전(左傳)』과『국어(國語)』를 저술했다.

좌문양(左文襄)   좌종당(左宗棠). 1812~1885. 자 계고(季高)·박존(朴存), 호 상상
　　　　　　　　농인(湘上農人), 시호 문양(文襄). 태평천국운동을 진압했으며 양
　　　　　　　　무운동을 추진했다.

주빈(朱彬)   1753~1834. 자 무조(武曹). 청대의 경학자.『예기훈찬(禮記訓纂)』
　　　　　　　　등의 저서가 있다.

주포(朱酺)   주보(朱輔). 동한 명제 때 익주(益州, 지금의 사천 청두(成都)) 자사
　　　　　　　　로서 서남지방의 여러 부족을 귀속시켰다.

증공(曾鞏)   1019~1083. 자 자고(子固), 시호 문정(文定). 북송의 산문가로서
　　　　　　　　당송 8대가 가운데 한 명이다.

증문정(曾文正)   증국번(曾國藩). 1811~1872. 자 백함(伯涵), 호 척생(滌生), 시호
　　　　　　　　문정(文正). 상군을 창설하여 태평천국운동과 염군을 진압했다.

진경용(陳慶鏞)   1795~1858. 자 건상(乾翔)·생숙(笙叔), 호 송남(頌南). 청 말 영국
　　　　　　　　에 항쟁을 벌였으며 일련의 정치·군사 개혁을 주장했다.

진원방(陳元方)   진기(陳紀). 129~199. 자 원방(元方). 동한의 대신으로 당고의 화
　　　　　　　　[黨錮之禍]를 당했다.

진풍(陳澧)   1810~1882. 자 난보(蘭甫)·난포(蘭浦), 호 동숙(東塾). 주자의 책
　　　　　　　　에 정통했으며『동숙독서기(東塾讀書記)』를 저술했다.

진환(陳奐)   혹은 진환(陳渙). 1786~1863. 자 석보(碩甫), 호 사죽(師竹). 경학자.
　　　　　　　　『모시전소(毛詩傳疏)』등의 저서가 있다.

척계광(戚繼光)   1528~1588. 자 원경(元敬), 호 남당(南塘)·맹제(孟諸), 시호 무의
　　　　　　　　(武毅). 왜구 토벌과 타타르족의 침략을 막아 북로남왜(北虜南倭)
　　　　　　　　의 외환 극복에 공을 세웠다.

초순(焦循)   1763~1820. 자 이당(里堂), 호 이당노인(里堂老人). 경학자, 희곡
　　　　　　　　이론가.『맹자정의(孟子正義)』등의 저서가 있다.

추연(鄒衍)   기원전 305~기원전 240. 전국시대의 음양가. 오덕종시설(五德終
　　　　　　　　始說)을 주장했다.

탑제포(塔齊布)   1817~1855. 자 지정(智亭), 시호 충무(忠武). 만주 최상위 계층인

270

양황기인(鑲黃旗人)으로서, 태평천국운동을 진압했다.

편작(扁鵲) 전국시대의 명의. 본명은 진월인.

풍준광(馮焌光) 1830~1878. 자 죽유(竹儒). 수학, 선박과 대포 제작에 정통하여
강남제조국의 일을 담당했다.

하장령(賀長齡) 1785~1848. 자 우경(耦耕), 호 서애(西涯).『황조경세문편(皇朝經
世文編)』편찬을 주도했다.

하희령(賀熙齡) 1788~1846. 자 광보(光甫), 호 서의(庶龍).

학의행(郝懿行) 1755~1823. 자 순구(恂九), 호 란고(蘭皋), 경학자, 훈고학자.『이
아의소(爾雅義疏)』등 많은 저서가 있다.

한비(韓非) 280~233. 전국시대 말기의 사상가. 법가의 대표 인물. 저서로
『한비자』를 남겼다.

한세충(韓世忠) 1090~1151. 자 양신(良臣), 시호 충무(忠武). 금나라의 침입을 격
퇴했다.

한유(韓愈) 자 퇴지(退之), 세칭 한창려(韓昌黎)·창려선생(昌黎先生). 시호가
문(文)이어서 한문공(韓文公)이라 부른다. 당대의 문학가로 고문
(古文)을 되살릴 것을 주장했다. 당송 8대가의 한 명이다.

항매려(項梅侶) 1789~1850. 원명은 만준(萬准), 자 보래(步萊), 호 매려(梅侶). 수
학자.

향술(向戌) 춘추시대 송나라의 정치가. 14인의 제후를 모아 미병회의(弭兵會
議)를 성공시켰다.

허경징(許景澄) 1845~1900. 원명은 계신(癸身), 자 죽균(竹筠). 러시아, 독일, 오스
트리아, 네덜란드 네 나라의 공사였다. 의화단의 진압을 주장했다.

허신(許愼) 58~147. 동한의 경학자, 훈고학자.『설문해자』를 저술했다.

허형(許衡) 1209~1281. 자 중평(仲平), 호 노재(魯齋), 시호 문정(文正). 원나
라의 유학자로 정주이학(程朱理學)을 제창했으며『수시력(授時曆)』
편찬을 주도했다.

호림익(胡林翼) 1812~1861. 자 황생(貺生), 호 윤지(潤芝), 시호 문충(文忠). 상군
의 주요 지도자로 태평천국운동을 진압했다.

호문충(胡文忠) 즉 호림익(胡林翼).

호방형(胡邦衡) 호전(胡銓). 1102~1180. 자 방형(邦衡), 호 담암(澹庵), 시호 충간

(忠簡). 금나라와 화평을 주장하는 진회(秦檜) 등의 목을 베자고 주장했다.

호배휘(胡培翬)　1782~1849. 자 재병(載屛)·죽촌(竹村)·자몽(紫蒙). 예학을 연구하고 저술을 남겼다. 『의례정의(儀禮正義)』는 그의 예학 연구의 집대성으로서, 사망 후 조카와 제자가 마무리하여 완성하였다.

황이주(黃梨洲)　황종희(黃宗羲). 1610~1695. 자 태충(太沖), 호 남뢰(南雷)·이주노인(梨洲老人) 등. 이주선생(梨洲先生)으로 부른다. 명·청 교체기의 경학자. 『명유학안(明儒學案)』, 『명이대방록(明夷待訪錄)』 등을 저술했다.

황자(皇子)　황자고오(皇子告敖). 춘추시대 제나라 사람.

황직경(黃直卿)　황간(黃榦). 1152~1221. 자 직경(直卿), 호 면재(勉齋). 주희의 제자이자 철학자.

찾아보기

서적명

인물명

지은이_ **장지동**(張之洞, 1837~1909)

청나라 말기의 관료. 직예성(直隷省) 남피(南皮) 출신으로, 27세에 진사과에 합격하여 한림원 편수로 임명되었다. 산서 순무, 양광(광동과 광서) 총독, 호광(호북과 호남) 총독 등의 직책을 역임했다. 총독 재임 시절에 신식 군대를 육성하고, 방적 및 제사 공장, 제철소 등을 만들었다. 근대 학교 설립과 학제 제정, 교육행정제도의 설립에 큰 역할을 하여 중국 근대 교육제도의 근간을 마련했다. 1907년 대학사와 군기대신에 임명되어, 현재 교육부에 해당하는 학부의 관리 사무를 맡았다. 1909년 사망했으며, 시호는 문양(文襄)이다.

편역자_ **이병인**(李丙仁)

한국교원대학교 역사교육과 교수. 주요 관심 분야는 근대 중국의 국가와 사회관계, 거버넌스 문제이다. 상해의 상회 같은 민간단체와 국민정부의 관계 등을 연구했다. 최근에는 청말부터 중화민국 시기의 교육 목표, 교육행정제도, 교육회 등에 관심을 기울이고 있다. 『근대 상해의 민간단체와 국가』(창비, 2006), 『100가지 주제로 본 중국의 역사』(공역, 고려대학교 출판부, 2007), 『제국의 학술기획과 만주』(공저, 동북아역사재단, 2021) 등의 저역서와 교육회에 관한 다수의 논문이 있으며, 중학 역사, 고등 세계사 등 교과서 저술에 참여했다.

한울아카데미 2467

중국근현대사학회 연구총서 08

장지동, 교육에서 청나라의 미래를 찾다

『권학편』의 구상과 「학무강요」의 실천

ⓒ 이병인, 2023

지은이 ㅣ 장지동(張之洞) 외
편역자 ㅣ 이병인(李丙仁)
펴낸이 ㅣ 김종수
펴낸곳 ㅣ 한울엠플러스(주)
편집책임 ㅣ 최진희

초판 1쇄 인쇄 ㅣ 2023년 8월 16일
초판 1쇄 발행 ㅣ 2023년 8월 31일

주소 ㅣ 10881 경기도 파주시 광인사길 153 한울시소빌딩 3층
전화 ㅣ 031-955-0655
팩스 ㅣ 031-955-0656
홈페이지 ㅣ www.hanulmplus.kr
등록번호 ㅣ 제406-2015-000143호

Printed in Korea.
ISBN 978-89-460-7468-2 93910

* 책값은 겉표지에 표기되어 있습니다.